KB061545

한 권으로 읽는

일제강점실록

한 권으로 읽는

일제 강점실록

日帝强占實錄

박영규 지음

웅진 지식하우스

일제강점 시대는
우리에게 무엇인가?

일제강점 시대!

한국인들은 이 단어만 생각해도 어딘가 부끄럽고, 갑자기 화가 솟구치고, 밑도 끝도 없이 무력감과 불안감에 시달리고, 누군가를 공격하고 원망하고 싶은 감정에 사로잡히곤 한다. 거기다 되도록 망각하려고 애쓴다.

이는 전형적인 외상 후 스트레스 장애다. 지금 이 시대를 살고 있는 한국인 중에 일제강점기를 실제 경험하고 기억하고 있는 사람은 팔십을 넘긴 노년층뿐이다. 하지만 정작 일제강점기에 대한 외상 후 스트레스를 겪고 있는 사람들은 그 노년들이 아니라 그 시대를 전혀 살지 않았던 세대다.

왜 이런 현상이 일어날까? 그것은 그 원인이 개인에게 있지 않

4

고 집단에게 있기 때문이며, 그것도 '국가와 민족'이라는, 개인으로서는 도저히 벗어날 수 없는 불가항력적인 집단 경험에서 비롯되었기 때문이다. 설상가상으로 그 경험은 '역사'라는 이름으로 어릴 때부터 지속적으로 주입되고 반복적으로 학습되기 때문에 학교 교육을 받은 사람이라면 그 외상 후 스트레스에서 벗어날 수 없는 것은 당연하다.

그렇다면 한국인들은 영원히 일제강점 시대에 대한 외상 후 스트레스에서 벗어날 수 없는 것일까? 이에 대한 해답은 외상 후 스트레스 장애 치료법에 잘 나와 있다. 정신과 전문의의 소견에 따르면 외상 후 스트레스 장애에 대한 치료는 우선 외상을 경험한 환자를 지지해주고 격려해서 환자 스스로 그 상처에 대해서 이야기 할 수 있게 해주는 데서 시작된다고 한다. 그리고 향후 같은 외상을 입지 않도록 대처 방법을 교육해주는 것이 필수라고 한다.

그런데 우리의 역사교육엔 일제강점사에 대해 긍정적인 시각으로 스스로를 지지하고 격려하게 만드는 요소가 전혀 없다. 어떻게 나라를 빼앗기고 그래서 어떤 고통을 받았으며, 어떻게 저항하고, 어떻게 그 식민의 상황에서 벗어났는지 나열하고 있는 수준이다. 게다가 다시 식민 지배를 받지 않을 대처법에 대한 내용도 없다.

한국인이 지난 식민의 역사에 대해 스스로를 지지하고 격려하기 위해서는 먼저 그 역사를 잘 알 수 있도록 해줘야 한다. 또 그 시대를 잘 알기 위해서는 단순히 강자가 약자를 지배하고 약자는 강자에게 저항했다는 수준의 지식을 넘어서야 한다. 말하자면 독립 투쟁사의 개념을 넘어서야 한다는 것이다. 단순히 어떻게 빼앗겼고, 어떻게 저항했고, 어떻게 되찾았는지에 대해서만 알려주는 역사로는 스스로를 격려하고 지지할 수가 없다.

지구 역사상 망하지 않은 나라는 없었다. 또한 지배당하지 않은 나라도 없었다. 멀리서 찾아볼 것도 없이 지금의 세계 최강대국인 미국과 중국만 하더라도 한국보다 더 긴 식민의 역사가 있었고, 지구상에서 가장 큰 영토를 가졌던 대원제국과 로마제국도 몰락했다. 생명체가 태어나면 언젠가는 죽듯이 국가도 그 숙명에서 벗어날 수 없다. 나무도 고목이 되면 쓰러져 죽고, 그 죽은 고목을 자양분 삼아 새로운 새싹들이 자라난다. 그런 의미에서 보자면 일제 강점 35년은 조선왕조라는 고목이 썩어 대한민국이라는 새로운 싹을 틔우기 위해 자양분을 축적하는 시간이었다고 할 수 있다.

고목이 넘어졌는데 죽지 않고 어설프게 살아 있으면, 그 고목은 새로운 싹을 틔우는 데 방해만 될 뿐이다. 죽을 땐 확실히 죽어야 제대로 썩어서 새싹의 자양분이 될 수 있다. 일제강점 35년은 바로 조선왕조라는 고목이 죽어 확실히 썩어 대한민국이라는 새싹을 틔워내는 자양분을 만드는 세월이었던 것이다.

사실, 우리 역사 속에서 일제강점 시대만큼 급변하던 시기는 없었다. 어제까지 저고리를 입고 다니다가 오늘 양복을 걸쳤고, 어제까지 짚신을 신고 다니다가 오늘 구두를 신었으며, 어제까지 나귀 타고 다니다가 오늘 기차를 타고 다녔던 그런 시간이었다. 때문에 최초의 비행사, 최초의 백화점, 최초의 양의사, 최초의 양복점, 최초의 미용사 등 최초라는 수식어를 단 문화와 문물이 넘쳐 나던 시대였다.

　이런 역동적인 세월을 단순히 '지배와 저항'이라는 두 단어로 표현할 수는 없는 것이다. 때문에 이 책은 가급적 일제강점 시대를 지배와 저항의 논리에만 한정하지 않고 총체적이고 다원적인 관점에서 서술하고자 했다. 그런 까닭에 그 시대를 지배했던 총독과 일본인, 친일 관료와 친일 세력, 그리고 그들의 정책과 그 정책이 한국인에게 끼친 영향, 그 시대의 새로운 문화와 문물, 그 시대를 대표하는 사건과 인물, 억척같이 살아낸 민초들의 삶, 세계사의 흐름과 그 흐름이 한국인에게 끼친 영향 등을 골고루 섞어 하나로 엮었다.

　역사란 거창한 것도 숭고한 것도 아니다. 그저 하루하루를 살아낸 개인들의 삶이 물이 되어 개천을 이루고, 그 개천들이 다시 뭉쳐 강을 이루고, 그 강물이 도도하게 흐르는 오늘의 연속이 곧 역사다. 일제강점 시대 또한 그 지나간 오늘들의 일부일 뿐이다. 거기에 부끄러움과 통한과 고통을 굳이 가미할 필요는 없다. 집에 강도가 들었다고 집주인이 부끄러워할 필요는 없다는 뜻이다. 부끄러워해야 할 자는 강도이지 집주인이 아니다. 강도질을 한 자가 부끄러워하지 않는다고 대신 집주인이 부끄러워하면서 산다면 그만큼 어리석은 일이 어디 있겠는가? 다만 집을 가진 자로서 문단속을 잘 해두지 않으면 강도가 들어와 주인 행세를 할 수 있다는 교훈을 얻었으니, 앞으로 문단속을 잘하면 될 일이다.

이 책으로 필자는 '한 권으로 읽는 실록 시리즈'를 마무리했다. 조선, 고려, 고구려, 백제, 신라, 대한민국 그리고 마지막으로 일제 강점 시대까지, 이 일곱 권의 책을 엮어내고 나니 22년의 세월이 훌쩍 흘러갔다. 그 22년의 세월을 함께 하다 미처 마지막 결실을 받아보지 못하고 먼저 하늘의 별이 되어버린 아내에게 이 책을 바친다.

2017년 7월 일산우거에서

박영규

제4장 1930년대 실록(1931~1940년)

제5장 1940년대 실록(1941~1945년)

제1장

국권 수탈 실록

(1875~1910년)

1

침략하는 서구 열강과 무너지는 조선왕조

1. 열강의 세계 침탈과 몰락으로 치닫는 중국

1875년, 일본이 운요호사건을 일으켜 강화도조약을 맺은 이후 조선은 임오군란과 갑신정변, 동학농민혁명을 거치며 국력이 극도로 쇠약해졌다. 일본은 청일전쟁과 러일전쟁에서 승리하며 조선에 대한 영향력을 확대했고, 급기야 을사늑약과 한일합병을 단행하여 조선을 식민지로 전락시켰다. 일본이 조선을 식민국으로 만든 35년 동안 서구 열강의 제국주의는 기승을 부리고 있었다.

제국주의의 선봉에 선 영국은 발칸반도에서 밀려난 오스만튀르크를 압박하며 유럽에서의 영향력을 확대하고 아프리카로 진출하여 이집트를 차지한 뒤, 네덜란드와 보어전쟁을 일으켜 아프리카 종단정책을 완성했다. 빅토리아 여왕은 인도의 황제를 겸했으며,

아프가니스탄과 미얀마까지 장악하며 '해가 지지 않는' 대제국을 건설했다.

북유럽의 최강국 러시아는 남하 정책과 동진 정책에 박차를 가하여 오스만튀르크의 영향력이 약화된 발칸반도에 입김을 강화했고, 중앙아시아의 메르브를 차지했다. 또한 동진을 지속하여 중국의 요동 지역을 차지하고, 한국에 영향력을 확대했다. 그러나 영국과 미국의 후원 아래 성장한 신흥 강국 일본과의 전쟁에서 패배하면서 그 영향력은 급격히 줄어든다.

프랑스도 이 시기에 침략 정책을 가속화했다. 프랑스는 아프리카에서 튀니지를 차지하기 위해 혈안이 되었고, 마다가스카르를 차지했으며, 아시아 공략을 지속하여 베트남과 라오스를 지배했다. 또한 오스만튀르크와 전쟁을 치러 유럽에서 영향력을 확대했다. 유럽 대륙에서 러시아와 프랑스의 영향력이 확대되자, 독일은 이를 견제할 요량으로 오스트리아-헝가리제국과 이탈리아를 끌어들여 삼국동맹을 맺었다. 또한 아프리카에서 카메룬과 위투를 차지하며 제국주의 노선을 따랐다.

유럽의 제국들이 아프리카와 아시아를 침략하는 동안 미국은 이 조류에 편승하여 일본과 가쓰라-태프트 밀약을 맺고 필리핀에 대한 영향력을 강화했다. 서구 열강은 아프리카와 아시아 침략 정책을 강화하면서 중국을 지속적으로 공략했고, 중국의 혼란은 가중되었다. 영국은 아편전쟁을 일으켜 중국을 지배한 청나라의 기강을 뒤흔들었고, 청 황실의 권위는 무너지고 민중의 불안은 심화되었다. 그 상황에서 기독교의 영향으로 일어난 태평천국의 난에 의

한 내전이 14년 동안 지속되면서 청나라의 혼란은 극에 달했다. 혼란을 틈타 밀려든 서구 열강은 불평등조약을 맺어 이권을 챙겼고, 청나라의 국가 체계는 무너져 관리들의 횡포와 착취가 일상화되어 생존의 기로에 선 민중들은 곳곳에서 민란을 일으켰다.

청나라는 양무운동을 벌여 스스로 강해져야 한다는 자강의 길을 모색했다. 군 조직을 개편하고 무기를 개량하며, 서구 문물을 배우기 위해 유학생을 확충하고, 군수공장, 광산과 철도, 전신 시설, 방직 사업 등을 발전시켜 근대화를 앞당겼다. 하지만 중국의 정치사회 제도를 그대로 둔 채 서양의 기계 문명만을 받아들이려는 중체서용(中體西用)의 한계에 부딪혀 성과를 거두지 못했고, 청나라는 쇠락을 거쳐 망국을 향해 치달았다.

2. 제국주의의 깃발을 든 일본, 짓밟히는 조선

조선은 순조가 즉위한 1800년 이래 헌종과 철종을 거치면서 60여 년 동안 외척 독재가 횡행했다. 국가 기강은 무너지고 탐관오리가 판을 쳐 백성들의 삶이 한층 피폐하고 곤궁해진 가운데 열두 살의 고종이 즉위하고 흥선대원군이 섭정을 맡아 혁신을 감행한 끝에 외척 독재는 사라졌지만, 세계의 흐름에 역행하여 쇄국정책을 펴는 바람에 변화의 시기를 놓쳤다. 10년이 흐른 뒤에 흥선대원군이 밀려나자, 신문명을 받아들여 국가를 혁신해야 한다는 목소리가 나오기 시작했다. 개화당으로 불린 이 혁신 세력은 일본의 변화와 발전에 주목했다. 그러나 일본은 개화 세력의 바람처럼 조선의 혁신이 아니라 정벌의 기회를 엿보고 있었다.

일본은 미국에 강제적인 개항을 당하고 불평등조약에 따라 문호를 개방했지만, 스스로 메이지유신을 단행하여 시대의 변화에 보조를 맞췄다. 일본은 서양의 기계화된 문물을 수입하고, 고루하고 폐쇄적인 사고에서 벗어나 신문명 중심의 국가 체계를 형성한 덕분에 혁신적인 발전을 이루었다. 하지만 일본 역시 세계 열강의 제국주의적 팽창정책을 고스란히 수입하여 주변의 약소국을 침략하려 했다.

일본 제국주의의 첫 번째 제물은 류큐, 타이완, 한국 등 약소국들이었다. 일본은 메이지유신으로 서구화에 기대한 성과를 거두자 류큐, 타이완, 한국을 정벌하기 시작했다. 일본은 류큐, 타이완, 한국 순으로 국력이 약한 곳부터 정벌한 후에 중국을 치려는 야망을 가지고 있었고, 1874년 5월에 타이완을 기습한다. 일본은 타이완을 정벌하지 못했지만, 류큐 지배권을 차지하는 데 성공했다. 이에 고무된 일본은 조선 정벌의 교두보를 확보하기 위해 운요호사건을 일으킨다.

일본이 불법으로 강화도해협에 군함 운요호를 진입시키자, 조선은 불법 침입한 운요호에 포격을 가했고, 일본은 이를 빌미로 함선을 동원하여 무력시위를 감행하며 전쟁 위협을 가했다. 이에 놀란 조선은 일본의 의도대로 강화도조약을 체결하여 개항하기에 이른다. 일본의 도발적인 행위는 미국이 일본을 강제 개항시킨 수법과 별반 다르지 않았다.

강화도조약 체결 후 조선은 개화 정책을 실시하는 과정에서 구식 군대의 반발로 일어난 임오군란을 겪으면서 청나라 군대를 끌어들였다. 청나라의 간섭과 지배가 강화되자, 이를 벗어나기 위한 갑신정변이 발발했다. 그러나 갑신정변이 삼일천하로 실패하자, 조선은 더 이상의 개혁 정책을 추진하지 못하고 10년을 허송세월했다. 10년 동안 조선 백성의 삶은 더욱 피폐해졌고, 탐관오리의 횡포는 심화되어 국가 기강은 날로 약화되었다.

탐관오리의 횡포를 참지 못한 농민들이 봉기하여 동학농민혁명이 전개되자, 무능한 조정은 혁명을 진압하기 위해 청나라 군대를 다시 불러들였다. 그러나 갑신정변 후 청일 간에 맺어진 텐진조약에 따라 자동으로 개입한 일본군이 조선으로 밀려오자, 그것은 청일전쟁으로 이어졌다. 청일전쟁에 승리한 일본은 조선에 대한 지배력을 강화했다. 조선 조정이 이에 반발하여 러시아의 힘을 빌리려 하자, 일본은 조선의 핵심 권력인 명성황후를 시해했고, 고종은 러시아 영사관으로 몸을 피했다. 그것은 러시아의 영향력을 강화하고 국가 조직을 마비시켰다.

일본은 조선 정벌의 열망을 버리지 않았다. 일본은 영국과 미국의 비호 아래 다윗과 골리앗의 싸움에 비견되는 러일전쟁을 일으켜 승리했다. 이후 일본의 조선 침략은 거침이 없었다. 을사늑약을 강제하여 행정을 장악하고 외교권을 빼앗았으며, 통감정치를 통해 식민화를 가속화했다. 군대를 해산하고 국권을 강탈하여 한국을 완전히 식민지로 전락시켰다.

일본이 한국을 차지하는 과정에서 국민들은 처절한 투쟁을 전개한다. 1907년에 군대가 해산되자 전국적으로 의병이 일어나 치열한 저항을 지속했고, 의병대장 안중근에 의해 일본의 실권자 이토 히로부미가 격살된다. 지식인들은 신민회와 같은 비밀결사를 조직하여 계몽운동과 독립운동을 전개한다. 하지만 일본은 한국인들의 저항을 무력으로 짓밟으며 식민 통치를 시작한다.

2

일제의 대한제국 국권 강탈 과정과 그 배경
_ 운요호사건에서 러일전쟁까지

1. 조선정벌론과 운요호사건

일본의 조선 침탈은 1875년 운요호사건부터 1910년 한일 강제 합병에 이르기까지, 35년에 걸친 일본 정부의 주도면밀한 계획과 음모의 산물이었다. 일본의 조선 침탈 계획의 근저에는 메이지유신 이후 대두된 조선정벌론이 자리하고 있다. 조선정벌론의 뿌리는 미국의 일본 개항 정책과 무관하지 않다. 1854년 3월 31일, 일본은 미국의 해군 페리 장군이 이끄는 일곱 척의 전함에 의한 무력 시위에 굴복하여 도쿠가와 막부(에도 막부)가 250년여간 지속해오던 쇄국정책을 포기하고 미국과의 화친을 약속하는 미일 화친조약(가나가와조약)을 맺었다.

가나가와조약 이후, 일본에서는 도쿠가와 막부를 유지하자는 막부 지지파와 천황을 중심으로 조정을 개편해야 한다는 개혁파 사이에 치열한 정권 다툼이 전개되었다. 미국은 일본으로 하여금 쇄국정책을 종결할 것을 압박하여 1857년 5월에 미일조약을 이끌어 냈고, 1858년 6월 19일에 수호통상조약을 체결하는 데 성공했다. 이 조약들은 영사재판권이나 관세, 미국에 대한 최혜국 조건 등이 열거된 불평등조약이었다.

미국과의 수호통상조약은 정치적으로 수세에 몰린 도쿠가와 막부가 미국의 압력에 밀려 급하게 체결한 것이다. 때문에 천황의 칙허 없이 통상조약을 맺었다는 존왕파의 반발을 피할 수 없었다. 조인 소식을 접한 고메이 천황은 천황 자리에서 물러나겠다며 극한 분노를 드러냈고, 급기야 막부 정권의 총리 격인 대로(大老) 나오스케가 급진개혁파의 낭사들에게 살해당했다. 이후 급진개혁파와 온건개혁파, 막부파가 뒤엉켜 격렬한 혈전을 벌이는 가운데 1865년 9월에는 고메이 천황이 태도를 선회해 급진개혁파인 조슈번 세력에 대한 정벌의 칙허를 내렸다. 하지만 조슈번이 같은 개혁파인 사쓰마번과 연합하여 대항하는 바람에 정벌은 실패로 돌아갔고, 막부의 힘은 더욱 약화되었다.

그런 상황에서 고메이 천황이 죽고, 젊은 천황 메이지가 등극했다. 메이지는 무력을 갖춘 번주들을 등에 업고 막부 정치를 종식하고 친정을 단행했다. 이에 반발한 사쓰마번과 조슈번 중심의 존왕 세력과 막부 세력 간에 내전이 일어났고, 결국 막부파의 패배로 끝났다. 이후 메이지유신이 단행되어 지방 세력인 번을 없애고 전국을 현(縣) 체제로 바꿔 전 일본을 중앙집권적 국가조직으로 탈바

꿈시켰다. 그 과정에서 각 번의 병력은 중앙 병력으로 흡수되었고, 막부 정권 휘하의 봉건 체제는 약 4년에 걸쳐 완전히 붕괴되었다.

메이지유신 이후 일본 조정에선 부국강병론이 부상하여 세제 개혁을 통해 재정을 확대하고 서구적 병력 체제를 갖췄으며, 서구식 군함인 철선을 수입하여 해군력을 양성했다. 이러한 강병론의 명분을 세우기 위해 타이완정벌론과 조선정벌론이 대두됐다. 1873년부터 일본 정가에선 유신과 개혁에 대한 불만을 잠재우기 위해 본격적으로 주변국 침략 전략을 세웠다. 그 일환으로 1874년에 타이완을 침략했고, 1875년에는 조선 영해에서 운요호사건을 일으켰다.

그 무렵 조선에서도 거대한 변화가 일어났다. 1873년에 쇄국정책을 주도하던 흥선대원군이 물러나고 고종의 친정이 이뤄지면서 개화 세력의 입김이 강화되고 있었다. 일본은 이 상황을 이용하여 조선을 개항시키고자 했고, 그 일환으로 운요호사건을 일으켰다. 일본은 두 대의 함선을 조선 정부의 허가도 받지 않고 부산포에 입항시켰으며, 조선이 항의하자 함포사격을 감행했다. 두 함선 중 하나였던 운요호는 서해안을 거슬러 올라와 여러 대의 보트로 강화도 초지진에 병력을 상륙시키려 했다. 조선 수비병이 일본 보트를 공격하자, 일본군은 기다렸다는 듯 초지진에 대대적인 포격을 가했고, 영종도에 상륙하여 방화와 살육, 약탈을 자행했다.

2. 조선 침략의 발판, 강화도조약

일본은 운요호를 향해 포격한 것에 대한 사죄와 일본 함선이 조선 영해에서 자유롭게 항해할 것, 강화도 부근을 개항할 것을 조선 정부에 요구했다. 그러면서 6척의 군함을 파견하여 무력시위를 벌였고, 결국 1876년 2월 27일 강화도조약을 통해 자신들의 뜻을 관철했다. 강화도조약의 주요 내용은 크게 세 가지였다.

첫째는 조선이 자주의 나라로 일본과 평등한 권리를 갖는다는 것인데, 이는 조선에 대한 청나라의 영향력을 약화시키려는 목적이었다. 당시 조선은 청의 속국임을 자처하며 청의 보호를 원했다. '자주지방'이라는 말조차 생소하기 짝이 없었다. 일본은 그럴싸한 표현으로 조선과의 외교 관계에서 청의 간섭을 배제하려는 속셈을 관철한 것이다.

둘째는 부산 이외에 두 개의 항구를 개항하고, 일본이 조선 해안을 자유롭게 측량한다는 내용이다. 항구를 개항하는 의미를 초월하여 일본 선박과 일본인이 조선의 영토를 마음대로 드나들도록 함으로써 군사 침략의 교두보를 확보한 것이다.

셋째는 개항장 내부에 조세 지역을 설정하고 영사재판권까지 인정하라는 것으로, 주권과 경제권을 침해하는 내용이다.

그해 7월에 조일수호조규부록과 무역장정이 체결됐는데, 개항장 내 일본 거류민의 거주 지역이 설정되고, 일본 화폐가 유통되고, 일본 외교관이 조선 영토에서 마음대로 여행할 수 있도록 했다. 전형적인 불평등조약으로 미국이 페리를 앞세워 일본의 개항을 압박했던 것과 똑같은 수법을 조선에 적용한 것이다.

3. 개화파의 성장과 갑신정변

일본은 조선을 장악하는 과정에서 가장 큰 걸림돌이 될 수 있는 세력을 둘로 보았다. 하나는 조선의 종주국을 자임하는 청나라이고, 다른 하나는 유림을 주축으로 한 쇄국 세력이었다. 이 두 세력을 무너뜨리기 위해서는 일본의 힘이 청보다 강해야 하고 조선 내부에 일본 우호 세력을 키워야 한다고 판단했다.

일본은 조선 내에서 자신들의 우호 세력으로 성장시킬 수 있는 세력으로 개화파를 주목했다. 조선은 흥선대원군 시대에 병인양요와 신미양요라는 서양의 침략을 당한 바 있고, 이 과정에서 대원군의 쇄국정책은 더욱 강화되었다. 쇄국정책을 뒷받침하는 세력으로 유생 중심의 위정척사파가 있었다. 그러나 두 번의 양요를 겪으면서 쇄국정책의 한계가 드러났고, 그 한계를 극복하기 위해 서양 문물을 적극적으로 받아들여 부국강병을 이뤄야 한다는 주장이 대두되었다. 이른바 개화파의 등장이었다.

개화사상의 뿌리는 실사구시를 추구하는 유학의 부류인 실학이었고, 특히 홍대용, 박지원 등 북학파의 영향이 컸다. 북학파는 청나라의 앞선 문물과 우수한 기술을 받아들여 조선 사회를 혁신하자는 주장을 펼쳤는데, 박지원의 손자 박규수는 북학파의 학문을 기초로 개화파의 대부가 되었다. 그는 동양의 학문이 가장 우월

하다는 의식을 가졌던 유학자다. 1866년의 제너럴셔먼호 사건과 1871년의 신미양요를 겪을 때까지, 그는 미국의 불법 침입을 비판하고 척화를 주장했다. 하지만 1872년에 청나라를 방문하고 서양의 침탈 상황을 목도하면서 개화론자로 변모했다.

평양 감사와 우의정을 지낸 박규수는 관리 입장에서 개화를 주장했기에 한계가 있었다. 적극적으로 개화론을 펼치고 후학을 양성할 수 있는 처지는 아니었던 것이다. 실제 개화론자들을 길러낸 인물은 박규수와 교류가 잦던 중인 출신의 의관 유홍기였다. 유홍기는 일찍이 서양 문물에 관심에 많아 연구에 몰두했고, 역관 오경석은 그의 서학 연구에 많은 도움을 주었다.

오경석은 청나라를 왕래하며 서양의 문물과 서적을 유홍기에게 전해주었고, 유홍기는 그것을 바탕으로 서양 문화에 눈을 떴다. 유홍기는 서학에 기반을 두고 조선에 일대 정치적 혁신을 일으킬 양반 자제들을 물색했다. 자신은 중인 신분이라 양반을 통하지 않고서는 정치 혁신을 꾀할 수 없었던 까닭이다. 양반 자제를 택한 것은 청년이 아니고서는 서학과 같은 혁신적인 내용을 수용하지 않을 것이라는 판단에서였다.

유홍기가 키운 양반 마을 북촌의 명문자제들은 김옥균, 홍영식, 박영교, 박영효, 서광범 등이었다. 김옥균은 그들의 중심인물이었다. 박규수로부터 서양의 신사상을 전수받은 김옥균은 과거에 급제하여 박규수 문하에서 정치 혁신의 꿈을 간직하고 있었다. 때문에 김옥균은 쉽게 유홍기의 사상에 동화되었고, 이후 개화론을 정리하여 뜻을 같이할 청년 동지들을 규합했다. 이처럼 조선 내에서

자생적인 개화 세력이 형성되는 가운데 강화도조약이 체결되었는데, 이는 김옥균 일파가 일본을 새로운 시각으로 보는 계기가 되었다. 김옥균을 위시한 개화 세력은 유홍기가 소개한 개화승 이동인을 일본에 밀항시켰고, 그를 통해 일본의 발전 상황과 서학 서적들을 접할 수 있었다. 이는 일본의 메이지유신을 모범으로 삼아 조선에서도 정치 혁신을 단행해야 한다는 의지를 불태우는 계기가 되었다.

일본의 파견 요청에 따라 고종은 1876년에 김기수를, 1880년에는 김홍집을 수신사로 파견했다. 1881년에는 서구 문물을 배우기 위한 목적으로 신사유람단을 파견했다. 은밀히 파견된 신사유람단은 암행어사로 위장한 12명의 전문위원, 수행원, 통역, 하인 등 총 60명이 넘었다. 신사유람단의 파견 과정에서 이동인은 암살되었는데, 그의 임무는 일본에서 총포와 함선을 구입하는 것이었다. 일본 사정에 밝았던 이동인이 암살되는 바람에 총포와 함선 구입 계획은 무산된다.

고종의 밀명을 받고 일본에 파견된 신사유람단은 74일간 머물며 일본의 정부 조직을 집중 조사하고 100여 권에 달하는 시찰보고서를 만들어 고종에게 제출했다. 이후 조선 정부는 청과 일본에 유학생을 파견했고, 의정부 아래 설치한 통리기무아문으로 하여금 개화 정책을 주도하도록 했다. 개화 정책을 주도한 인물은 신사유람단으로 일본을 다녀온 12명의 전문위원들이었는데, 여기엔 개화 세력의 핵심 인물인 홍영식도 포함되었다.

조선에서 개화 정책이 빠르게 펼쳐지는 가운데 예기치 못한 사

건이 발생했다. 1882년 7월에 발생한 임오군란이었다. 훈련원의
구식 군대 소속 하급 군인들의 불만 폭발로 야기된 이 사건은 청
나라 군대를 조선 땅에 불러들였고, 개화 세력을 크게 위축시켰다.
당시 개화파는 급진파와 온건파로 나눠졌는데, 김옥균을 위시한
급진 세력은 빠르게 서양의 기술과 사상, 제도 등을 도입해야 한
다고 주장한 반면, 김홍집, 김윤식, 어윤중 등의 온건 세력은 현실
을 감안하여 점진적인 개혁을 추진하고 민씨 세력과 타협해야 한
다고 주장했다.

급진 개화 세력의 핵심인 김옥균을 위시하여 홍영식, 박영효 등
은 민씨 정권과 청군을 축출하기 위해 1884년 12월에 갑신정변을
일으켰다. 정변 과정에서 일본 공사관의 군대도 합류했으나 청군
의 힘을 이겨내지 못하고 정변은 실패로 돌아갔다. 정변의 실패로
홍영식, 박영교 등 급진 세력의 상당수가 죽음을 면치 못했고, 김
옥균과 박영효, 서광범, 서재필 등은 일본으로 탈출했다.

4. 청일전쟁과 을미사변, 그리고 아관파천

갑신정변은 실패했지만 조선 내 일본의 입지는 약화되지 않았
다. 일본은 한성조약을 통해 정변으로 인한 일본의 피해 보상을 확
약받는 등 조선 침략 구실을 확보하는 계기를 마련했다. 공사관 호
위를 명목으로 일본군 1개 대대를 조선에 주둔시키는 성과까지 얻
었다. 또한 청나라와 텐진조약을 체결하여 청일 양국의 군대가 동

시에 조선에서 철수하게 하는 성과를 올렸다. 이는 조선에 대한 청 나라의 영향력을 약화시키고 일본이 청과 대등한 힘을 키울 수 있는 시간을 벌게 했다.

이후 조선에서는 동학농민혁명이 일어날 때까지 이른바 '태평 10년'의 세월이 이어졌다. 청과 일본은 형식적이나마 세력균형을 유지했고, 반란이나 정변도 발생하지 않았다. 러시아가 조선으로 영향력을 확대하려는 기미를 보이자, 영국이 러시아의 남진을 막기 위해 거문도를 불법 점령하는 사태가 고작이었다. 하지만 영국과 러시아 양국이 조선 영토를 군사적으로 점거하지 않기로 약조함에 따라 거문도 사태가 종결되었다.

조선 정부는 태평 10년 동안 어떠한 개혁도 단행하지 못했고, 독립을 위한 구체적 대안도 마련하지 못했다. 조정은 혼탁해지고 지방관의 횡포와 부정부패는 날로 심화되었다. 백성들의 불만은 고조되었고, 급기야 대대적인 농민 봉기가 일어난다. 이 기간 동안 일본은 군사력을 강화하며, 청과의 일전을 준비했다. 청은 국가 기강이 무너지고, 군사력은 약화되었으며, 국민의 혼란은 가중되고 있었다.

마침내 1894년에 동학농민혁명이 일어났다. 들불처럼 일어난 농민들을 자력으로 막아낼 수 없다고 판단한 조정은 청에 군대를 요청했고, 청국 군대가 조선으로 향하자, 일본도 양국 중 한쪽이라도 조선에 군대를 보내면 다른 쪽도 군내를 보낼 수 있다는 톈진조약을 들먹이며 일본군을 조선 땅에 진주시켰다.

그렇게 청일전쟁이 발발했다. 전쟁 과정에서 일본은 조선 조정의 허락 없이 군대를 조선에 진주시켰고, 선전포고 없이 청국 군함을 급습했다. 승기를 잡은 일본은 여세를 몰아 전쟁을 승리로 이끌었다. 또한 일본군을 몰아내기 위해 다시 일어선 조선의 농민군도 무너뜨렸다. 청일전쟁에서 승리하자, 일본은 숨겨둔 발톱을 노골적으로 드러내며 조선 조정으로 하여금 개화파 중심의 김홍집 내각을 꾸리게 하고 갑오개혁을 실시했다. 또한 갑신정변의 핵심 인물들에 대한 사면 조치도 단행하게 했다. 자국의 영향력을 빠르게 확대하려는 전술이었다.

일본의 속셈을 알아차린 조선 왕실은 러시아에 손을 내밀었다. 명성황후를 주축으로 한 민씨 척족(戚族)은 친러 정책을 추진했고, 일본은 이를 저지하기 위해 1895년 10월에 경복궁을 습격하여 명성황후를 참살하는 을미사변을 일으켰다. 그러자 고종은 1896년 2월에 러시아 공사관으로 몸을 피하는 아관파천을 단행했고, 이는 일본의 입지를 크게 약화시켰다. 청 대신에 러시아라는 방해 세력이 등장한 셈이었다. 고종은 러시아 영사관에서 1년 동안 머물다가 독립협회 등의 강력한 요청에 따라 1897년 2월에 환궁했다. 이후 황제 즉위식을 거행하고 국호를 대한제국으로 바꿨다. 상황이 이렇게 되자, 일본 내부에서는 러시아를 몰아내지 않고는 조선을 차지할 수 없다고 판단했고, 이후 일본은 러시아와의 일전을 준비했다. 당시 러시아는 영국이나 미국도 함부로 할 수 없는 강대국이었다. 그럼에도 군부 중심의 일본 정부는 영국과 미국의 도움을 이끌어내고 군사력을 보충한다면, 러시아와의 전쟁도 충분히 승산있는 싸움이라고 판단했다.

5. 조선의 운명을 가른 러일전쟁

1904년 2월 8일, 일본의 연합함대는 선전포고 없이 중국 뤼순항 근처에서 러시아 함대를 기습적으로 공격했다. 그것은 러일전쟁의 신호탄이었다. 원래 러일전쟁은 청일전쟁에서 비롯되었다. 1895년에 청일전쟁에서 승리한 일본은 시모노세키조약을 통해 랴오둥(遼東)반도와 타이완, 펑후제도 등을 할양받기로 했다. 하지만 랴오둥반도는 러시아, 프랑스, 독일의 삼국간섭에 의해 청에 반환되었다. 이후 러시아가 랴오둥반도로 진출하여 뤼순항에 러시아 함대의 기지를 만들었다. 러시아는 오래전부터 부동항을 찾아 남하 정책을 실시했고, 그 일환으로 한반도와 만주로 영향력을 확대하던 상황이었다. 그 가운데 일본이 청일전쟁에서 승리하여 만주 지역을 장악하려 하자, 러시아는 이를 저지하고 오히려 뤼순항과 다롄만(灣)을 조차했다. 또한 만주에 동청철도를 건설하고, 철도를 보호한다는 구실을 내세워 만주 전체를 장악했다.

일본은 러시아에 불만을 품고 러시아가 내전과 정치 불안으로 어려움을 겪는 틈을 이용해 뤼순항을 공격하여 러일전쟁을 일으켰다. 일본은 러시아의 남하 정책을 강력하게 반대하고 있던 영국과 동맹을 맺고, 러시아와의 전쟁이 발발할 경우 러시아를 돕는 국가가 있으면 영국이 일본 편으로 참전할 수 있다는 확약을 얻어냈다. 한편 일본은 러시아의 남하를 반대하던 미국으로부터 전쟁 비용을 지원받기로 했다.

영국과 미국이라는 강력한 세력을 등에 업은 일본은 뤼순항을 기습했다. 이튿날 열네 척의 함대로 인천항 부근에서 두 척의 러시아 전함을 기습하여 격파했다. 일본은 인천에서도 러시아 전함을 기습 공격하고 5만의 군대를 인천에 상륙시켜 한반도를 장악했다. 개전 이틀 후인 2월 10일에는 정식으로 러시아 제국을 향해 선전 포고했다.

일본이 전쟁을 감행할 것이라고는 상상하지 못했던 러시아 정부는 무척 당황했고, 세계 각국에선 두 나라의 전쟁을 다윗과 골리앗의 싸움에 비유하며 러시아의 승리를 점쳤다. 일본은 뤼순항을 봉쇄하여 러시아 함대의 진출을 막는 작전을 진행했다. 이를 위해 시멘트를 가득 채운 증기선 일곱 척을 뤼순항 앞 해협에 가라앉혔으나, 배가 너무 깊이 가라앉는 바람에 작전은 실패했다. 일본은 포와 기뢰를 이용하여 러시아 함대의 진출을 막기 위해 안간힘을 썼다. 러시아 함대는 뤼순항에 갇혀 고전을 면치 못하다가 가까스로 출항하여 일본군의 저지선을 뚫고 두 척의 전함을 내보냈다. 하지만 두 척의 전함 중 한 척은 침몰하고, 나머지 한 척도 큰 피해를 입고 귀항했다.

이후 일본군의 뤼순항 봉쇄는 몇 달간 성공했으나 개전 3개월 후인 5월에 이르러 한계 상황에 다다랐다. 러시아군이 설치한 기뢰에 일본 군함 두 척이 침몰하는 사태가 벌어졌다. 8월 10일엔 양쪽 함대의 함포 공격이 이어진 이른바 '황해해전'이 벌어졌다. 이 해전에서 러시아의 체사레비치함이 직격탄을 맞았고, 함대를 이끌던 사령관 비트게프트가 전사했다. 이에 당황한 러시아 함대는 뤼순항으로 귀항했고, 승기를 잡은 일본 함대는 뤼순항에 집중 포격을 가해 함락시켰다. 상황이 급박하게 돌아가자, 러시아는 발트해에 머물고 있던 발트함대를 급파하여 대항했다.

육지에서는 러시아군이 계속 밀리고 있었다. 뤼순항을 차지한 일본군은 북진하여 선양의 러시아군을 압박하는 가운데 겨울이 닥쳤다. 매서운 추위가 닥치자 시베리아 횡단철도를 사용할 수 없게 된 러시아는 군대를 증파할 수 없었고, 일본은 그 기회를 놓치지 않고 공격을 감행하여 러시아군을 선양 북쪽으로 퇴각시켰다. 하지만 육군의 싸움은 쉽사리 승패가 나지 않았다. 러시아의 발트함대가 블라디보스토크항으로 향하고 있었지만 길은 험난했다. 발트해에서 수개월의 항해 끝에 일본 근처까지 이른 발트함대는 대한해협을 경유하다 일본 함대의 급습을 받았다. 이른바 쓰시마해전으로 불리는 이 싸움에서 일본은 38척의 군함을 가진 발트함대를 무너뜨리는 개가를 올렸고, 마침내 승리했다.

1905년 5월 27~28일에 벌어진 쓰시마해전 이후 무력해진 러시아는 더 이상 전쟁을 지속할 수 없었고, 미국의 주선으로 그해 9월에 일본과 포츠머스조약을 맺어야 했다. 러시아는 랴오둥반도의 조차권과 창춘과 뤼순 사이의 철도에 관한 권리를 일본에 양도해야 했고, 북위 50도 이남의 사할린섬과 부속 도서(島嶼)도 일본에 할양해야 했다. 거기다 동해와 오호츠크해, 베링해의 러시아령 연안의 어업권을 일본인에게 허용해야 했다. 조약의 영향력은 한반도에도 미쳤다. 일본이 내한세국에 대한 지도·보호·감독 권한을 갖게 된 것이다. 이는 을사늑약으로 이어졌다.

3

국권 회복을 위한
처절한 항일 투쟁

1. 들불처럼 번져간 의병 운동

을사늑약이 체결되자 의병 운동이 다시 일어났다. 을사늑약으로 한국인의 반일 감정은 극도로 달아올랐고, 전국 각지에서 의병 항쟁이 이어졌다. 의병이 가장 먼저 일어난 곳은 강원도 원주 동부의 주천이었다. 주천은 을미의병 당시 유인석이 의병을 일으킨 곳이었는데, 유인석 휘하에서 활동하던 원용선과 박정수가 주축이 되어 다시 의병진을 꾸렸다. 하지만 의병진을 편성하자마자 원주의 진위대와 일진회의 공격을 받아 흩어지고 말았다.

이후 충청남도 홍주(홍성)에서 민종식과 안병찬이 의병을 일으켰다. 안병찬이 1906년 3월에 수천 명의 홍주 의병을 규합하여 홍주성을 공략했으나 실패로 돌아갔고, 민종식이 5월에 홍주성을 재차 공격하여 점령했다. 이후 의병들은 홍주성에서 12일 동안 치열한 전투를 벌였으나 일본군의 우수한 화력에 밀려 패배하고 말았다.

홍주성 패전 다음 달인 1906년 6월, 전라도 태인(정읍)의 무성서원에서 최익현이 70대의 노구를 이끌고 의병을 일으켰다. 최익현의 의병 부대는 정읍과 순창, 담양으로 진출했고, 전주와 남원의 진위대와 일전을 벌여야만 하는 상황이 되었다. 이에 최익현과 의병들은 자국 군대와 싸우는 것을 피하려고 진군을 망설였고, 그사이에 진위대의 급습을 받아 패전한다.

한편 경상도에서는 신돌석과 정환직이 영해(영덕)와 산남(영천)에서 의병을 일으켰다. 신돌석은 1906년 4월에 영해에서 의병을 일으킨 뒤, 정환직의 산남 의병과 연합하여 동해안 일대에서 항일 전투를 벌였다. 신돌석의 의병 부대는 규모가 3000명이 넘었고, 전술도 뛰어나 일본군을 괴롭혔다. 또한 정환직의 아들 정용기도 영천 일대로 진출하여 수천 명의 의병을 거느리고 항일 투쟁을 수행했다. 정용기에 이어 경주에서도 유시연이 의병대를 꾸려 항일 투쟁을 이끌었다. 경기 지역에서는 죽산과 안성을 무대로 박석여의 의병 부대가 일어났고, 양평과 여주에서는 이범주의 부대가 활약했다. 또한 강원도 양구와 홍천에서는 각각 최도환과 박장호가 의병을 일으켜 항전했다.

전국 각처에서 크고 작은 의병 부대가 활동하는 가운데 1907년 8월 1일, 한국 군대 해산령이 떨어졌다. 9월에 이르자 서울의 시위대 및 지방의 진위대가 모두 해체되었고, 해산된 군인들이 의병 운동에 가담하면서 항일 투쟁의 양상은 크게 달라졌다. 유생 출신의 의병대장이 대다수였던 상황에서 군인 출신의 의병대장들이 등장하면서 전력이 크게 향상되었고, 조직력과 무기를 다루는 능력도 훨씬 좋아졌다. 종래에 의병과 진위대가 서로 총칼을 겨누었던 양상도 사라져 항일 투쟁의 대오가 안정되었다.

원주 진위대 출신의 민긍호, 박준성, 손재규 등은 각각 의병 부대를 일으켜 강원도, 충청도, 경기도 일원에서 항일 전투를 이끌었고, 강화 진위대 출신의 군인들은 연기우를 주축으로 임진강 유역의 포천과 연천 일대에서 항전했다. 여기에 기존에 활동하던 신돌석, 이강년 등은 경상도 북부에서 활동했고, 호남 장성에서 기삼연, 나주에서 전해산, 함평에서 김태원과 심남일, 무주에서 문태수, 임실에서 이석용이 의병 부대를 이끌고 항일 투쟁을 전개했다. 문태수와 이석용의 의병 부대는 경상도 거창과 안의 지역까지 진출했다. 한편 충청도와 전라도 접경 지역인 공주, 회덕에서는 김동신의 의병 부대가 활약했다.

경기 북부와 황해도, 평안도, 함경도 등에서도 의병 투쟁이 일어났다. 경기도 장단의 김수민 부대는 황해도 일대까지 넘나들며 항일 전투를 수행했고, 평산에서 일어난 박정빈과 이진룡 부대도 황해도를 오가며 전투를 벌였다. 평안도에서는 김여석 부대가 덕천과 맹산을 중심으로 활동했고, 채응언은 함경도와 평안도의 접경 지역에서 활약했다. 함경도에서는 홍범도와 차도선이 삼수와 갑산을 중심으로 산포수와 광산 노동자를 규합하여 의병 활동을 했으며, 경원에서는 최재형과 이범윤, 엄인섭, 안중근 등이 의병 부대를 이끌었다.

전국 모든 지역에서 의병이 일어남에 따라 1908년 무렵엔 전국 의병 부대가 연합하여 서울 진공작전을 계획하기도 했다. 이 작전을 추진한 인물은 관동의병장 이인영이었다. 이인영은 전국의 의병 부대를 연합하자는 격문을 돌렸고, 각 도의 의병들이 양주의 대진소로 모여들었다. 양주에 모인 의병은 총 48진으로 병력 규모는 1만 명에 달했다. 이후 이인영을 총대장으로 삼아 13도 창의군이 결성되었고, 1908년 1월에 서울진공작전이 이뤄졌다. 작전의 선봉엔 강화도 의병대장 허위가 있었다. 그는 300여 명의 선발대를 이끌고 동대문 밖 약 12킬로미터 지점까지 진출했는데, 일본군의 매복에 걸려 패퇴했고 결국 13도 창의군의 서울진공작전도 실패하고 말았다. 이후 의병들은 곳곳에서 일본군과 유격전을 벌이며 항전했으나 전력의 열세를 극복하지 못하고 패퇴하거나 해산되었다. 그 과정에서 의병 부대를 이끌던 의병대장들이 체포되거나 자결했고, 13도 창의군 총대장을 맡고 있던 이인영도 1909년 6월에 황간에서 체포되었다.

서울진공작전을 기점으로 일본군은 의병에 대한 초토화작전을 수행했고, 이 과정에서 전국 각지의 촌락을 습격하여 주민들을 무차별 살육했다. 특히 호남 지역에서 의병의 항쟁이 격렬했는데, 일본군은 '남한대토벌작전'이라는 이름으로 두 달에 걸쳐 대대적인 공격을 감행해 국내에서의 의병 투쟁은 점차 힘을 잃고 말았다. 이후 의병들은 연해주와 간도 지역으로 옮겨 가 항선을 지속했고, 항일전을 진행한 의병들은 독립군으로 전환되어 광복전을 수행하는 중추 세력으로 성장하게 된다.

2. 친일 척결의 물결이 일다

을사늑약 체결 이후 친일·민족·반역 매국노 척결 단체가 조직되어 이완용을 비롯한 을사오적과 친일 단체 대표 척결 계획이 수립되었다. 계획에 따라 이재명 등 평안도 출신 열사 10인이 이완용과 이용구를 암살하려 했고, 을사오적 암살단의 나철, 오기호, 강원상은 박제순, 권중현 등을 암살하려 했다. 하지만 암살 계획은 큰 성과를 올리지 못했고, 이완용 암살만이 실행에 옮겨져 사회적 파장을 일으켰다.

이완용 암살 사건은 1909년 12월에 벌어졌다. 이 사건에 가담한 인물은 총 열 명이었다. 이들은 평안도 출신으로 친일·반역·매국노 척결 단체 소속이었다. 이들의 1차 척결 대상은 을사오적의 우두머리 이완용과 일진회 회장 이용구였다. 그들은 정보, 무기 구입, 자금 조달, 행동 네 분야로 활동했다. 이들 열 명 중 김용문이 정보책이 되었고, 전태선이 무기 구입을 맡았으며, 오복원과 박태은, 이응삼이 자금 조달을 맡았다. 이완용 척결은 이재명, 이동수, 김병록이 맡았고, 이용구 척결은 김정익과 조창호가 맡았다.

이재명은 평안북도 선천 출신으로 1890년에 태어났으며, 이수길이라는 이름으로도 불리었다. 여덟 살 때 평양으로 이사하여 어린 시절을 보냈고, 열네 살에 기독교인이 되었으며, 열다섯 살에 이민 모집에 응모하여 하와이로 건너갔다. 열여덟 살에 귀국하여 스무 살 때인 1909년에 이토 히로부미 암살을 계획했으나 안창호의 만류로 보류하면서 본격적으로 항일운동에 참여했다. 그는 블라디보스토크에서 활동했는데, 안중근이 이토 히로부미를 척살했다는 소식을 듣고 귀국하여 매국노 척결 운동에 참여하다가, 1909년 12월 22일, 마침내 이완용 척결 계획을 행동으로 옮겼다. 이완용은 명동성당에서 거행된 벨기에 황제 레오폴트 2세의 추도식에 참석하기로 되어 있었다. 김용문으로부터 이 정보를 접한 이재명은 군밤 장수로 가장한 채 명동성당 근처에서 기다렸고, 이완용이 추도식을 마치고 나오는 것을 보고 칼로 이완용의 복부와 어깨를 찔렀다. 이완용은 중상을 입은 채 목숨을 건졌고, 이재명은 체포되어 1910년 스물한 살의 젊은 나이로 사형에 처해졌다.

이동수는 이재명과 함께 이완용의 처단을 맡은 인물 중 하나였다. 1884년에 태어난 그는 이재명보다 여섯 살 위였고, 이재명과 함께 평양 지사들이 모여 매국노들을 척결하는 모임을 결성했다. 이재명이 이완용을 단도로 찌르는 장면을 보고 있다가 동지들에게 이 상황을 전달했던 것으로 전한다. 그는 현상 수배되었고, 궐석재판에서 15년 형을 언도받았으나 붙잡히지 않았다. 1919년 4월 23일에 서울에서 열린 국민대회에 13도 대표로 참석했고, 상하이로 망명하여 항일 투쟁을 지속했다. 1924년에 일본 경찰에 체포되어 궐석재판 선고에 따라 15년간 감옥 생활을 했다.

김병록도 이재명, 이동수와 함께 이완용 척결에 동참한 인물이다. 김병록은 이동수와 같은 해인 1884년에 태어났고, 하와이로 이민을 가서 그곳 한인 독립 조직인 공립협회에 가입하여 이재명을 만났다. 이완용을 단죄하던 당시에는 이동수와 함께 숨어서 주변 동정을 살피는 역할을 했다. 당시 김병록도 일본 경찰에 체포되어 15년 형을 받고 옥고를 치렀다. 이재명이 이완용을 가장 먼저 척결해야 한다고 주장할 때 일진회 우두머리 이용구를 먼저 죽여야 한다고 주장한 인물이 있었는데 김정익과 조창호였다. 이들도 이재명과 마찬가지로 평안도의 매국노 척결 단체의 일원이었다. 이들은 이완용 척결 계획이 실패로 돌아간 후 이용구 척결 기회를 노렸지만, 체포되어 15년간 옥고를 치렀다.

평안도 의사들의 매국노 척결 계획에 자금을 조달한 인물은 오복원, 박태은, 이응삼 등이었다. 그들은 자금을 구하기 위해 여러 지역을 돌아다니며 돈을 모았고, 이 자금을 이용구 척결에 참여할 조창호에게 전달해 거사에 필요한 의복과 무기를 구하도록 했다. 이들은 이완용 척결 미수 사건 이후 각각 10년 형을 선고받고 옥고를 치렀다. 복역 후 오복원은 일본 경찰들의 눈을 피해 속리산에 은거했다고 전한다.

마지막으로 매국노 척결 계획에서 무기 구입과 운반 책임을 맡은 전태선은 평양의 목재상이었다. 매국노 척결 계획 단체에 가입한 후 무기구입책을 맡았고 권총, 실탄, 비수, 거사용 학생복 등을 구입하여 전달했다. 그도 다른 동지들과 마찬가지로 이완용 척결 미수 사건 이후 체포되어 10년 동안 옥고를 치렀다.

3. 순절로 항일의 불길을 일으키다

1905년의 을사늑약과 1910년의 한일합병에 대한 치욕과 분노를 순절로 표출한 인물들이 있었다. 대부분 관료 출신이거나 학자들이었는데, 홍만식, 민영환, 조병세, 송병선, 황현 등이 대표적이다.

홍만식은 갑신정변의 주역 홍영식의 형이다. 갑신정변 후 아버지 홍순목이 자결할 때 아버지의 유언에 따라 자살하지 않고 자수했고, 석방된 후에는 초야에 묻혀 지내다가 1894년에 관작이 복구되었다. 1895년에는 춘천 관찰사에 임명되었으나 사양했고, 을미사변 후 단발령이 내려지자 음독자살하려 했으나 단발령이 취소되고 아관파천이 일어나자 자결하지 않았다. 1904년에 해주 관찰사에 임명되었으나 취임하지 않았고 1905년에 을사늑약이 체결되었다는 소식을 듣고 분통함을 이기지 못하고 최초로 음독자결했다.

민영환은 홍만식의 자결 소식을 듣고 단도로 복부를 찔러 자결했다. 민영환은 민겸호의 아들로 민겸호가 임오군란 때 살해되자, 성균관 대사성에 올라 있던 벼슬을 버린 바 있다. 이후 이조 참의, 호조 판서, 병조 판서를 지냈고, 대한제국 성립 후에는 참정대신, 탁지부대신을 역임했으며, 을사늑약 당시에는 시종무관 벼슬에 있었다. 늑약 체결 후 조병세의 파기 상소에 이름을 올리기도 했다. 일제에 의해 조병세가 구금되자, 직접 상소를 올렸다가 왕명거부 죄로 체포되었다. 석방된 뒤에도 상소 운동을 지속하려 했으나 돌이킬 수 없는 상황이라고 판단하고 자결을 택했다. 자결 당시 황제에게 올리는 글과 국민에게 각성을 요구하는 글, 서울에 있는 외국 사절들에게 국권 회복에 도움을 줄 것을 호소하는 글을 남겼다.

조병세는 함경도 암행어사, 대사헌 등을 거쳐 예조 판서와 이조 판서를 지내고, 1896년엔 폐정 개혁을 요구하는 시무 19조를 올리기도 했다. 을사늑약이 체결되자 고종과 면담을 요청했으며, 을사오적 처단과 조약 파기를 요구하는 상소를 올렸다. 이 상소 때문에 일본 헌병대에 강제 연행되어 구금되었으며, 석방된 뒤 다시 유서를 써놓고 상소를 올렸다. 이 일로 일본 헌병에 의해 가마에 태워져 서울에서 추방되자, 가마 안에서 음독자결했다.

송병선은 송시열의 9대손으로 여러 차례 벼슬을 받았으나 사양하고 초야에 묻혀 도학 강론에 몰두한 인물이다. 을사늑약이 체결되자, 상경하여 고종을 면담하고 십조봉사(十條封事)를 올렸다. 십조봉사에는 을사오적 처단과 인재 등용 등의 내용이 담겼다. 이후 늑약 반대 운동을 전개하려다 강제 연행되어 고향으로 압송되자, 음독자결했다.

황현은 『매천야록(梅泉野錄)』의 저자로 유명하다. 그는 젊은 시절 성균관 회시에 응시하여 장원했으나 민씨 척족의 무능과 부패에 환멸을 느껴 관직 진출을 단념하고 학문 연구와 후학 양성에 매진했다. 개항기에서 대한제국까지의 역사를 담은 『매천야록』, 『오하기문(梧下紀聞)』 등을 지었다. 한일합병조약이 체결되었다는 소식을 듣고 망국의 하늘을 이고 살 수 없다며 자결했다.

이들 외에도 참판을 지낸 이명재가 자결했고, 학부주사 이상철과 을미사변 때 의병을 일으켰던 이설도 국권 침탈에 항거하는 뜻으로 순절했다.

4

국권 강탈의 전위부대, 통감부 통치
(1905~1910년)

1. 통감부의 국권 강탈

러일전쟁에서 승리한 일본은 1905년 11월 17일에 을사늑약 체결을 강행하여 대한제국의 행정을 장악하고 외교권을 강탈했다. 통감부를 설치하고, 이토 히로부미(伊藤博文)를 제1대 통감으로 파견하여 한국을 식민화하기 위한 전초 작업을 진행했다. 이토는 통감부를 통해 외교권은 물론이고, 모든 통수권과 행정권, 사법권, 질서유지권, 경제권, 군권까지 강탈했다. 통감은 원래 외교 사항만을 관리했으나 이토는 통감의 직권 확대를 지속하여 국가의 모든 권력을 장악했다. 일제는 처음엔 외교 및 국방 관련 분야만 차지하는 모양새를 보였으나, 점차 행정, 사법, 경제 등 침탈 영역을 확대하여 한국을 식민화시켜 나갔다.

그러자 이토의 불법적인 내정간섭에 반발한 고종이 헤이그에서 열리는 만국평화회의에 밀사를 파견하여 일제의 국권 침탈 행위를 만방에 알리려 했고, 이를 빌미로 이토는 1907년 7월에 고종을 강제 퇴위시키고 순종을 황위에 앉혔다. 순종이 즉위한 이후 일제는 한일신협약(정미7조약)을 체결하여 한국 정부의 모든 시정 사항을 통감의 지도 아래 이뤄지도록 함으로써 내정에 깊이 간여했고, 모든 부서에 일본인을 차관으로 임명하여 행정권을 장악했다. 또한 사법권, 경찰권, 군권을 차지했으며, 그 과정에서 군대까지 해산했다. 또한 황태자 영친왕을 볼모로 삼아 일본으로 데려갔으며, 간도를 중국에 넘겨주는 간도협약을 진행하기도 했다.

이처럼 무참한 일제의 국권 강탈 행위에 대항하여 을사오적을 처단하기 위한 단체가 생겨 이완용의 집을 불태우는가 하면, 전국 각지에서 의병이 일어나 무력 투쟁을 전개했다. 하지만 이런 저항들도 일제의 식민화 작업을 저지하지는 못했다. 전국 각지에서 의병이 일어나 치열한 항일운동을 전개하는 가운데, 이토가 통감에서 물러나고 제2대 통감으로 소네 아라스케(曾禰荒助)가 취임했다. 본국으로 돌아가 추밀원 원장에 취임한 이토는 1909년 10월에 러시아 대장대신과 회담하기 위해 하얼빈을 방문했는데, 이 소식을 접한 의병대장 안중근은 그를 국권 강탈의 원흉이자 아시아의 평화를 해치는 장본인이라고 지목하고 권총으로 격살했다. 안중근의 이토 저격 이후, 일제는 식민화 작업을 더욱 가속화하여 1910년 8월 22일에 한일합병조약 체결을 강행하고, 일주일 뒤인 8월 29일에 이 조약을 공포함으로써 한국을 완전히 식민국으로 전락시켰다.

2. 늘어나는 세금, 신음하는 한국인

국권수탈기 일본의 침탈 행위는 경제 분야에서도 노골적이었다. 일제는 국권 침탈의 서막이 된 1904년의 제1차 한일협약을 맺어 대한제국 정부에 일본인 메가타 다네타로(目賀田種太郎)를 재정 고문으로 임명했다. 이후 메가타는 대한제국의 통신사업권을 일본에 넘겨주고, 일본 화폐의 유통을 공인했으며, 일제로부터 차관을 얻도록 강압했다. 일제의 차관을 얻도록 한 것은 대한제국이 일제에 빚을 지도록 함으로써 재정의 주도권을 일본에 넘겨주려 한 것이다. 대한제국은 1905년에 일제로부터 200만 원을 차입했고, 이후 메가타는 반복적으로 차입금으로 늘려나가도록 했다. 대한제국의 빚은 눈덩이처럼 불어나기 시작했고, 결국 한국의 재정이 완전히 일본에 예속되는 지경에 이르렀다.

일본은 일본 제일은행 서울지점에 한국의 중앙은행 업무를 맡기며 금융지배권을 장악했다. 이러한 일제의 경제 침탈을 막기 위해 국민들은 광문사 사장 김광제와 서상돈의 제안에 따라 국채보상운동을 전개했지만, 일제의 방해로 좌절되고 말았다. 일제는 경제 침탈의 수단으로 1905년에는 경부철도를, 1906년에는 경의선을 개통했다. 통감부는 철도관리국을 개설했고, 일본은 두 철도 노선을 통해 수탈을 더욱 가속화했다.

일제는 한국의 경제권을 장악하기 위해 법적 절차도 정비했다. 1906년 6월에는 광업법을 공포하고 7월에는 사광채취법을 공포했으며, 광업법을 9월에 시행함으로써 한국의 광산을 합법적으로 강탈할 수 있는 기반을 마련했다. 광업에 대한 이 두 법안이 실시된 지 불과 3년 후인 1909년 12월에 집계된 전국 광업 허가 건을 보면 한국인 102건, 일본인 303건으로 국내의 광업자 중 일본인이 한국인의 세 배가 되는 결과를 낳았다. 그해 12월에는 지방세 규칙을 공포하여 시장세와 포구세, 여각세(숙박업), 교세(가마), 인력거세, 자전차세, 하차세(우마차와 손수레), 화(花)세(화류계) 등 각종 세금을 부과하여 수탈 자금을 확보했다.

이런 통감부의 증세 정책에 반발하여 김해 군민들은 폭동으로 저항하고, 개성 상인들과 평북 용천 상인들은 시장세를 거부하며 철시했다. 전남 순천 상인들은 지방세를 거부하고 재무서와 주재소에서 농성을 벌였고, 평남 순천 군민 3000명은 시장세 징수에 반대하여 재무서를 습격했다. 또 시장세 문제로 충북 보은군 회인에서는 일본 관헌과 군중들이 대치했다. 하지만 일제의 수탈 정책은 지속되었다. 1906년 10월에 토지건물증명규칙을 공포하고 그해 12월에 시행함으로써 일본인의 토지소유권을 인정하는 조치를 취했고, 이는 한국의 토지를 일본인에게 넘겨줄 수 있는 기반으로 작용했다.

통감부는 1907년 4월에 압록강과 두만강 연안의 삼림경영권을 장악했고, 5월에는 지방금융조합규칙을 마련하고, 8월에는 탁지부의 화폐교환소를 제일은행으로 이관하여 전국의 금융관할권을 장악했다. 그해 10월에는 한국 경제 착취의 전초기지라고 할 수 있는 일본의 국책회사 동양척식주식회사를 위한 동양척식회사법을 마련했고, 1908년 12월에는 서울에 동양척식주식회사를 설립, 1909년 1월부터 전국 각지에서 수탈 활동을 시작했다. 일제의 동양척식주식회사는 영국의 동인도회사를 본뜬 것으로써 식민지 착취를 위한 첨병 기관이었다.

1908년 1월에는 삼림법도 공포되었다. 그해 7월에는 홍삼전매법과 인삼세법을 시행해 인삼 농가를 지배했다. 1909년에는 어업세법이 공포되었고, 6월에는 동양포경주식회사 설립이 결정되어 한반도 연안의 어류 및 고래 어업권을 일본인들이 장악했다. 그해 7월에는 한미전기회사를 일본 기업 일한와사(日韓瓦斯)가 매수함으로써 전기의 생산과 판매에 관한 권한도 일본인들에게 넘어갔다. 인천을 비롯하여 부산, 목포, 원산, 청진, 군산, 진남포, 신의주 여덟 개 항구를 개발하는 공사가 진행되어, 1910년에 완공됨으로써 전국 어디서든 수탈이 가능하도록 만들었다. 통감부는 또 세법을 통해 수탈을 강화했는데, 가옥세와 주세, 연초세 등을 만들었다. 이에 1910년 3월에 천안 사람 1000여 명이 가옥세, 주세, 연초세 반대 시위를 벌이기도 했다.

이후 일제의 수탈 정책은 더욱 강화되었다. 1910년 3월엔 동양척식이 압록강에서 청천강에 이르는 약 290킬로미터의 바다에 어업면허권을 신청하여 일대의 어업권을 장악했고, 그해 4월에는 탁지부 소관의 부산 제빙소가 일본인 수산회사에 양도되었다. 8월에는 일본의 특허권, 의장법, 실용신안법, 상표법, 저작권법을 시행했다. 11월에는 전국의 토지를 완전히 장악하기 위해 토지조사에 관한 지방 경제 및 관습 조사 규정을 공포했고, 12월에는 회사령이 공포되어 회사 설립을 허가제로 변경했다. 이는 한국인의 회사 설립을 제한하기 위한 조치였다. 일제의 통감부는 을사늑약부터 한일합병에 이르는 5년 동안 한국의 경제를 완전히 일본에 예속시키는 데 몰두했다. 그 때문에 수십만의 국민들이 연해주와 간도, 하와이, 멕시코 등으로 이민을 떠났다.

3. 교육과 언론을 통제하고 식민정책을 강화하다

통감부는 식민정책의 일환으로 교육과 언론을 지배했다. 한국 지식인들의 대중 계몽운동을 무너뜨리고 식민정책을 합리화하기 위한 술책이었다. 을사늑약 이후 한국 사회의 지식인들은 광범위한 애국 계몽운동을 전개했는데, 그 핵심은 대중 계몽을 위한 신교육운동이었다. 이 운동을 실천하기 위해 수많은 학교가 설립되었는데, 1909년에는 전국에 약 3000개의 사립학교가 생겼다. 당시 정부가 주도하여 만든 공립과 준공립 학교가 146개에 불과했던 것을 상기할 때, 엄청난 숫자가 아닐 수 없다. 이 사립학교 중 선교사 또는 기독교 계통의 학교가 약 823개, 나머지는 개인 또는 단체가 설립한 것이었다. 기독교 계열 학교 중에 독립 의식을 고취하는 자주적 성격을 가진 학교들이 많았다. 통감부는 1908년에 이완용 괴뢰정부 이름으로 사립학교령을 공포하여 3000개의 사립학교 중 약 27퍼센트에 이르는 800여 개의 학교를 인가하지 않았다. 게다가 교과서 검열을 강화하고, 각 학교마다 헌병대와 경찰을 파견하여 간섭과 탄압을 일삼았다.

일본 헌병대와 경찰은 언론 탄압과 감시를 강화했다. 을사늑약을 전후하여 수많은 신문이 창간되었는데, 일제의 조선 식민화를 합리화하기 위한 전술의 일환이었다. 을사늑약 이전에 이미 〈대한매일신보〉, 〈황성신문〉, 〈제국신문〉 등 독립 정신을 강조하는 신문이 발간되었는데, 1905년 이후 폭발적으로 늘어났다. 1905년 2월에 〈조선일보〉가 창간되었고, 그해 12월에 〈전북일보〉, 1906년 1월에 〈중앙신보〉와 〈대구일일신문〉이 창간되었다. 같은 해에 가톨릭 주간지 〈경향신문〉, 천도교의 〈만세보〉, 〈평양일보〉, 〈압강일보〉, 〈서선일보〉가 창간되었다. 이후 1910년까지 〈대한신문〉, 〈해조신문〉, 〈북선일보〉, 〈광주일보〉의 창간이 이어졌다. 일제는 민족주의 성향을 가진 〈황성신문〉, 〈제국신문〉, 〈대한민보〉, 〈공립신보〉, 〈경향신문〉을 폐간했고, 〈대한매일신보〉는 〈매일신보〉로 제호를 바꿔 총독부 기관지로 만들었다. 남은 신문들 중 상당수가 친일 성향을 띠었고, 통감부는 친일 성향의 신문을 빌려 침략 정책을 합리화했다. 또한 통감부에 비판적 논조를 가진 신문들을 가혹하게 탄압했다.

4. 낯선 신문명과 새로운 문화

국권수탈기의 한국 사회는 신문명의 낯선 물결에 밀려다녔다.

궁중에는 이발소가 설치되고, 서울의 거리는 양복 신사들로 채워졌으며, 양장한 여인들의 모습도 늘어났다. 철도와 전기, 전화, 수도 등이 일상 속으로 파고들어 거리와 시간·공간 개념을 바꿔놓기도 했다. 전국의 일본인 인구는 10만을 넘어섰고, 서울 인구의 약 16 퍼센트가 일본인으로 채워졌으며, 간간이 서양인들이 거리를 활보하기도 했다. 그리고 야구와 자전거 경주를 구경할 수도 있었다.

1905년 벽두에 영등포에서 부산 초량 사이를 왕래하는 경부철도의 운행이 개시되었다. 경부선 개통에 따라 5월에는 서울의 서대문에서 부산의 초량을 왕래하는 직통 통근 열차가 운행되었는데, 소요 시간은 열네 시간이었다. 이후 철도의 속도가 개선되어 1906년 4월에는 초량과 남대문 사이의 급행열차 운행시간이 열한 시간으로 줄어들었다. 경부선 개통과 더불어 일제는 러일전쟁에 필요한 군수물자를 수송하기 위해 서울에서 신의주에 이르는 경의선을 급조하여 1906년에 개통시켰다. 이로써 부산에서 신의주까지 하루면 도달할 수 있게 되면서 공간과 시간 개념에 획기적인 전환점이 마련되었다.

1906년 4월에는 탁지부에 수도국이 신설되어 8월에 처음으로 서울에 수도 가설 공사가 시작되었다. 1908년 1월에 인천, 부산, 평양에도 수도 시설을 위한 출장소가 설치되었으며, 9월에 서울의 수도 공사 준공식을 거행했다. 착공 2년 1개월 만이었다. 영국 자본으로 세워진 한국수도회사에서 미국인 콜브란에게 하청하여 공사비 280만 원을 들인 결과였다. 인천, 부산, 평양의 수도 가설 공사는 1910년에 준공되었다.

1897년 서울에 전화국이 세워진 이래 평양, 개성, 인천 등에도 전화소가 마련되었는데, 1907년 6월에는 서울과 인천, 서울과 개성에 이어 서울과 평양 사이에 시외전화가 개통되었다. 또한 1898년 1월에 한성전기회사가 설립된 이래 전기도 꾸준히 공급되었다. 1910년 1월에 이르면 서울에서 전등 가설을 신청한 가구가 1200호로 기록되어 있다. 가로등과 상업용 건물, 회사 위주로 가설되던 전등이 민간 가구로 확대된 것이다. 당시 서울 인구가 약 16만 명이었고, 가구당 인구를 5명으로 추산할 때 전체 서울 가구 수의 4퍼센트 정도가 전등 가설 신청을 한 셈이다. 이때 서울에 머무르던 일본인은 2만 5034명으로 조사되었는데(당시 16만 명이던 서울 인구의 16퍼센트에 이르는 수치), 당시 전등 가설을 신청한 가구는 대부분 일본인이거나 일부 한국인 부호였던 것으로 추론된다.

서울에 전기를 공급하던 곳은 일한와사다. 대한제국에서 세운 한성전기회사는 자본과 기술 부족으로 1904년 7월에 미국인 콜브란에게 넘어가면서 한미전기회사로 변경되었고, 다시 1909년에 일본의 국책회사인 일한와사에 매도된 상태였다. 전기 보급에 따른 이익은 모두 일한와사가 차지했다.

1905년 3월에는 도량형법이 공포되어 길이와 넓이의 단위인 척(尺)과 평(坪)에 서양식 단위인 미터(m)를 혼용하여 사용하게 되었다. 1905년 3월 21일에 공포된 대한제국의 도량형법에 따르면 1리는 420미터, 1척은 30.303센티미터다. 도량형법은 1909년 9월에 다시 한번 변화를 겪게 되는데, 이때 일본의 도량형법이 대한제국의 도량형법을 대체했다. 일본식 도량형법에선 1리가 한국의 10

리에 가까운 3927.2미터였다.

1905년에 미국인 선교사 질레트가 황성기독교청년회 회원들에게 전파한 야구는 1906년 2월 11일 최초의 야구 경기로 이어졌다. 그날 훈련원 터에서 경기를 펼친 팀은 YMCA 팀과 덕어(독일어) 팀이었다. 야구는 큰 인기를 누리며 전국으로 퍼져나갔다. 1909년 〈황성신문〉에 야구단 응원가인 '야구단 운동가'가 소개될 정도였다.

야구와 함께 인기를 끈 또 다른 종목은 자전거 경주였다. 1890년대 초 부산과 인천을 중심으로 일본인들이 주로 타고 다녔던 자전거는 1905년에 이르면 서울에서도 흔히 볼 수 있었다. 호기심 어린 구경꾼들의 북적거림 속에 1906년 4월 22일, 최초의 자전거 경주가 훈련원 운동장에서 열리기도 했다.

5

국권 강탈의 전위대장,
일본 통감들

  일본은 1905년에 일사늑약을 체결한 후 통감부를 설치하고, 수장 격인 통감을 두었다. 제1대 통감은 이토 히로부미, 2대 통감은 소네 아라스케, 3대 통감은 데라우치 마사타케(寺內正毅)다. 세 명의 통감이 부임했지만, 을사늑약 후 통감부를 독점했던 인물은 이토 히로부미였다. 이토는 1909년까지 한국통감으로 있었고, 이후 소네 아라스케가 잠시 통감직을 이었으나 지병으로 얼마 가지 못했다. 소네를 이어 통감이 된 데라우치는 한일합병으로 통감부가 총독부로 전환되자, 초대 총독이 되었다. 여기에서는 이토와 소네를 언급하고, 데라우치는 1910년대에서 다루기로 한다.

1. 제1대 통감 이토 히로부미(伊藤博文)

제1대 통감 이토 히로부미는 1841년에 일본 스오구니(周防國)의 구마게군(현재 야마구치현 히카리시)에서 하야시 주조(林十藏)의 아들로 태어났다. 이토 히로부미의 원래 성은 하야시고, 어릴 때 이름은 리스케(利助)다. 소년 시절, 그의 아버지 주조는 조슈번(長州藩, 지금의 야마구치현)의 이토 다케베에의 양자가 되었고, 하야시 이스케는 이토 이스케가 된다.

이토 다케베에 가문은 조슈번에서 중간 계층에 해당하는 하급 무사 신분인 아시가루였다. 원래 하야시 주조는 가난한 농부였기 때문에 이토는 어린 시절을 매우 가난하게 보냈다. 그러나 아버지가 이토 가문의 양자가 되면서 신분이 무사 계급으로 상승했고, 그는 미천한 신분에서 벗어나 새로운 계층으로 도약할 수 있었다.

이토 이스케는 동네 서당에서 처음으로 글을 익혔고, 청소년으로 접어들던 열네 살 때부터는 하급 무사의 잡역 노릇을 했다. 열다섯 살에는 조슈번의 무사로 일하던 구루하라 료조의 심부름을 하게 되었는데, 구루하라가 이토의 명민함을 알아보고 공부를 계속할 것을 권고했다. 구루하라는 당시 조슈에 학당을 세워 운영하던 요시다 노리가타를 소개했고, 이토는 구루하라의 소개장을 들고 요시다를 찾아가 그의 학당에서 수학했다.

당시 요시다는 쇼인이라는 아호로 널리 알려진 사무라이이자 교육자였는데, 대개는 그를 요시다 쇼인(吉田松陰)이라 불렀다. 그는 숙부가 운영하던 쇼카손쥬쿠(松下村塾)라는 학당을 인수하여 교장으로 있으면서 제자를 양성했는데, 대다수는 조슈의 명문 자제들이었다. 하지만 요시다는 신분을 가리지 않고 재능 위주로 제자를 길렀고, 이토는 요시다가 총애하는 제자 중 하나가 될 수 있었다.

요시다는 일군만민론(一君萬民論), 즉 천황 아래 모든 백성은 평등하다는 사상을 주창한 인물로 왕을 추앙하고 오랑캐를 배척하는 존왕양이(尊王攘夷)를 추구했다. 1858년 막부는 천황의 칙허 없이 미일수호통상조약을 강행했는데, 요시다는 막부 정책에 대단한 적개심을 드러냈다. 도쿠가와 막부는 14대 쇼군 도쿠가와 이에모치를 세우고 막부의 정책에 반대하는 존왕양이파를 대대적으로 탄압했는데, 막부를 이끌던 대로(大老) 이이 나오스케(井伊直弼)와 노주마나베 아키카쓰(間部詮勝)가 이를 주도했다. 이른바 안세이 대옥(安政大獄)이라 불리는 사건이다. 요시다는 안세이 대옥에 연루되어 감옥에 갇혔고, 투옥 중에 마나베 아키카쓰 암살 음모에 가담했다는 혐의를 받고 1859년 10월 27일 참수형에 처해졌다. 그의 시신은 발가벗겨진 채로 나무통에 박힌 채 땅에 묻혔다. 이토를 비롯한 요시다의 제자들은 매장된 시체를 꺼내 무덤을 조성하고 쇼카손쥬쿠에 신사를 마련했다.

이후 요시다의 제자들은 과격한 존왕양이파가 되었다. 이토도 그중 하나였다. 이토는 막부의 우두머리들을 제거하기 위한 테러 조직인 미타테구미(禦楯組)에 가입하여 활동했다. 1863년 1월 영국 공사관 방화 사건에 가담했고, 막부의 밀정 우노 도카이 암살 사건에도 참여했다. 또 막부의 자문역이었던 하나와 다다토미와 그의 문하생들을 살해했다. 조슈번 자체가 존왕양이를 주장했던 만큼 그의 테러 활동들은 경력으로 작용했고, 덕분에 신분은 무사 바로 아래 단계인 준무사로 상승했다.

1863년 5월, 그는 조슈번의 유럽 유학생 양성 정책에 따라 5명의 장학생 중 한 명으로 선발되었다. 다섯 명의 유학생은 '조슈5인'이라 불릴 정도로 조슈의 청년 지사를 대표했다. 이토는 신분의 한계를 극복하고 조슈5인의 일원이 되는 영예를 누렸다. 평민의 신분을 겨우 면한 하급 무사 계급 출신으로 큰 성공이 아닐 수 없었다. 영국 유학 후, 그는 탁월한 언어 감각으로 누구보다 빨리 영어에 적응했다. 그러면서 인생의 대변신을 시도한다. 존왕양이론자였으나 영국의 엄청난 발전상을 목도하고 개화론자로 탈바꿈했던 것이다. 그는 유학 1년 만에 개화론자로 변신해 1864년에 귀국하여 조슈번과 외국 함대의 전쟁을 막기 위해 분주하게 움직였다. 영국 공사관을 찾아다니며 공사를 설득하고 협상을 중재하려 했으나 실패한다. 조슈번주에게는 서양 세력을 적대시하는 존왕양이 정책을 중지해야 한다고 건의했지만 허사였다. 존왕양이파는 그를 암살하려고 혈안이 되었다. 이토는 몸을 숨기고 지내다 마침내 막부를 타도하기 위한 싸움에 가담한다. 그는 결국 막부 세력 타도에 성공하고 메이지유신(明治維新)을 이끌어낸다.

메이지유신 이후 이토는 이름을 리스케에서 히로부미로 개명한다. 이토 히로부미는 막부 세력 타도를 주도하고 메이지유신을 이끈 조슈번의 유력 인물 중 하나가 되었다. 탁월한 영어 실력 덕에 외무를 담당하는 외국사무국 판사로도 명성을 날린다. 이후 효고현 지사를 거쳐 공부성 장관 등의 요직을 지냈고, 1871년에는 이와쿠라 사절단의 일원으로 2년 동안 서구 각국을 시찰했다.

1873년 귀국했을 때, 일본 정부에선 조선 정벌론이 화두가 되어 있었다. 미국이 일본을 개항했듯이 조선을 개항시켜 정벌하고, 다시 중국 대륙으로 진출하자는 주장이 대세를 이루었다. 이토는 조선 정벌은 시기상조이며 내치에 집중해야 한다고 역설하여 조선 정벌 논쟁에서 승리했다. 그와 의견을 같이한 인물이 오쿠보 도시미치(大久保利通)와 이와쿠라 도모미(岩倉具視)다. 이후 정권은 오쿠보가 장악했고, 같은 파였던 이토는 공부성 장관의 자리에 올랐다. 유력한 정치인의 한 사람으로 우뚝 서는 순간이었다.

1878년에 예기치 못한 사건이 발생했다. 정권을 이끌던 오쿠보가 시마다 이치로(島田一郎)라는 반개화파 청년에게 암살된 것이다. 오쿠보의 죽음은 이토가 일인자로 성장할 수 있는 기회였다. 이른바 메이지유신의 삼걸로 불리던 사쓰마번의 사이고 다카모리(西鄕隆盛), 조슈번의 기도 다카요시(木戶孝允)에 이어 오쿠보마저 사망한 것이다. 이토는 오쿠보의 뒤를 이어 내무상이 되었고, 정치 라이벌이었던 오쿠마 시게노부(大隈重信)와 권력 다툼을 벌였다.

1879년부터 일본 정가에서는 입헌제 논의가 본격화되었는데, 대장경을 맡은 오쿠마 시게노부는 매우 급진적인 개혁안을 내놓았다. 그러나 급진적인 제안은 거부되었고, 오쿠마는 그의 세력과 함께 물러나게 된다. 온건파였던 이토의 정치적 영향력은 더욱 확대되었다. 이 사건 이후 이토는 1882년에 유럽으로 건너가 독일제국의 헌법을 모델로 헌법 연구에 매진했고, 이듬해 귀국하여 궁내경이 되어 헌법 초안을 기초하게 되었다.

이듬해 조선에서 갑신정변이 일어났다. 이토는 전권대사로 청나라에 파견되어 톈진조약을 체결하는 데 주도적인 역할을 했고, 일본 정가에서 가장 영향력 있는 정치인이 되었다. 1885년에는 일본에 내각제가 형성되자, 초대 총리대신이 되었다. 빈농의 아들로 태어나 하급 무사에 양자 입적하여 무사 계급이 된 그가 만인지상의 총리대신이 되었던 것이다.

그는 초대 총리로서 헌법 및 황실전범의 초안을 작성했고, 3년 동안 총리로 재임하며 의회 격인 추밀원 제도를 마련했다. 1888년 5월에 추밀원이 신설되자 총리에서 물러나 추밀원 의장으로 취임했다. 추밀원에선 헌법 초안을 심의하여 통과시키고 1889년 2월, 일본 헌법이 제정, 공포되었다. 당시 내각은 사쓰마번 출신의 구로다 기요타카가 맡았다. 그는 오쿠마 시게노부와 함께 이토의 정적 중 하나였고, 이토가 총리일 때 세계 여행을 하며 정가를 떠난 인물이다.

구로다는 별다른 업적을 남기지 못하고 총리직에서 물러났다. 구로다 이후 내각은 조슈번 출신의 야마가타 아리토모가 맡았다. 그는 이토와 쇼카손쥬쿠 동문이었다. 일본에 의회 제도가 마련된 후 첫 번째 내각 총리는 조슈번 출신에게 돌아갔던 것이다. 이토 세력의 강력한 힘을 시사하는 일이었다.

야마가타는 1889년 12월부터 1891년 5월까지 1년 6개월 동안 총리로 있었다. 이후 총리직은 마쓰카타 마사요시에게 돌아갔다. 그는 사쓰마번 출신이다. 당시 일본 총리는 조슈번 출신과 사쓰마번 출신이 번갈아가면서 이어갔다. 말하자면 메이지유신의 공신과

들이 정권을 나눠 먹기 식으로 이어간 셈이다. 마쓰카타가 1892년 8월까지 총리직을 수행한 뒤에 다시 조슈번 차례가 되었을 때, 이토는 초대 총리에 이어 5대 총리에 올랐다.

이토는 5대 총리직을 1892년 8월부터 1896년 8월까지 4년 동안 수행했다. 초대 총리로 활동한 2년 4개월을 합치면 일본 내각이 출범한 후 11년 동안 6년 4개월간 일본을 이끈 셈이었다. 이토는 이후에도 7대, 10대 내각 총리도 역임했고, 7대에는 5개월, 10대에는 7개월을 재직했다. 이토가 총리로 지낸 기간은 총 7년 4개월로 가쓰라 다로에 이어 두 번째로 오랫동안 총리직에 있었다. 또한 초대, 3대, 8대, 10대 추밀원 의장을 지냈다.

그는 일본 제국헌법을 제정했고, 청일전쟁을 지휘하고, 청일전쟁에 승리한 후에는 청일강화조약을 주도했다. 조선의 친러 세력을 제거하기 위해 미우라 고로 일본 공사를 사주하여 을미사변을 일으켰다. 이토는 조선 정부의 정보를 빼내기 위해 고종 주변에 배정자라는 밀정을 심기도 했다. 배정자는 경남 김해 출신으로 아버지 배지홍은 세무 관리였다. 그는 민씨 정권에 반대하다가 처형되었고, 그녀와 그녀의 어머니는 관비 신분이 되었다. 배정자는 밀양의 기생으로 팔려 갔다가 탈출하여 여승 행세를 하며 지내다, 1885년 일본으로 도주하여 이토의 눈에 띄어 양녀가 되었다. 이토는 배정자를 다야마 사다코로 개명하고 스파이로 교육시켰다. 이후 그녀는 스파이 임무를 띠고 고종에게 접근하여 정치 정보를 빼내 일본에 전달했다.

이토의 7대와 10대 총리 시절은 불운했다. 7대 총리 시절 자유당과 진보당에 밀려 의회 해산이라는 아픔을 겪었고, 신당 창당을 시도했지만 야마가타 아리토모의 반대로 무산되기도 했으며, 5개월의 짧은 임기로 물러나기도 했다. 10대 총리 시절엔 건강이 악화되어 7개월 만에 물러나야만 했다.

이토는 1901년부터 미국과 프랑스를 다니며 대학에서 명예 법학박사 학위를 받고 한가로이 생활하면서 한국을 합병할 기회를 노렸다. 러시아를 견제하던 영국을 설득하여 영일동맹의 토대를 구축했고, 1903년에 추밀원 의장으로 복귀했다. 1904년에는 정가 원로로 러일전쟁에 찬성했고, 그해 3월에 조선을 방문하여 고종에게 일본에 협조할 것을 강요했다. 그리고 러일전쟁에 승리하자, 노골적으로 한국 정부를 협박하여 을사늑약을 체결했다. 이후 이토는 의기양양한 태도로 한국을 여행하며 기차역에 내릴 때마다 연설로 보호조약의 당위성을 역설했다. 이때 수원을 방문하고 돌아오는 길에 원태우가 던진 돌에 맞아 중상을 입고 입원하기도 했다.

1906년 3월엔 한국통감부 통감에 취임하고 한국 식민화의 전위 대장 역할을 했다. 헤이그특사사건을 빌미로 고종을 강제로 퇴위시키고 순종을 허수아비로 세워 식민화 정책을 강화했고, 스스로 황태자 영친왕의 사부라고 칭하고 영친왕을 일본에 볼모로 보내는 데 앞장섰다. 일본에서 한국 강제 합병 논의가 활발히 이뤄졌는데, 이토는 표면적으로는 강제 합병에 반대한다는 입장을 취했다. 그러나 1909년에 가쓰라 다로 일본 총리와 고무라 쥬타로 외상이 한국을 강제 합병하겠다는 방침을 밝혔을 때엔 반대하지 않았다. 이토는 그해 6월에 조선통감직에서 물러나 다시 추밀원 의장이 되었다.

이토는 추밀원 의장이자 일본의 원로로 러시아와 한국, 만주 문제를 상의하기 위해 1909년 10월 26일에 러시아 재무상 블라디미르 코코브세프와 회담할 예정이었지만 만주 하얼빈 역에서 조선 의용군 중장 안중근의 총탄에 맞아 사망했다. 일본은 국장으로 장례를 치렀고, 무덤은 도쿄에 마련되었다. 일본이 1963년에 만든 1000엔 지폐에 그의 초상화가 그려졌다. 이 지폐는 1984년까지 21년간 통용되었다.

이토의 부인은 이토 우메코, 자녀는 양자 이토 히로쿠니, 이토 분키치, 이토 신이치, 이토 이쿠코, 이토 아사코다. 아들 이토 분키치는 기다 이쿠자부로의 양자로 입적하여 이토라는 성을 쓰지 않았다가 나중에야 호적에 올랐다. 이토 히로쿠니는 이노우에 미쓰토의 아들인데, 정치적인 이유로 이토의 양자가 된 듯하다. 조선인 배정자를 양녀로 삼았고, 조선인 박중양을 제자로 삼았다.

이토는 사생활이 문란하고 여성 편력이 복잡했다. 그는 술에 취하면 여자 무릎을 베고 잔다고 스스로 말했다. 1881년 권력투쟁의 와중에 유력한 정치인이었던 오쿠마 시게노부의 딸과 부정 행각을 벌이다 발각되어 곤경에 처하기도 했다. 한국에 와서는 한국 문화를 매우 좋아하는 것처럼 너스레를 떨었는데, 한복을 입고 사진을 찍기도 했다. 1905년에 을사늑약을 체결하기 위해 방한했을 땐 곤경에 처한 한국의 구세주라도 되는 것처럼 떠벌였다. 그러나 이 모든 행위들이 결국 한국을 식민화하기 위한 술수였음이 밝혀졌다.

2. 제2대 통감 소네 아라스케(曾禰荒助)

소네 아라스케는 부통감으로 있다가 1909년 6월에 이토가 통감에서 물러나자 제2대 통감에 오른 인물이다. 지금의 야마구치현에 해당하는 조슈번의 무사 가문에서 태어나 소네 집안에 양자로 입적했다. 19세가 되었던 1868년에 메이지유신이 시작되었는데, 유신파와 막부파 사이에 일어난 보신전쟁(戊辰戰爭)에서 존왕파로 참전했고, 이후 천황의 친위대에 임명되었으나 서양 학문을 배우기 위해 사직했다. 오사카의 육군사관학교에 입학하여 프랑스어를 배우고, 1872년에 프랑스로 유학을 갔다가 5년 만에 귀국했다.

귀국 후 내각기록국장을 지냈으며, 1890년에 제국의회가 창설되자, 중의원 서기관장이 되었다. 1892년에는 야마구치에서 중의원에 당선되었고, 이듬해 특명전권대사로 프랑스로 갔다. 그가 이토 내각에서 중역을 맡은 것은 1898년에 사법대신이 되면서부터다. 그 후 여러 내각을 거치며 농상무상, 대장성 장상을 지냈고, 1900년부터 귀족원 칙선 의원이 되었다. 1906년에 이토 히로부미가 한국통감으로 부임하자 부통감이 되어 한국에 왔다가, 1909년에 이토가 물러나자 통감으로 승진했다.

그는 1909년 7월 12일에 기유각서를 강요하여 대한제국의 사법권을 장악했다. 기유각서의 공식 명칭은 '한국 사법 및 통감사무 위탁에 관한 각서'인데, 대한제국의 사법권과 교도 행정에 관한 업무 일체를 일본국에 넘겨준다는 내용이다. 이에 따라 대한제국의 사법부, 재판소, 형무소가 폐지되었고, 모든 업무는 한국통감부의 사법청으로 이관되었다. 대한제국은 국권을 제외한 모든 정치권력을 강탈당해 사실상 망국 상황에 놓인다.

그의 통감 생활은 오래 가지 못했다. 1910년 5월, 병에 걸려 통감직에서 사직했고, 일본으로 귀국하여 요양하다 그해 9월에 사망했다. 3대 통감으로 데라우치 마사타케가 부임한다. 데라우치는 한일합병이 되면서 통감부가 총독부로 전환되자 초대 총독에 오른다.

6

국권 수탈기의 주요 사건

1. 국권 수탈의 제1막, 을사늑약

1905년 11월 17일, 일제는 한국을 보호한다는 명목으로 강제로 대한제국의 외교권을 박탈하는 을사늑약을 체결했다. 을사늑약은 러일전쟁 발발 직후인 1904년 2월 23일에 강제 체결된 한일의정서에 기반을 둔다. 당시 일본은 한반도에 불법적으로 군대를 상륙시키고 대한제국의 행정을 장악했고, 그해 8월 22일 국권 강탈의 서막이 된 1차 한일협약을 체결하여 재정과 외교의 실권을 박탈했다. 1905년 2월에 군사 목적으로 독도를 강탈하여 일본의 시마네현에 다케시마(竹島)라는 명칭으로 편입시켰다. 당시 러시아와 해전을 펼치던 일본은 독도를 군사기지로 이용하고자 했다. 대한제국은 1900년에 황제 칙령으로 독도를 석도라는 이름으로 울릉도에 예속시킨 상태였다.

러일전쟁에서 승리한 일본은 1905년 7월 27일에 미국과 가쓰라-태프트밀약을 맺고 일본이 미국의 필리핀 지배를 인정하는 대신 미국도 일본의 한반도 지배를 묵인한다는 약속을 얻어냈다. 그해 8월 12일, 1902년에 이어 영국과 제2차 영일동맹을 맺고 일본의 한반도 보호국화에 관한 양해를 얻었다. 그해 9월 5일에는 포츠머스강화조약을 통해 한반도 지배에 간섭하지 않겠다는 러시아 측의 약속을 받아냈다. 일본이 한국을 보호국으로 삼아 식민국으로 만들려 한다는 소문이 퍼진 가운데, 1905년 11월 9일 이토 히로부미가 서울에 도착했다. 그는 고종 위문 특파대사의 자격으로 파견되었으며, 일본 왕 무쓰히토의 친서를 가지고 있었다. 친서에는 '짐은 동양 평화를 유지하기 위해 대사를 특하니, 대사의 지휘를 따라 조처하라'라는 내용이 있었다.

이토는 고종과의 1차 만남에서 뜻을 이루지 못하자 11월 15일에 대한제국의 외교권을 박탈하는 한일협약안을 내놓았다. 고종은 어전회의를 개최했다. 어전회의가 열리는 동안 궁궐은 모두 일본 군대에 의해 포위되었고, 서울의 시가지에서는 무력시위가 이어졌다. 어전회의의 결과는 일본이 제안한 내용을 거부하는 것이었다. 고종이 참석하지 않은 가운데 다시 어전회의가 열렸고, 이토는 회의에 참석한 대신들을 한 명씩 면담하며 찬반 의견을 물었다. 회의에 참석한 대신은 참정대신 한규설, 탁지부대신 민영기, 법부대신 이하영, 학부대신 이완용, 군부대신 이근택, 내부대신 이지용, 외부대신 박제순, 농상공대신 권중현 등 8명이었다. 한규설과 민영기는 조약 체결에 극력 반대했고, 이하영과 권중현도 소극적이나마 결국 반대 의견을 냈다. 하지만 권중현은 일본 측의 설득에 넘어가 찬성 의견으로 돌아섰다. 이에 이토는 찬성자들과 회의를 열고 그들의 동의를 얻어 조약을 관철하니, 이것이 을사늑약이다. 늑약에 찬성한 박제순, 이지용, 이근택, 이완용, 권중현을 일러 '을사오적'이라 했다.

을사늑약은 대한제국 측 대표인 외부대신 박제순과 일본의 외무대신 하야시 곤스케 사이에 체결되었으며, 그 내용은 다음과 같다.

한국 및 일본 정부는 양국을 결합하는 이해 공통의 주의를 공고히 하고자 한국의 부강의 실(實)을 인정할 수 있을 때에 이르기까지 이를 위한 이 조관을 약정한다.

제1조. 일본국 정부는 재동경 외무성을 경유하여 금후 한국의 외국에 대한 관계 및 사무를 감리, 지휘하며 일본국의 외교대표자 및 영사는 외국에 재류하는 한국의 신민 및 이익을 보호한다.

제2조. 일본국 정부는 한국과 타국 사이에 현존하는 조약의 실행을 완수할 임무가 있으며, 한국 정부는 금후 일본국 정부의 중개를 거치지 않고는 국제적 성질을 가진 어떤 조약이나 약속도 하지 않기로 한다.

제3조. 일본국 정부는 그 대표자로 하여금 한국 황제 폐하의 궐하에 1명의 통감을 두게 하며, 통감은 오로지 외교에 관한 사항을 관리하기 위하여 경성에 주재하고 한국 황제 폐하를 친히 내알할 권리를 가진다.

일본국 정부는 한국의 각 개항장 및 일본국 정부가 필요하다고 인정하는 지역에 이사관을 둘 권리를 가지며, 이사관은 통감의 지휘하에 재한

국일본영사에게 속하던 일체의 직권을 집행하고 본 협약의 조관을 완전히 실행하는 필요한 사무를 장리한다.

제4조. 일본국과 한국 사이에 현존하는 조약 및 약속은 본 협약에 저촉되지 않는 한 모두 그 효력이 계속되는 것으로 한다.

제5조. 일본국 정부는 한국 황실의 안녕과 존엄의 유지를 보증한다.

이 조약을 체결한 박제순은 고종으로부터 전권을 위임받거나 비준을 받지 못했다. 조약은 무효였다. 그러나 일본은 이 조약을 근거로 한국의 외교권을 박탈하고, 행정을 마비시켰으며, 전국의 지방 행정까지 모두 장악하여 감독했다. 늑약이 체결되었다는 소식을 듣고 〈황성신문〉의 주필 장지연은 '시일야방성대곡'이라는 사설로써 일제의 침략 행위와 오적의 매국 행위를 강력하게 규탄했다. 국민들도 일제히 궐기하여 조약의 무효를 주장했고, 고종은 미국인 황실 고문 헐버트를 통해 이 조약의 무효를 선언했다. 시종무관장 민영환을 비롯하여 특진관 조병세, 전 참정 홍만식, 참찬 이상식, 법부주사 송병찬, 주영공사 이한응, 학부주사 이상철 등 중신과 지사들이 순국으로 항쟁했다. 한편, 전국 각지에서 의병이 일어나 일본군과 무력 투쟁을 벌였으며, 오적에 대한 암살 시도도 이어졌다.

2. 한반도 수탈의 발판, 경부선과 경의선 개통

1905년 1월 1일, 모든 구역에서 경부선 영업이 시작되었다. 4년

전인 1901년 8월 20일, 영등포에서 경부철도주식회사의 경부선 기공식이 있었고, 한 달 뒤인 부산 초량에서 기공식이 이어졌다. 그러다 1904년 12월 27일에 완공되어, 1905년 1월 1일에 마침내 개통된 것이다. 경부선 철도 건설에 관한 내용은 1894년에 '한일잠정합동조관'에 처음 등장하는데, 이 조약은 1898년에 일본의 강압에 의해 '경부철도합동조약'으로 갱신되어 일본인 회사 주도로 진행되었다.

일본은 경부선 부설권을 차지하기 위해 밀정을 파견하여 한반도 전 국토를 조사했고, 이를 바탕으로 철도 부설 예상 지역을 작성한 뒤 대한제국 정부를 압박하여 철도 건설을 진행했다. 공사 진행 과정에서 토지 수용 문제와 홍수, 결빙 등의 재해 문제로 어려움을 겪기도 했다. 그러나 1904년에 러일전쟁이 발발함에 따라 일본은 병력과 무기 수송 같은 군사상의 목적 달성을 위해 공사를 서둘렀고, 그 결과 졸속으로 공사를 진행하여 개통에 이르렀다.

경부선 개통 이듬해인 1906년엔 서울에서 신의주에 이르는 경의선이 완전 개통되었다. 경의선은 프랑스 회사 피브릴의 대표 그리유에게 부설권이 주어졌다가 그리유가 재력이 부족하여 부설권을 상실하자, 대한철도회사 박기종에게 부설권이 넘어갔다. 박기종 역시 재력 부족으로 경의선 건설을 진행하지 못했고, 대한제국 정부는 외세를 배격하기 위해 경의선 건설을 궁내부 직영으로 했다. 정부는 내장원에 서북철도국을 두고 조병식을 총재로 임명하여 서울에서 개성 사이의 선로 측량에 착수한다. 대한제국 정부는 먼저 서울에서 개성 사이의 철도를 우선 개통한 뒤, 자금이 확보되면 선로를 연장하는 방식으로 신의주까지 연결하려 했다.

하지만 일본은 러일전쟁이 일어나자 군사상의 목적을 위해 불법적으로 군대를 상륙시켜 임시 군용철도 건설을 시작했다. 이에 정부는 일본의 강요에 밀려 50년간의 임대 조약을 맺고 경의선 부설권을 넘겨야 했다. 철도부설권을 강탈한 일본은 졸속으로 공사를 진행했고, 1904년 3월부터 1906년 3월까지 불과 2년 만에 개통식을 강행했다. 이후 5년 동안 개량 공사를 해야 할 정도로 급조된 상태였다. 1911년 11월 경의선 개량공사가 끝날 무렵에는 압록강 철교가 개통되었는데, 이는 한국 철도와 만주 철도의 연결을 의미했다. 이후 서울에서 만주 장춘까지 주 3회 직통 급행열차가 운행된다. 부산에서 신의주까지 한반도를 종단하는 새로운 개념의 길이 완성되었고, 한반도의 공간을 시간적으로 크게 단축하는 결과를 낳았다.

경부선은 단순히 국토 공간의 시간 개념을 단축하는 문명의 이기만은 아니었다. 1899년 9월에 개통된 서울과 인천 사이의 경인선이 일제 침략의 발판 노릇을 했듯이 경부선과 경의선 역시 일본의 한반도 수탈과 대륙 침략을 가속화하는 수단으로 건설되었다.

3. 국채보상운동과 일제의 방해 공작

일본은 을사늑약에 앞서 노골적인 경제 침탈을 자행했는데, 첫 번째 수단이 차관을 제공하는 것이었다. 일본은 청일전쟁부터 조선 정부를 강압해 두 차례에 걸쳐 330만 원의 차관을 쓰도록 했다. 당시 330만 원이라는 돈은 조선 정부 1년 예산의 25퍼센트에 해당하는 거금이었다. 거액의 빚 때문에 조선 정부는 일본의 재정 간섭을 받아야만 했고, 일본은 재정고문 메가타 다네타로를 필두로 대한제국의 재정권을 장악했다. 일본은 대한제국의 통신사업을 장악하고 화폐 정리 사업을 강행했으며, 1905년 사업 자금 명목으로 500만 원의 차관을 쓰도록 강요했다. 빚은 눈덩이처럼 불어나 1906년 3월에는 대일차관이 1380만 원이 되었다. 당시 대한제국 화폐로 1300만 환(圜)이 넘는 돈이었다. 1906년 당시 대한제국의 정부 예산이 1318만 환이었으니 일본에 진 빚이 정부의 1년 예산과 비등한 수준이었다.

대한제국의 재정이 일본에 완전히 잠식되자, 국민들 사이에서 일본 외채를 갚고 재정적으로 독립하자는 운동이 일어났다. 이것이 1907년에 시작된 국채보상운동이다. 국채보상운동을 일으킨 인물은 대구의 광문사 사장 김광제와 부사장 서상돈이었다. 광문사는 민족의 자강 의식을 일깨우는 책들을 내던 출판사다. 광문사를 이끈 김광제와 서상돈은 일본의 차관이 한국의 경제적 독립을 위협하고 있다고 판단하고, 1907년 2월 21일 〈대한매일신보〉에 국채 상환금 모금 취지를 밝혔다.

국채 1300만 원은 바로 우리 대한제국의 존망에 직결되는 것으로 갚지 못하면 나라가 망할 것인데, 국고로는 해결할 도리가 없으므로 2000만 인민들이 3개월 동안 흡연을 폐지하고 그 대금으로 국고를 갚아 국가의 위기를 구하자.

금연을 통해 국채를 갚으려는 의도로 광문사는 담배 끊는 모임이란 뜻의 단연회(斷煙會)를 설립하고 본격적으로 모금 운동에 나섰다. 〈대한매일신보〉, 〈제국신문〉, 〈만세보〉, 〈황성신문〉에서 이 내용을 대대적으로 보도했고, 전국 각처에서 국민들의 반응이 뜨겁게 일어났다. 대구에서 시작된 국채보상운동은 전국으로 퍼졌고, 각 지역에서 국채보상운동 단체가 조직되었으며, 서울에서는 국채보상운동 총괄 기구인 국채보상기성회를 조직하기에 이르렀다. 기생과 백정, 농민과 노동자의 참여가 높았고, 민족자본가와 유림(儒林), 신지식인의 호응도 뜨거웠다. 일부 고관도 소극적이나마 참여하는 상황이었고, 고종도 환영 의사를 밝혔다.

통감부는 당혹감을 감추지 못하고 방해 공작을 시작했다. 통감부는 성금 모금의 구심점이었던 〈대한매일신보〉의 영국인 사장 어니스트 베델을 영국 총영사에게 제소하여 추방하려 했고, 주필 양기탁을 국채보상금 횡령죄로 구속했다. 통감부는 베델과 양기탁이 모금액 중 3만 원을 마음대로 썼다며 '국채보상금 소비 사건'을 조작했다. 통감부는 국채보상지원금총합소 소장이었던 윤웅렬을 회유하여 베델에게 3만 원 반환을 청구했다. 양기탁은 공판 결과 무죄 선고를 받았지만, 들불처럼 번지던 국채보상운동의 열기가 완전히 식어버린 뒤였다. 국채보상운동은 일제의 조직적인 음해로 목적 달성에 실패했지만, 국권 회복에 대한 국민들의 투쟁 열기와 나라에 대한 충정을 확인하며 훗날 삼일운동의 기반이 되었다.

4. 헤이그 밀사 사건과 고종의 강제 퇴위

을사늑약 체결 후 고종 황제는 외교적 경로를 통해 일본의 불법적인 침략을 전 세계에 알리고자 노력했다. 고종은 미국인 힐버트를 통해 을사보호조약은 일본이 무기로 위협하여 강제로 체결한 불법적인 행위이며 무효라는 내용을 미국에 전달하기도 했다. 하지만 미국은 가쓰라-태프트 밀약을 통해 일본의 한국 침략을 용인한 상태였다. 고종은 서울에 머물던 각국 공사들을 상대로 조약의 부당함을 호소했으나 성과를 거두지 못했다. 1907년 1월에는 베델이 운영하던 〈대한매일신보〉에 미국, 프랑스, 독일, 러시아 원수에게 보내는 서한을 발표했지만, 박제순이 이끌던 대한제국의 친일 내각이 이 서한을 위조된 것이라고 발표하는 바람에 고종의 뜻은 관철되지 못했다.

그 무렵, 네덜란드 헤이그에서 제2차 만국평화회의가 예정되어 있었다. 이 소식을 듣고 헤이그에 고종 황제의 밀사를 파견하려는 계획이 진행되었다. 헤이그 밀사 파견 계획을 은밀히 주도한 인물은 독립운동가 이회영이었다. 이회영은 고종이 일본의 철저한 감시망 아래 있기 때문에 이 일을 주도할 수 없다고 생각하고, 외부에서 특사를 결정한 뒤에 고종의 동의를 얻어내는 방식을 택했다. 이회영은 친분이 깊은 대원군의 둘째 사위 조정구와 내관 안호형을 연락책으로 삼아 헤이그 밀사 파견을 고종에게 타진했다. 고종은 평화회의를 주창한 러시아 황제 니콜라이 2세로부터 초청장을 받은 터였다. 밀사 파견 계획이 전달되자, 고종은 흔쾌히 동의했다.

이회영이 밀사로 선택한 인물은 독립운동의 전진기지 격인 서전서숙의 교장 이상설이었다. 의정부 참판을 지낸 이상설은 미국인 선교사 헐버트로부터 영어를 배웠고, 프랑스어도 하는 인재였다. 국제법에 밝고, 독립 의식이 투철한 인물이었다. 고종은 이상설이 밀사로서 적임자라고 판단하고 헐버트에게 신임장을 전달했고, 이 신임장은 다시 이회영에게 전달되었다.

이상설이 정사전으로 결정된 뒤, 두 명의 부사전도 결정되었다. 평리원 검사 이준과 주러시아 공사관 참서관 이위종이었다. 당시 이준은 서울에, 이상설은 간도에, 이위종은 러시아에 머물고 있었다. 고종의 밀서는 이준이 가져갈 수밖에 없었다. 1907년 4월에 서울을 출발한 이준은 블라디보스토크로 가서 이상설을 만났고, 다시 이상설과 함께 페테르부르크로 가서 주러시아 공사 이범진과 그의 아들 이위종을 만났다. 3인의 특사는 러시아의 도움을 얻으려 시도를 했으나 소득은 없었다.

세 특사는 독일 베를린을 거쳐 6월 25일 네덜란드 헤이그에 도착했다. 만국평화회의가 시작된 지 10일이 지난 때였다. 특사들은 일본을 제외한 40여 개의 참가국 위원들에게 일본의 불법 행위를 알리는 문서를 프랑스어로 번역하여 보냈다. 또 만국평화회의 의장으로 선출된 러시아 대표 넬리도프를 찾아가 한국 대표로 회의에 참석할 수 있게 조치해달라고 요청했다. 넬리도프는 자신의 권한 밖의 문제라며 네덜란드 정부와 교섭할 것을 권고했다. 이에 특사들은 네덜란드 외무장관 판 테츠를 찾아갔지만 일본에 외교권이 이양된 한국 대표의 참석은 불가하다고 했다. 미국, 영국, 프랑스,

독일 등의 대표위원들을 만나 한국을 지원해줄 것을 요청했지만 역시 거절당했다.

그러나 그들의 노력은 각국 언론에 의해 보도되었고, 영국인 윌리엄 스테드가 회장으로 있던 국제협회의 회보에 대한제국에 대한 일본의 불법적인 외교권 박탈 내용을 담은 글이 게재되었다. 이위종은 이 협회에 초청되어 프랑스어로 '한국의 호소'라는 제목의 일제 침략 규탄문을 연설하여 각국의 호응을 이끌어냈다. 이 연설은 각국 신문에 보도되었지만 만국평화회의 본회의 참석은 이루지 못했다. 각국 대표들이 외면했던 것이다. 이준은 화병을 일으켜 음식을 끊고 지내다 그해 7월 14일에 유숙하던 호텔에서 병사한다. 하지만 이상설과 이위종은 그 후에도 유럽 각국을 순방하며 한국의 독립과 영세중립화를 역설했다.

한편 고종의 밀사가 헤이그에 파견되어 일본의 불법적인 침략 행위를 규탄하고 있다는 소식을 들은 통감 이토 히로부미는 총리대신 이완용에게 밀사를 보낸 것은 보호조약 위반이며, 이를 근거로 일본은 한국에 선전포고를 할 수 있다고 협박했다. 이완용은 이토에게 사죄하기 여념이 없었다. 이토는 일본 해군 연습함대의 장교단을 이끌고 고종을 찾아가 밀서의 사본을 내밀며 전쟁도 불사하겠다는 협박을 반복했다. 이완용은 고종의 태자에게 대리청정(代理聽政)할 것을 진언했고, 이와 관련하여 어전회의가 열리자 송병준은 나라를 위해 고종이 자결해야 한다고 주장했다. 송병준은 고종이 자결하지 않으려면 일본으로 가서 일본 천황에게 사죄하거나 하세가와 대장에게 용서를 구해야 한다고 주장했다.

어전회의를 마치고 이완용은 황제 대리 의식을 강행하려 했는데, 의식 집행을 맡고 있던 궁내부대신 박영효가 반발하며 병을 핑계로 입궐하지 않았다. 이완용은 스스로 궁내부대신 대리가 되어 고종의 황제 대리 의식을 진행했다. 고종은 애초에 황제 대리 청정에 반대했으나 3차 어전회의에서 군부대신 이병무가 자기 목에 칼을 들이대며 고종을 위협하자 퇴위를 결정하고 말았다. 『순종실록』에 의하면, 1907년 7월 19일에 순종의 대리청정이 시작되었다. 고종의 퇴위를 반대하는 군중 시위가 벌어지고, 제3대대 소속 무장 군인들이 시위 군중과 함께 종로경찰서를 습격하여 일본 경찰과 교전을 벌이기도 했으며, 이 과정에서 일본 경찰과 상인 10여 명이 살상되었다. 양위식은 1907년 7월 20일에 거행되었는데 고종과 순종이 직접 하지 않고, 두 명의 내관이 대신했다.

5. 국권 수탈의 제2막, 한일신협약과 군대 해산

고종을 강제 퇴위시킨 일본은 허수아비 황제 순종을 압박하여 한일신협약을 체결했다. 순종이 황제 대리청정을 시작한 지 나흘 만인 1907년 7월 24일 체결된 이 조약은 전형적인 불평등조약으로 정미년에 맺어 흔히 정미7조약이라고 한다. 또한 제1차 한일협약, 제2차 한일협약(을사조약)과 구분하기 위해 제3차 한일협약이라고 하며, 별칭으로 정미협약, 정미조약, 제2차 을사조약이라고 한다.

정미협약에 앞장선 친일파들을 정미칠적이라고 하는데, 그들은 당시 내각 총리대신이었던 이완용을 필두로 농상공부대신 송병준, 군부대신 이병무, 탁지부대신 고영희, 법부대신 조중응, 학부대신 이재곤, 내부대신 임선준 등 일곱 명을 지칭한다. 이 조약에서 일본은 다음의 조항을 강요했다.

제1조. 한국 정부는 시정 개선에 관하여 통감의 지도를 받을 것
제2조. 한국 정부의 법령 제정 및 중요한 행정상의 처분은 미리 통감의 승인을 거칠 것
제3조. 한국의 사법 사무는 보통 행정 사무와 이를 구분할 것
제4조. 한국 고등 관리의 임면은 통감의 동의로써 이를 행할 것
제5조. 한국 정부는 통감이 추천하는 일본인을 한국 관리에 고용할 것
제6조. 한국 정부는 통감의 동의 없이 외국인을 한국 관리에 임명하지 말 것
제7조. 1904년 8월 22일 조인한 한일외국인고문용빙에 관한 협정서 제1항을 폐지할 것

일제는 을사늑약을 통해 외교권을 강탈한 이후 이제 행정권과 사법권마저 강탈했다. 전국의 모든 행정 관청에 일본인 관리를 파견하여 실질적으로 관리임용권까지 차지했다. 일제는 관리직의 30퍼센트를 일본인으로 채웠고, 고등 관직을 모두 장악했다. 한국인 관리는 높아야 지방의 군수였고, 도지사와 중앙의 고등 관직은 대부분 일본인 차지가 되었다. 고관 중에 장관은 한국인이었지만 허

수아비에 지나지 않았고, 일본인 차관이 모든 것을 결정하는 이른바 '차관 정치'를 실시했다.

일제는 일곱 개 조약 외에 비밀 각서를 만들었다. 각서의 주요 사항은 군대의 해산이었다. 해산 과정에서 일제는 순종으로 하여금 군대 해산 이유의 조칙을 내리도록 했다. 또 순종의 이름으로 한국군을 해산하는 방식을 취하여 반발을 최소화하려 한 것이다. 또한 장교들과 병졸을 이간하기 위해 장교와 하사들은 일본군에 예속시키고, 장교·하사 출신 중 문관으로 근무할 능력이 있는 자는 문관으로 채용했다.

일제가 회유책을 동원한 것은 고종 퇴위 당시 시위군의 무력 저항 때문이었다. 고종 퇴위일인 7월 19일에 시위 군중과 제1연대 제3대대의 저항 이후 일제는 전국에 주둔한 13사단을 서울에 집결시켰다. 인천에 구축함 세 척을 정박시키고, 한국군 해산 예정일인 7월 31일까지 병력 배치를 끝낸 터였다. 그럼에도 회유책을 내놓은 것은 돌발적인 무력시위가 진행될 경우, 민간인들이 가담한 독립 투쟁으로 연결될 것을 두려워한 까닭이다. 1907년 7월 31일, 일본군 사령관 하세가와는 순종에게 군대 해산 조칙을 재가하도록 압력을 가했고, 8월 1일부터 군대 해산식을 강행했다. 한국 군대는 해산식이 있다는 사실도 몰랐다. 하세가와는 훈련을 빙자하여 한국군을 집합시킨 뒤 무장을 해제했고, 일본군은 기관단총으로 무장 포위한 채 해산을 강제했다. 은사금이라는 이름으로 푼돈을 받은 후에야 한국군은 군대 해산 사실을 깨달았다.

당시 훈련원에서 해산된 한국군 시위대의 총수는 600명 정도였고, 나머지 군인들 중 일부는 무장봉기를 일으켰다. 제1연대 제1대대와 제2연대 제1대대는 훈련원 집결 전에 이미 군대 해산 음모를 파악했고, 대대장 박승환은 자결로 저항했다. 이후 한국군은 남대문과 서소문 일대에서 네 시간에 걸쳐 일본군과 격전을 벌이며 저항했다. 하지만 병력과 무기의 열세를 이기지 못하고 160여 명의 사상자를 내고 패퇴했다. 서울 시위대 해산 이후 지방의 진위대 해산이 진행됐는데, 원주·강화 등에서 무력 투쟁이 전개되었다. 원주진위대 특무장교 민긍호는 휘하 병력 250명을 이끌고 일본군과 맞서 싸웠으며, 강화진위대는 강화의 자강회 회원들과 힘을 합쳐 일본 경찰 주재소를 급격하여 일본 경찰들을 사살하고, 일진회 총무 정경수를 총살했다.

그러나 시위대를 이끌던 상당수 장교들은 일제의 군대 해산령에 동조했고, 대다수의 지방 진위대 장교들도 일제의 해산에 순응했다. 원주의 경우도 진위대장 홍우형이 일본군을 이끌고 와 자신의 부대를 진압하는 행동을 했고, 강화진위대의 장교들 또한 사병들의 항쟁을 가로막는 등 친일 성향을 드러냈다. 이는 일제의 한국군 이간책의 결과였고, 그것은 한국 군대의 무력 항쟁이 한계에 부딪치게 된 결정적 원인이 되었다. 해산된 시위대와 진위대 군인들은 의병에 가담하여 전국 각처에서 항일 무장투쟁의 열기를 강화했다.

6. 일본이 철도부설권을 대가로 맺은 간도협약

1909년 9월 4일, 일제는 대한제국에서 앗아간 외교권으로 간도를 청에 넘기는 간도협약을 조인했다. 간도는 숙종 38년(1712년)에 백두산정계비를 통해 조선 땅으로 확정된 지역이었다. 예부터 청은 장백산(백두산) 일대를 여진족의 발상지로 규정하여 신성시했고, 청나라 태종은 백두산과 북쪽 간도 일대를 봉금 지역으로 삼아 출입을 금지했다. 청나라 성조는 봉금 지역의 남방 한계선을 명확히 하기 위해 국경선 획정 교섭을 지시했다. 이에 청과 조선의 대표들은 백두산에 올라가 현지 조사를 통해 국경을 확정 짓고 정계비를 세웠으며, 그 비문에 서쪽으로는 압록강, 동쪽으로는 토문강을 경계로 한다는 내용을 담았다.

이후 160년 동안 조선과 청 사이에는 국경 문제가 일어나지 않았는데, 조선 철종 시대에 이르러 함경도 농민들이 두만강 북쪽에 밭을 개간하여 농사를 짓다가 거주지를 두만강 북쪽으로 옮기는 상황이 벌어졌다. 당시 조선은 지방관들의 탐학이 극에 이른 상태였고, 농민들은 그들의 학정을 피해 두만강 북쪽으로 거주지를 이전하곤 했다. 특히 1869년과 1870년에 걸쳐 함경도 일대에 큰 흉년이 지속되어 수많은 농민들이 간도로 이주했다. 상황이 이렇게 되자, 조선 조정에서는 농민들에게 두만강 이남으로 돌아올 것을 종용했으나 간도로 이주하는 백성은 오히려 늘어났다.

그 무렵 청에서도 간도 봉금을 해제하고 청국인의 간도 이주를 장려하는 정책을 썼다. 이 때문에 간도에서는 땅을 선점하고 있던 조선 농민과 새롭게 들어온 청국 이주민 사이에 갈등이 야기되었다. 이후 청과 조선 사이에 간도 영유권 문제가 발생한다.

청과 조선의 갈등은 간도에 거주하던 조선인들의 강제 귀환 문제로 이어졌다. 원래 청은 간도의 조선인들에게 경작권을 인정하는 대신 호적 관리를 청에서 하고 조세를 거둬들이는 타협책을 썼었다. 그러다 1882년 임오군란 이후 조선에 대한 영향력이 강화된 뒤엔, 두만강 이북은 청나라 땅이라며 일방적으로 간도의 조선인들을 내쫓으려 했다. 조선 조정에서는 백두산정계비 비문을 근거로 두만강 이북과 토문강 동쪽 사이 지역인 간도 땅은 조선 땅이라고 주장하며 조선 농민들을 강제 귀환시킬 뜻이 없음을 밝혔다. 그러자 청에서는 토문강과 두만강은 같은 강이며, 따라서 두만강 이북은 원래 청의 영토라고 주장했다.

청의 주장을 반박하기 위해 조선 조정에서는 여러 차례에 걸쳐 백두산으로 사람을 보내 정계비 부근과 토문강 원류를 직접 답사하고 토문강과 두만강은 원래 다른 강이라는 사실을 증명했다. 이 일을 담당했던 서북 경략사 어윤중은 토문강은 두만강이 아니라 쑹화강의 상류이며, 간도는 토문강의 남쪽에 위치하고 있으므로 원래 조선 영토라고 주장했다. 청은 일방적으로 조선의 농민들을 간도에서 쫓아내겠다고 통보해왔다. 1885년 4월, 청은 함경도 안무사 조병직에게 간도의 조선 농민들을 무력으로 축출하겠다는 통고를 한 뒤, 일부 지역에서 농민들을 내쫓았다. 조선 조정은 토문강 유역을 조사하여 영토 경계를 분명히 해줄 것을 요청했고, 청이 응하면서 1885년 5월에 함경도 회령에서 간도 문제 해결을 위한 양국 대표의 회동이 이뤄졌다.

안변 부사 이중하가 토문감계사로 임명되어 우선적으로 정계비를 먼저 살펴보고 강의 발원지 주변을 조사해야 한다고 주장했다. 이에 청 대표는 강의 발원을 먼저 조사하는 것이 중요하고, 정계비문은 살펴볼 필요가 없다고 주장했다. 청에선 토문강은 곧 도문강이며, 도문강은 두만강 상류라고 우겼다. 이후 양쪽 합의에 의해 청의 주장대로 도문강의 원천을 먼저 확인한 뒤, 정계비 비문을 확인하는 절차를 걸쳤다. 그런데 정계비의 내용이 쑹화강 상류인 토문강임이 확인되자, 청은 다시 토문강은 도문강이고, 도문강은 두만강의 상류라는 주장을 되풀이했다. 하지만 백두산에서 흘러내리는 물은 두만강으로 흐르지 않고 토문강을 거쳐 쑹화강으로 흘러들었다. 이런 사실들이 확인되었음에도 청은 자신들의 입장을 고수했다. 조선 역시 토문강과 도문강은 별개의 강이라는 뜻을 굽히지 않자, 조선 정계를 좌지우지하고 있던 위안스카이(袁世凱)가 개입하여 조선이 강 이름을 빌미로 영토 확장의 야심을 드러냈다고 비난했다. 그는 양국 영토를 다시금 획정해야 한다고 주장했다.

위안스카이의 압력에 따라 조선 조정은 이중하를 토문감계사로 삼아 청과 회동했고, 이중하는 두만강과 도문강은 같은 강이라고 인정할 수 있지만 토문강과 두만강은 같은 강이 아니라며 물러서지 않았다. 청은 군대를 앞세워 이중하를 위협했으나 이중하는 "내 머리는 잘라 갈 수 있으나 국토를 잘라 살 수는 없을 것"이라며 상하게 저항했다. 이후 제3차 감계회담이 열렸지만, 청과 조선의 영토 획정은 이뤄지지 않았고, 1897년 대한제국에서는 고종이 함경도 관찰사 조존우를 백두산에 파견하여 주변 지역을 면밀히 조사하고 영토의 범주를 확정하여 보고하도록 했다. 그 결과, 쑹화강 상류인 토문강으로부터 하류를 거쳐 바다로 들어가는 강줄기의 동쪽 땅인 간도는 물론이고, 청나라가 1860년에 러시아에 할양한 연해주도 우리 국토임을 확인하게 되었다.

1901년 대한제국 정부는 회령에 변계경무서를 설치하고 간도에 행정권을 행사할 준비를 했다. 1902년에는 이범윤을 시찰원으로 임명하여 간도 실태 조사를 실시했다. 조사 이후, 간도주민보호관의 파견이 필요하다는 보고를 받은 고종은 이범윤을 북변간도 관리사로 임명하여 간도 주민에 대한 관할권을 행사하도록 했다. 간도 관리사로 파견된 이범윤은 간도 주민을 보호하기 위해서는 무력이 필요하다고 판단하고 사병을 동원했다. 대한제국 군대가 출동하면 청과 분쟁이 야기될 염려가 있다고 판단하고 사병을 키워 간도 주민들을 보호하도록 조치한 것이다. 이후 청 관리와 이범윤 사이에 잦은 분쟁이 일어났고, 한국 조정은 분쟁이 확대될 것을 염려하여 1904년에 이범윤을 간도에서 소환했다.

그해 러일전쟁이 일어났고, 일본이 잠정적으로 청과 한국 양국의 국경 문제는 더 이상 거론하지 말 것을 요청하여 국경 문제와 관련한 회담은 잠정 중단되었다. 그러다 일본이 러일전쟁에서 승리하여 만주에 영향력을 확대하게 되자, 일본은 1906년에 박제순의 요구에 따라 간도에 조선통감부 간도파출소를 설치했다. 「한·청 국경 문제의 연혁」이라는 문서에서 일본은 토문강은 쑹화강 상류로서 두만강과 관계가 없다고 기록하였고, 간도출장소 소장으로 취임한 일본 육군 중좌 사이토는 '간도는 한국 영토라고 간주하고 행동할 것임'이라는 성명서를 발표했다. 통감부는 1909년에 청나라의 변무독감 오녹정에게 간도가 한국 영토의 일부임을 통보하고, 간도 거주 한국인은 청나라에 납세의 의무가 없음을 성명했다. 그러나 이처럼 간도가 한국 땅이라고 여러 형태로 천명하고 청나라에 통보한 일본은 하루아침에 태도를 바꿔 1909년 9월에 간도협약을 체결했다.

1. 두만강을 양국의 국경으로 하고, 그 상류는 정계비를 지점으로 하여 석을수(石乙水)를 국경으로 삼는다.
2. 용정촌, 국자가, 두도구, 면초구 네 곳에 영사관이나 영사관 분관을 설치한다.
3. 청나라는 간도 지방에 한민족의 거주를 승준한다.
4. 간도 지방에 거주하는 한민족은 청나라의 법권 관할하에 두며, 납세와 행정상의 처분도 청국인과 같이 취급한다.
5. 간도 지방에 거주하는 한국인의 재산은 청국인과 같이 보호되며, 선정된 장소를 통하여 두만강을 출입할 수 있다.
6. 일본은 길회선(연길에서 회령 간 철도)의 부설권을 갖는다.
7. 속히 통감부 간도파출소와 관계 관원을 철수하고 영사관을 설치한다.

간도협약의 내용을 보면 조항의 1번에서 5번까지는 6번, 즉 절도부설권을 획득하기 위한 것임을 알 수 있다. 일본은 길회선뿐 아니라 만주의 철도 노선에 관여할 권리를 획득했고, 만주의 탄광 이

권도 얻어냈다. 철도부설권을 비롯한 여러 이권을 얻고 한국 땅 간도를 청나라에 판 셈이었다. 따라서 간도협약은 순종 황제의 재가 없이 영토할양권을 갖지 못한 일본이 조인한 불법 행위이므로 효력이 발생할 수 없었다. 그러나 간도협약의 내용은 국제법적으로 무효이며, 여전히 간도 관할권은 한국에 있다.

일본이 간도협약을 맺은 것은, 간도를 청에 내주고 그 대가로 받은 이권으로 만주 전체를 장악하려는 계획 때문이다. 일본은 1931년 만주 침략 전쟁을 통해 만주 전체를 차지한다. 일본이 패퇴한 뒤, 만주가 중국 영토로 되돌아갔듯이, 간도 또한 한국 땅으로 되돌아오는 것이 국제법상의 이치에 맞다.

7. 안중근의 이토 히로부미 겨살

1909년 10월 26일 오전 아홉 시를 막 넘긴 시간, 중국 하얼빈 역에 일본의 정치 거물 이토 히로부미가 특별열차 편으로 도착했다. 러시아 재무장관 코코브세프가 열차 안으로 들어가 그를 맞이했다. 두 사람은 객실 안에서 약 25분간 담소를 나누고 함께 열차에서 내렸다. 이토가 도열한 러시아군 의장대를 사열한 뒤 환영 인사들과 악수를 나누는 순간, 러시아 군악대 뒤쪽에서 한 청년이 뛰쳐나오며 권총을 발사했다. 네 발의 총탄이 연속으로 발사되었고, 세 발이 이토에게 명중됐다. 총탄은 이토의 가슴, 옆구리, 복부에 맞았다. 청년은 잠시 멈췄다가 두 발의 총탄을 더 발사했다. 총탄은 하얼빈 일본 총영사와 이토의 비서관, 만주철도회사 이사의 몸에 각각 박혔다. 그는 큰 소리로 "대한 독립 만세"를 세 번 외쳤다. 들고 있던 권총은 러시아 경비병에게 내주고 스스로 체포되었다. 권총에는 한 발의 총알이 남아 있었지만, 이미 목적을 달성했다는 듯 태연한 자세였다. 일본의 초대 총리이자, 동양 근대사의 정치 거목 이토는 한국인 청년의 총탄에 맞아 비명에 갔다.

청년은 스스로를 '대한독립의용군 특파독립대장 참모중장 안중근'이라고 밝혔다. 조국 대한민국의 독립과 동양의 평화를 위해 적의 괴수를 총살, 응징한 것이라고 말했다.

대담하고 당당하게 이토를 격살하여 전 세계를 놀라게 한 안중근은 황해도 해주 출신으로 순흥 안씨 태훈과 조씨 사이의 맏아들로 태어났다. 1879년생인 그의 아명은 응칠이었고, 천주교 세례명은 토마스였다. 그는 1906년에 삼흥학교와 돈의학교를 경영하며 민족 사상을 고취했고, 1907년에 국채보상기성회 관서지부장이 되면서 항일운동에 뛰어들었다. 블라디보스토크의 한인청년회에 가입하고 이범윤 휘하에서 의병 활동을 시작했다. 김두성을 총독으로 하는 의병대에서 이범윤이 대장을 맡을 때 그는 대한의군 참모중장을 맡았다. 이듬해인 1908년에는 특파독립대장 겸 아령지구 군사령관이 되어 함경북도 홍의동과 경흥 일대에서 일본군을 격파하는 성과를 올렸으나 회령에서 5000명이 넘는 일본군과 대적하다 중과부적으로 패진했다. 블라디보스토크로 탈출하여 동의회를 조직해 독립 활동을 지속했고, 1909년 3월에는 노브키에프스크 가리(可里)에서 자신을 포함해 열두 명의 투사들이 모여 단지회라는 비밀결사를 조직했다. 이 단체에 가담한 열두 명 모두 단지동맹을 맺고 왼손 무명지 첫 관절을 칼로 잘라내어 그 피로 '대한독립'이라는 문구를 쓰고 조국 독립을 맹세했다.

안중근은 동지들과 함께 한국의 국권을 강탈한 원흉 이토 히로부미와 이완용을 비롯한 매국노들을 척결하기로 결정했다. 안중근과 엄인섭은 이토를 척결하고, 김태훈은 이완용을 없애기로 했으며, 3년 내 과업을 이루지 못하면 자살로 속죄할 것을 맹세했다. 이토가 러시아의 대장대신 코코브세프와 하얼빈에서 회견한다는 언론 기사를 접하고 안중근은 우덕순, 조도선, 유동하와 함께 이토를 척결하기로 계획했다. 우덕순은 채가구 역에서 이토를 노렸고, 안중근은 하얼빈 역에서 총살의 기회를 엿보다가 마침내 거사를 성공시켰다.

하얼빈에서 스스로 러시아 군대에 체포된 안중근은 관동도독부 지방법원에서 여섯 차례 재판을 받았다. 안중근은 자신은 살인 피고가 아니고 전쟁 포로라고 주장했다. 재판장은 마나베 쥬조였다. 변호사는 관선 일본인 미즈노 기타로와 가마타 세이지였다. 국내외에서 안중근을 위한 모금 운동이 일어나 여러 변호사가 변호에 나섰으나 일본은 안중근의 변호를 받아들이지 않았다. 안중근에 대한 결심 언도 공판은 1910년 2월 14일 오전 열시 30분에 있었는데, 이 자리에서 마나베 재판장은 사형을 언도했다. 안중근은 상급법원에 항소하지 않았다. 그는 그해 3월 26일 오전 열시, 중국 뤼순감옥의 형장에서 순국했다. 안중근과 함께 거사에 참여한 우덕순은 징역 3년, 조도선과 유동하는 각각 징역 1년 6개월이 선고되었다.

재판 과정에서 안중근은 이토를 죽인 15가지 이유를 밝혔다. 명성황후를 시해하고 고종 황제를 폐위한 죄, 을사5조약과 정미7조약을 맺은 죄, 무고한 한국인들을 학살하고 정권을 강제로 빼앗은 죄, 철도와 광산, 산림, 강과 연못을 강제로 빼앗은 죄, 제일은행권 지폐를 강제로 사용케 한 죄, 군대를 해산시킨 죄, 교육을 방해한 죄, 한국인들의 외국 유학을 금지한 죄, 교과서를 압수하여 불태운 죄, 한국인이 일본인의 보호를 받고자 한다고 세계에 거짓말을 퍼뜨린 죄, 현재 한국과 일본 사이에 경쟁이 쉬지 않고 살육이 끊이지 않는데 태평무사한 것처럼 위로 천황을 속인 죄, 동양 평화를 깨뜨린 죄, 일본 천황의 아버지 태황제를 죽인 죄 등이다. 안중근은 감옥에서 『동양평화론』을 저술했으나 완성을 보지 못했다.

8. 국권 수탈의 제3막, 한일 강제 합병

1910년 8월 22일, 일제는 한일병합조약을 조인시키고 한국을 식민화하는 데 성공했다. 조약은 대한제국 총리대신 이완용과 제3대 한국통감 데라우치 마사타케가 조인했다. 이완용과 함께 매국에 동참한 인물은 내부대신 박제순, 시종원경 윤덕영, 궁내부대신 민병석, 탁지부대신 고영희, 농상공부대신 조중응, 진위부장관 겸 시종무관장 이병무, 승녕부총관 조민희이며, 이들 8인을 경술국적이라고 부른다.

1875년 운요호사건 후 강화도조약, 청일전쟁, 을미사변, 러일전쟁을 거치며 한국 식민화의 발판을 마련한 일제는 을사늑약과 정미7조약으로 국권을 강탈하고, 경술국적의 도움으로 식민화의 마지막 단계인 합병을 강행했다. 합병조약의 조인에 성공한 데라우치는 8월 29일에 조약을 공포했고, 이로써 공식적으로 일제강점기가 시작되었다.

일제의 대한제국 합병은 1909년 7월 6일 일본의 내각회의에서 결정되었다. 회의가 있기 전에 매국노 송병준은 스스로 일본 내각 총리 가쓰라 다로를 찾아가 합병을 주장한 바 있으며, 이완용 역시 합병을 현실로 받아들이는 말들을 늘어놓았다. 합병 조인 과정에서 조인에 반대하던 학부대신 이용직은 쫓겨났고, 경술국적 8인의 찬성으로 합병조약이 성립되었다. 한일병합조약의 전문은 다음과 같다.

한국 황제 폐하와 일본국 황제 폐하는 두 나라 사이의 특별히 친밀한 관계를 고려하여 상호 행복을 증진시키며 동양의 평화를 영구히 확보하고자 하며 이 목적을 달성하고자 하면 한국을 일본국에 병합하는 것이 낫다는 것을 확신하고 이에 두 나라·사이에 합병조약을 체결하기로 결정했다.

한국 황제 폐하는 내각 총리대신 이완용을, 일본 황제 폐하는 통감인 자작 데라우치 마사타케를 각각 그 전권위원으로 임명하는 동시에 위의 전권위원들이 공동으로 협의하여 아래에 적은 모든 조항들을 협정하게 한다.

제1조. 한국 황제 폐하는 한국 전체에 관한 일체의 통치권을 완전히 또는 영구히 일본 황제 폐하에게 양여한다.

제2조. 일본국 황제 폐하는 앞 조항에 기재된 양여를 수락하고, 완전히 한국을 일본제국에 병합하는 것을 승낙한다.

제3조. 일본국 황제 폐하는 한국 황제 폐하, 태황제 폐하, 황태자 전하와 그들의 황후, 황비 및 후손들로 하여금 각기 지위를 응하여 적당한 존칭, 위신과 명예를 누리게 하는 동시에 이것을 유지하는 데 충분한 세비를 공급함을 약속한다.

제4조. 일본국 황제 폐하는 앞 조항 이외에 한국 황족 및 후손에 대해 상당한 명예와 대우를 누리게 하고, 또 이를 유지하기에 필요한 자금을 공여함을 약속한다.

제5조. 일본국 황제 폐하는 훈공이 있는 한국인에 대하여 특별히 표창하는 것이 적당하다고 인정되는 경우에 대하여 영작을 주고 은급을 준다.

제6조. 일본국 정부는 전기 병합의 결과로 전면적으로 한국의 시정을 담임하고 동지에서 시행하는 법규를 준수하는 한국인의 신체 및 재산에 대하여 충분한 보호를 하며, 또 그 복리의 증진을 도모한다.

제7조. 일본국 정부는 성의 있고 충실하게 신제도를 존중하는 한국으로서 상당한 자격이 있는 자를 사정이 허하는 한 한국에 있어서의 제국 관리에 등용케 한다.

제8조. 본 조약은 한국 황제 폐하와 일본국 황제 폐하의 재가를 받은 것이므로 공포일로부터 시행한다.

일제는 이 조약문 발표와 함께 '한국황실예우조서'와 '조선귀족령'을 공포했다. 일본 황실은 한일합병에 찬성하고 협조한 공로자들에게 작위와 은사금을 내렸다. 순종은 이왕(李王)에 책봉되었고, 고종은 이태왕, 황태자 영친왕은 왕세자, 고종의 서자 의친왕 이강과 고종의 형 이희는 공(公)으로 칭하게 했다. 그리고 친일파 76명에게 작위가 주어졌다. 이 중에 두 명의 이완용이 있는데, 자작 이완용(李完鎔)은 사도세자의 5대손이자 고종의 조카뻘 되는 황족이고, 백작 이완용(李完用)은 을사오적 중 한 명인 총리대신이다.

작위를 받은 76명 중 이재완, 이재각, 이해창, 이해승, 박영효, 윤택영은 후작으로 황실의 친인척들이었다. 백작의 작위를 받은 인물은 이지용, 이완용, 민영린 세 명이었다. 이지용과 이완용은 을사오적에 오른 인물이며, 민영린은 민씨 외척의 일족이다. 자작의 작위를 받은 인물은 박제순, 조중응, 고영희, 이용직, 임선준, 이재곤, 민영휘, 이기용, 이병무, 윤덕영, 민병석, 김성근, 민영소, 이근명, 김윤식, 조민희, 민영규, 송병준, 이하영, 이근택, 권중현, 이완용 등 22명이다. 자작의 작위를 받은 자들은 을사늑약과 한일합병 과정에서 중추적인 역할을 했던 관료들이 대부분이다. 일부 황족들도 여기에 포함되어 있는데, 이들은 황족이지만 큰 영향력이 없었다.

남작의 작위를 받은 인물은 이용태, 남정철, 유길준, 최석민, 조동윤, 민상호, 장석주, 이재빈, 한규설, 이근상, 이근호, 한창수, 성기운, 박기양, 김사준, 이건하, 이재극, 조희연, 윤용구, 홍순형, 김석진, 이주영, 김병익, 김사철, 조경호, 정낙용, 민형식, 정한조, 윤웅렬, 박용대, 김가진, 민종묵, 김종한, 이봉의, 조정구, 김춘희, 민영기, 이용원, 조경희, 이정로, 민영달, 이종건, 김학진, 이윤용, 김영철 등 45명이다. 작위를 받은 인물 76명 중 일부는 작위를 반납하거나 독립운동에 가담함으로써 작위를 박탈당했다.

친일파 대신과 왕족들이 합병에 가담했으나 순종은 조약에 최종 서명을 하지 않았다. 8월 29일 공포된 황제 칙유에는 대한국새가 아닌 고종 황제 강제 퇴위 때 일본이 강탈해 간 칙명지보가 찍혀 있었다. 순종이 조약의 마지막 비준 절차에 해당하는 칙유 서명을 거부했다는 의미다. 따라서 한일합병조약은 무력과 협박에 의한 강제 조약이며 절차상 하자가 있는 것이므로 국제법상으로도 불법적인 행위였다.

7

매국의 선봉에 선
인물들

1. 매국노의 대명사 이완용

을사늑약 당시 학부대신이었던 이완용은 경기도 광주 출신으로 원래는 친미파였다. 1882년에 증광별시 문과에 병과로 급제한 그는 규장각 대교와 홍문관 수찬 등을 거쳐 육영공원에 입학하여 영어를 배웠으며, 이후 1887년에 미국 참찬관이 되어 친미파가 되었다. 1888년에 귀국한 뒤에는 이조 참의가 되었다가 그해 말에 참찬관으로 미국에 가서 2년간 머물렀다. 1890년에 귀국한 뒤에는 우부승지, 공조 참판 등을 거쳐 1895년에 학부대신이 되었다.

그해에 을미사변이 일어나고 다음 해에 아관파천이 일어나 친러파가 집권하자, 이완용은 친러파로 변신하여 외부대신 등의 관직을 유지하며 권좌를 지켰다. 그러다 1905년에 일본이 러일전쟁에서 승리하자, 다시 친일파로 변모하여 주도적으로 을사늑약 체결에 앞장섬으로써 을사오적에 이름을 올렸다. 늑약 체결 당시 조약당사자는 외부대신 박제순이었으나, 박제순이 조약 체결에 미온적인 반응을 보인 탓에 실제 늑약을 주도한 것은 이완용이었다.

1907년에 헤이그 특사 사건이 발생하자 이토의 요구를 수용하여 고종에게 두 차례나 양위를 건의했고, 결국 고종이 물러나자 분노한 백성들이 그의 집에 불을 질렀다. 화재로 집을 잃은 이완용의 가족은 일본군의 보호 아래 몇 달 동안 왜성구락부에 머물기도 했다. 1909년에는 이재명 의사의 칼에 찔려 중상을 입었으나 두 달 동안의 입원 치료 끝에 회복했고, 이재명 의사는 교수형에 처해졌다. 1910년에는 정치 라이벌 송병준이 한일합병을 추진하자, 송병준에게 내각을 내줄 것을 염려하여 직접 한일합병에 앞장섰고, 합병이 성립됨으로써 경술팔적에도 이름을 올렸다.

합병 이후에 일본 귀족으로 백작의 작위를 받았으며, 조선 총독부 중추원 고문과 부의장 등을 지냈다. 1919년 삼일운동 당시, 세 차례에 걸쳐 조선 민족 경고문을 발표하여 한일합병의 당위성을 역설하는 한편 만세 운동 가담자들에게 경거망동하지 말라고 강변하기도 했다. 1921년에는 작위가 후작으로 올랐고, 매국의 대가로 막대한 재산을 얻어 호사를 누리다 1926년에 사망했다. 그의 아들 항구는 남작의 작위를 받았고, 손자 병길과 병희도 귀족 지위를 누렸다.

2. 이완용과 쌍벽을 이룬 친일 매국노의 화신 송병준

정미년 한일신협약 당시 농상공부대신이었던 송병준은 함경남도 장진군의 율학 훈도였던 송문수의 서자로 태어났다. 송문수는 본처 소생을 얻지 못하고 여러 첩들에게서 네 명의 아들을 낳았는데, 그중 장남이 병준이었다. 송병준의 생모가 기생이라는 설이 있으나 정확하게 알 수 없고, 송병준 스스로는 민씨 혈족의 권력자였던 민태호의 애첩 홍씨를 자신의 생모라고 주장했다고 한다.

송병준은 어린 시절 송문수의 본처 고씨에게 심한 구박을 받으며 자랐고, 여덟 살 때 도둑질을 하다 집에서 쫓겨나 거지 생활을 했다. 어느 날은 참외를 훔쳐 먹다 밭 주인에게 붙잡혔는데, 밭 주인이 그를 불쌍하게 여겨 머슴으로 거둬 길렀다. 그 후 주인과 함께 서울에 올라와 민태호의 애첩 홍씨의 집에서 일하게 되었고, 홍씨를 어머니라고 부르며 성장했다. 나중에 홍씨의 소개로 민태호를 알게 되어 무관직 벼슬을 얻었고, 무과에 합격하여 훈련원 판관을 지냈다. 강화도조약 이후 알게 된 일본인 군납업자 오쿠라 기하치로가 부산에 상관을 열도록 도와준 덕분에 꽤 많은 재물을 모았다.

1882년 임오군란이 일어나 생명의 위협을 느낀 그는 일본으로 도망쳤고, 이후 박영효의 도움으로 무사히 귀국했다. 민씨 세력 아래서 다시 벼슬을 얻어 사헌부 감찰, 양지 현감 등을 지냈다. 갑신정변이 실패로 돌아간 후에는 민씨 일파의 밀명을 받고 일본으로 달아난 정변의 주역들을 암살하는 일에 가담했다. 그러나 암살 대상자였던 김옥균에게 감화되어 방탕한 세월을 보내다 귀국하기도 했다. 때문에 감옥에 갇혔지만, 귀국하기 전에 민영환의 도움으로 풀려나 군수 벼슬을 얻는다.

그 후 1895년에 일본 특파대사로 파견된 의화군 이강의 수행원으로 일본으로 건너갔으나, 을미사변이 일어나자 일본에 눌러앉게 되었다. 송병준의 일본 생활은 러일전쟁이 일어난 1904년까지 지속된다. 그는 노다 헤이지로(野田平治郎)라는 일본 이름으로 개명한 채 생활했고, 일본으로 도망 온 손병희, 오세창, 이용구 등 정치 망명가들이나 유학생들과 친밀하게 지냈다.

러일전쟁이 발발한 뒤, 송병준은 일본군 병창감 오타니 기쿠조의 통역사로 귀국했다. 친일 단체를 조직하고, 동학을 일본에 협력시키는 작업의 대가로 일본 군부로부터 막대한 공작 자금을 받았다. 이 자금으로 첩에게 요정을 차려주고 요정을 드나드는 정계의 요인들을 친일파로 만들었다. 또한 한국의 정세와 요인들의 동향을 일본 정부에 보고하는 밀정 노릇을 했다. 천도교 계통으로 이용구가 이끌던 시천교도를 규합하여 진보회를 만들고, 독립협회 출신인 윤시병과 유학주를 끌어들여 유신회를 만들었으며, 두 단체를 통합하여 친일 매국 조직인 일진회를 조직했다.

송병준은 일진회를 이용하여 막후에서 을사늑약을 성사시켰고, 을사늑약 이후에는 이완용과 맞먹는 권력을 갖게 되었다. 그는 이 무렵에 예기치 않은 사건에 휘말렸다. 고종 황제의 옥새를 위조하여 일본인들에게 각종 이권을 팔아먹던 협잡꾼 이일식을 숨겨줬다가 발각되어 통감부에 체포되었다. 당시 일본 우익 단체인 흑룡회를 이끌던 우치다 료헤이의 도움으로 풀려난 후 그와 일진회는 매국 행각에 열을 올렸다. 1907년에 이완용 내각이 들어서자 농상공부대신으로 기용되었고, 그해 헤이그 특사 사건이 발생하자 어전회의에 칼을 차고 들어가 고종을 죽이고 자살하겠다고 협박하여 고종의 퇴진을 성사시켰다.

송병준은 순종이 황제에 오른 후 정미7조약을 체결하는 데 중심 역할을 하여 이완용과 함께 정미칠적의 주범이라 비난받았다. 내무대신이 된 송병준은 순종의 전국 순행 문제로 순종에게 질책을 받자, 순종을 밀어내고 영친왕을 황제로 세우려는 음모를 획책한다. 이 무렵, 일본 죠슈 군벌 계통으로 육군 군벌의 거두가 된 가쓰라 총리와 데라우치 육군대장은 한국을 즉각 병합하려는 계획을 세웠고, 송병준은 이에 협조하여 이용구와 함께 일진회 명의로 합방청원서를 만들었다. 또 이토 히로부미가 통감에서 물러난 후 소네 아라스케가 통감이 된 것에 불만을 품고 통감 교체 운동을 전개하기도 했다. 이는 데라우치를 불러들이기 위함인 동시에 소네 통감이 자신의 라이벌 이완용과 긴밀한 관계를 가졌던 것도 원인이었다.

송병준은 한일합병 과정의 막후에서 막대한 영향력을 발휘했고, 합병 이후 자작의 작위를 받고 일본 천황으로부터 금시계를 하사받았다. 또한 중추원 고문과 경성상업회의소 특별평의원, 경기도 참사 등의 직책을 얻었다. 송병준은 아부에 능했고, 눈치가 빠르고 기회주의적 성향이 몸에 익은 사람이었다. 삼일운동 당시엔 일본으로 피신하여 일본 정계의 요인들과 대책을 마련하는 민첩성을 보였다. 그는 결국 1925년 뇌일혈로 사망했는데, 친일 사업가이자 이완용의 조카인 한상룡이 주최한 연회에 참석했다가 독살되었다는 설도 있다.

그의 작위는 아들 송종헌에게 전해졌으며, 자손들은 그가 남긴 막대한 재산으로 호의호식했다. 2007년 대한민국 친일반민족행위자재산조사위원회는 송병준과 송종헌의 재산을 국가로 환수하기로 결정했다. 송병준의 증손자는 헌법 소원을 제기하며 반발했다. 송병준의 후손들은 2010년에 인천광역시 부평구의 옛 미쓰비시 공장 부지의 땅을 돌려달라고 소송을 한 바 있다. 이 부지는 해방 이후 미군 부대의 부지가 되었고, 미군 부대가 옮겨 간 후에는 부평공원으로 조성될 땅이었다. 부지의 가치는 최소 3000억 원 이상으로 추산된다. 송병준의 사위 구연수는 을미사변 당시 명성황후의 시체에 석유를 뿌려 소각하는 일을 맡은 장본인으로 알려져 있는데 일제강점기 당시 한국인으로는 유일하게 경무관 직책을 맡았던 인물이다. 구연수의 아들 구용서는 조선은행 일본 지점에 근무하다 해방 이후 한국은행의 초대 총재가 되었고, 이승만 정부에서 상공부 장관을 지내기도 했다.

3. 고종과 순종에게 협박을 일삼던 간적 윤덕영

한일합병 당시 시종원경을 맡고 있던 윤덕영은 해풍 윤씨 철구의 아들로 1873년에 태어났고, 그의 동생 택영은 순종의 계비 순정효황후 윤씨의 아버지다. 1894년 과거에 급제한 윤덕영은 1895년 신사유람단의 일원으로 일본을 시찰하고 돌아왔으며, 총리대신 비서관, 내부 지방국장, 법무국장을 지내고 경기도와 황해도 관찰사를 역임했다. 1908년에 시종원경에 임명되었고, 1909년에 이토 히로부미가 안중근에 의해 저격되자 이완용 등 친일파들과 함께 이토 추도회에 참석했다. 1910년 한일 강제 합병 조인 당시 7일 동안 덕수궁과 창덕궁을 오가며 고종과 순종을 협박하고, 순정효황후가 치마 속에 숨긴 옥새를 강탈하기도 했다.

합병 이후 윤덕영은 그 공로로 자작의 작위를 받았으며, 1917년에는 순종의 다이쇼 천황 방문과 일본 왕실 종묘 참배를 강요하여 성사시키는 일을 주도했다. 또한 1919년 고종 사망 때에는 독살설이 널리 유포되었는데, 세간에서는 그 범인으로 윤덕영을 지목하기도 했다. 그의 아내 김복완(김복수)은 일제의 전쟁 기금 마련 단체인 애국금체회 회장을 지냈으며, 자작 작위는 양손자 윤강로에게 이어졌다.

윤덕영의 동생이자 순종의 장인 윤택영은 씀씀이가 헤퍼 세간에서 '채무왕', '차금대왕'으로 불렸다. 윤택영은 1920년에 부채 때문에 베이징으로 달아났다가 순종의 부음을 듣고 귀국했다 채권자들에게 시달리며 소송을 당하기도 했다. 〈개벽〉의 1926년 6월호 '경성잡담'엔 이런 내용도 전하고 있다.

"부채왕 윤택영 후작은 국상 중에 귀국하면 아주 채귀(빚귀신)의 독촉이 없을 줄 알고 안심하고 왔더니 각 채귀들이 사정도 보지 않고 벌 떼

같이 나타나서 소송을 제기하므로 호출에 눈코 뜰 새가 없는 터인데, 일
전에는 어찌나 화가 났던지 그의 형 '대갈대감'과 대가리가 터지게 싸
움까지 했다고 한다. 그렇게 싸우지 말고 국상 핑계 삼아 아주 자결이나
했으면 충신 칭호나 듣지."

4. 황제 앞에서 칼을 뽑은 이병무

정미칠적과 경술국적에 모두 포함된 이병무는 본관은 전주 이
씨이고 정종의 서자 무림군의 후손이다. 1864년에 태어난 그는
1894년에 무과에 급제했고, 그해 의친왕 이강이 일본을 방문할 때
수행원으로 따라간 것이 계기가 되어 일본 육군사관학교에서 1년
간 수학했다. 일본과 친밀한 관계를 형성하며 대한제국 육군무관
학교 교장을 역임했고 아관파천 이후 친러파가 득세하자, 1900년
에는 일본으로 달아난 망명자들과 연락한 혐의로 구금되어 2년 동
안 감옥 생활을 했다.

러일전쟁으로 일본이 조선 조정을 장악하자 이병무는 육군 참
령으로 복귀했고, 군제의정관에 임명되었다. 1905년에 러일전쟁
에서 일본이 승리하자, 육군 정령에 오르고 군부 교육국장이 되었
으며, 육군 참장에 임용되었다. 그해에 고종의 사촌동생 완순군을
수행하여 일본을 방문하고 훈장을 받아 돌아왔다. 이완용 내각이
들어서자 군부대신에 임명되었고, 이완용과 한일신협약을 추진했
다. 군부대신 시절 이완용, 임선준, 고영희 등과 함께 도성의 문루

와 성곽을 헐어버리는 일에 참가했고, 그해 시종무관장 임시 서리를 겸직했으며 벼슬이 정2품으로 올랐다. 이병무는 한일신협약에 따라 군대가 해체될 때 이 일을 주도했으며 의병 항쟁을 진압하는 일을 진두지휘했다. 1909년에 대한제국 군부가 완전히 폐지되고 친위부가 설치된 뒤에는 초대 친위부대신으로 취임했고, 1910년 한일합병 때에는 시종무관장 신분으로 협조했다. 이병무는 부무관 자작의 작위를 받았고, 한국합병기념장과 다이쇼대례기념장을 받았다. 1926년 12월에 그가 사망하자, 일본 정부는 욱일동화대수장을 추서했다. 그의 작위는 양아들 이홍묵에게 이어졌다.

5. 개화 세력에서 친일파로 변신한 고영희

고영희는 정미칠적과 경술국적에 모두 이름을 올린 인물로 1849년에 제주 고씨 진풍의 아들로 한성 옥동에서 태어났다. 1866년에 부사용 벼슬을 받아 관계에 진출했고, 강화도조약 체결 후에 수신사 김기수의 수행원으로 일본을 방문하면서 개화파의 일원이 되었다. 강화도조약에 따라 원산항을 개항했을 때, 그곳 사무관 서리가 되어 행정 능력을 쌓았고, 1881년에 고종의 특명으로 파견된 신사유람단의 일원이 되어 다시 일본을 방문했다. 이듬해인 1882년 일본 공사 하나부사 요시모토의 차비역관이 되면서 일본 관료와 친분을 쌓았고, 진급을 계속하며 참의교섭통상사무, 참의내무부사 등을 역임했다.

이렇듯 외교관으로 승진을 거듭하던 그는 1884년의 갑신정변 실패로 개화파가 몰락하자 외교 요직에서 물러나 간성, 삭녕, 고양 등에서 군수 생활을 하다 물러났다. 이듬해 기기국방판에 기용되었고, 다시 승진의 기회를 잡아 1894년의 갑오개혁 때에는 요직을 거쳤다. 1895년에 주일특명전권공사가 되면서 일본 관료들과 친분을 쌓았고, 귀국한 뒤에는 독립협회에 가담했고, 한성 판윤에 오르기도 했다.

개화파의 길을 걷던 그는 1903년에 다시 주일특명전권공사가 되면서 친일파로 변모했고, 1907년 이완용 내각 때에는 국가 재정을 책임진 탁지부대신이 되었다. 헤이그 특사 사건으로 이토 히로부미가 고종의 양위를 강요하자 양위를 반대했지만 곧 친일적 성향을 드러내 정미칠적의 일원이 되었다. 결국 한일합병에 찬성하여 경술국적의 하나가 되었다. 합병 이후에는 훈1등 자작의 작위를 받았고, 10만 원의 하사금을 받았으며 중추원 고문으로 활동했다. 1916년에 사망한 뒤에는 그의 아들 고희경이 자작 작위를 이어받았다.

6. 일본의 대륙 침략을 선동한 조중응

조중응은 이병무, 고영희와 너불어 정미칠적과 경술국적에 모두 오른 인물이다. 1860년 한성부 서인 소론 집안에서 태어난 그의 초명은 중협으로 31세 되던 1890년에 중응으로 개명했다. 양반 가문 출신인 그는 어린 시절 한학을 배웠고, 소년 시절 성균관 중학동재에 들어갔다. 1880년에 전강유생이 되어 고종 앞에서 경서를 진강했고, 1883년에는 서북변계조사원에 임명되었다. 하지만 조사원을 거절하고 만주와 외몽골, 시베리아, 바이칼호 등 북방 세계를 여행하며 자신만의 세계관을 확립했다. 러시아의 침입에 대비하고 일본과 친교해야 한다는 주장을 펼쳐 민씨 세력의 미움을 받아 유배 생활을 했다.

그의 유배 생활은 1885년부터 1890년까지 지속되었고, 유배지는 전라남도 보성군이었다. 1890년에 유배에서 풀려나 관직에 복귀하자, 이름을 중응으로 바꾸고 본격적인 친일의 길을 걸었다. 1895년의 을미사변에 가담하여 명성황후 시해를 도왔는데, 이때 직위는 법부국장이었다. 을미사변 이후에는 일본으로 달아나 10여 년 동안 그곳에서 생활했으며, 더욱 철저한 친일 분자가 되었다. 일본에 체류하는 동안 농업학교에서 양잠업을 익혔고, 전문학교 과정의 정치법률과 학생으로 지내기도 했다. 스무 살 아래인 일본인 처녀 미쓰오카와 살림을 차렸는데, 훗날 이 여인은 다케코 부인이라고 불리며 조중응의 정실부인이 된다. 물론 본국에 정실부인이 있는 상태였다.

조중응이 한국으로 돌아온 것은 러일전쟁이 끝난 1906년이었다. 미쓰오카를 대동하고 왔는데, 한국에 조중응의 본부인이 있다는 사실을 안 미쓰오카는 일본으로 돌아가겠다며 한바탕 소란을 일으켰다. 이 일은 장안에 화제가 될 정도로 유명한 사건이었는데, 고종 황제까지 나서서 중재를 할 정도로 미쓰오카의 소란은 대단했다. 고종은 조중응의 본부인과 미쓰오카를 좌부인과 우부인으로 부르라고 중재했는데, 미쓰오카는 결국 황제의 중재를 받아들여 조중응의 우부인이 되어 한국에서 생활했다.

조중응은 귀국 후 이완용 내각의 법부대신으로 기용되었으며, 고종의 강제 퇴위에 앞장섰고, 한일신협약의 중심인물이 되어 정미칠적이 되었다. 1910년 한일합병을 주도하여 경술국적에도 이름을 올렸다. 합병 후 매국의 대가로 10만 원을 하사받았고, 자작의 작위도 받았다. 그는 아시아연대주의를 부르짖으며 일제의 대륙 침략을 선동했고, 친일적인 행위라면 그 누구에게도 뒤지지 않을 만큼 열성적이었다. 일진회와 친일 경쟁을 벌일 정도였다. 1919년 그가 사망하자, 그의 작위와 재산은 자손들에게 이어졌다. 2007년 조중응의 재산을 국가로 환수하기로 결정했을 때, 후손들이 이에 불복하여 행정심판을 청구했지만 패소했다.

7. 을사늑약 체결 당사자 박제순

을사늑약 당시 외부대신이었던 박제순은 1883년에 별시문과에 급제한 인물로 초기에는 친청 세력이었다. 그가 친청 세력이 되었던 것은 사헌부 장령과 동부승지를 거친 뒤 1886년에 주차천진독리통상사무가 되면서다. 형조 참판과 한성 부윤을 지내고, 충청도 관찰사로 있던 1894년에 동학농민군 토벌에 참여했다. 1899년에 전권대신으로 청나라와 조청통상조약을 체결하는 데 주도적인 역할을 했고, 1902년에는 주청전권공사가 되어 2년 동안 베이징에 머물렀다.

박제순은 1904년 러일전쟁이 발발하고 일본의 영향력이 확대된 상황에서 외무대신이 되었다. 을사늑약 체결 초기에 박제순은 한규설과 뜻을 같이하여 보호조약에 반대했으나 이토와 개인적으로 만난 뒤에는 뜻을 꺾고 미온적인 찬성론자로 돌아섰다. 그해 11월 17일 일본 특명전권공사 하야시와 조약을 체결한 당사자가 됨으로써 을사오적에 이름을 올렸다.

을사늑약 이후 박제순은 참정대신이 되어 내각을 이끌었는데, 나철(나인영), 오기호 등의 열사들이 박제순 암살을 기도했다. 이후 박제순은 참정대신에서 물러났다가 1907년 이완용 내각이 들어서자 내부대신이 되었고, 이완용이 이재명의 의거로 입원하자 내각 총리 서리가 되었다. 1910년 합병에도 가담하여 경술팔적의 한 사람이 되었다. 합병 후 자작의 작위를 받고 조선총독부 중추원 고문과 경학원 대제학을 지내며 일본의 총독 정치를 옹호하는 선전 역할을 하다가 1916년에 사망했다.

8. 골수 친일파 권중현

권중현은 을사늑약 당시 농상공부대신이었으며 보호조약에 적극 찬성한 인물이다. 충북 영동 출신으로 개화파에 가담했고, 그 인연으로 초창기부터 친일파 대열에 있었다. 1883년에 일본 주재

서기관을 지낼 때부터 일본과 친밀했고, 1904년 러일전쟁 때 일본군 위문사로 파견되어 일본 정부로부터 훈1등 서보대수장을 받기도 했다. 1901년 군부대신 서리가 되었고, 1902년 대한제국 육군무관학교 교장 서리가 되었다. 1904년에는 대한제국 육군 부장이 되었고, 철도원 총재 임시서리를 겸하기도 했다.

그는 늑약 체결 후 나철이 이끌고 있던 을사오적암살단의 위협을 받았으며, 강원상 의사로부터 암살 위협을 받기도 했다. 박제순 내각에서 군부대신이 되었으며 1907년 5월에 박제순 내각의 총사퇴 때까지 직위를 유지했다. 합병 후에는 자작의 작위를 받았으며, 1934년에 사망할 때까지 중추원 고문과 조선사편수회 고문 등을 지내며 호사를 누렸다.

9. 친일로 얻은 재산, 도박으로 탕진한 이지용

이지용은 을사늑약 당시에 내부대신으로 있으면서 보호조약을 주도한 인물이다. 흥선대원군의 셋째 형 이최응의 손자이며, 고종의 오촌 조카다. 1887년에 문과에 급제하여 벼슬길에 나섰고, 1895년에 왕명을 받고 일본을 유람한 뒤, 친일 성향을 갖게 되었다. 경상도와 황해도 감찰사를 지내고 1901년에는 주일 공사로 일본에 머물렀다. 친일파로 활약하며 1904년엔 외부대신으로 한일의정서 조인에 협조했다. 일본 공사 하야시로부터 1만 원의 뇌물을 받았다. 을사늑약 때에는 내부대신으로 보호조약에 찬성하여 오적에 이름을 올렸다.

늑약 이후 오적암살단으로부터 살해 위협에 시달렸고, 오기호와 나철이 그를 죽이려 했으나 실행에 옮기지 못했다. 한일합병 이후에는 백작의 작위를 받고 귀족의 지위를 누리며 호의호식했다. 그러나 합병 이후 주로 도박에 빠져 살았다. 도박으로 양옥집까지 잃었지만, 1928년 사망할 때까지도 도박 행위를 지속했다. 그러나 워낙 재산이 많았기에 그의 부인과 자녀들은 온갖 호사를 부리며 살았다.

이지용의 부인 홍옥경은 인물이 빼어나 일본인 관료들과 염문을 퍼뜨리고 다녔다. 그녀는 훗날 조선 총독의 자리에 오르는 하세가와를 비롯하여 하기와라, 구니와케 등 고관대작들과 정을 통했고, 일본인 고관들은 서로 그녀를 차지하기 위해 다투기도 했다. 홍옥경은 일본 풍습에 따라 성을 이씨로 바꾸고 이옥경이라 했다. 이지용의 아들 이해충은 일본에 유학을 갔으나 유학생들이 역적의 아들과 함께 배울 수 없다고 거부하는 바람에 입학하지 못했다는 일화가 전한다.

10. 변절의 간신 이근택

을사조약 당시 군부대신을 맡고 있던 이근택은 처음부터 친일파는 아니었다. 성종의 아들 경명군의 후손인 그는 종친으로서 임오군란 때 충주로 피신한 명성황후를 도운 덕에 벼슬길에 올랐다.

1884년 무과에 급제하고, 수군 절도사와 병조 참판 등을 역임했으며, 1897년 고종의 친위대 제3대대장이 되었다. 명성황후 서거 1주기 제사를 기회 삼아 고종의 환궁을 계획했다가 발각되어 제주도에 유배되었다. 그해 고종의 환궁으로 대한제국이 수립되어 유배에서 풀려나 한성 판윤으로 임명되었다. 고종의 총애를 받으며 친러파로 활동했으나 러일전쟁에서 일본이 승리하자 일본 측에 매수되어 친일파로 돌아섰다. 을사늑약에 적극 협조하여 오적에 이름을 올렸다.

그는 친일파로 돌아서는 과정에서 일본군 사령관 하세가와 요시미치와 의형제를 맺었고, 이토를 의붓아버지로 섬겼다. 늑약 체결 직후, 기산도는 그를 죽이려고 했고, 며느리였던 한규설의 딸을 따라온 여종은 그를 향해 "개돼지보다 못한 자의 종으로 살기 싫다"라는 말을 쏟아내고 한규설의 집으로 돌아갔다. 민중의 지탄과 증오가 거세지자, 조정에서는 그를 파면했다. 합병 이후 자작 작위를 받고 중추원 고문으로 지내다 1919년 사망했다. 형 이근호와 동생 이근상도 합병과 함께 남작 작위를 받았고, 아들 이창훈은 이근택 사후에 작위를 물려받았다. 이근호와 이근상의 작위는 그들의 아들인 동훈과 장훈이 각각 물려받았다.

11. 을사늑약의 또 다른 주역 이하영

을사오적을 논할 때 박제순을 빼고 이하영을 넣는 경우도 있고,

이하영을 포함하여 을사육적이라고 표현하기도 한다. 늑약 체결 당시 이하영은 법부대신이었다. 이항복의 후손인 그는 경남 동래 군 출신으로 어린 시절 가계가 몰락한 탓에 찹쌀떡 장사를 하며 생계를 잇기도 했다. 어학에 남다른 재주를 보여 열아홉 살에 일본인 상점에서 일하면서 일본어를 익혔고, 미국 공사관 의사로 근무하던 앨런의 요리사로 지내며 영어를 익힌 덕에 고종의 통역을 맡으면서 벼슬길에 나왔다. 그에게 처음으로 주어진 직책은 외부아문 주사였다. 박정양 주미 공사 아래서 서기관으로 근무하며 외무 관리의 길을 걸었고, 박정양이 귀국한 뒤에는 주차미국 전권대신 서리로 공사직을 맡았다.

1889년에 귀국한 뒤 궁내부 회계원장을 지내다 주일 전권공사 겸 대사로 발령받아 일본으로 갔다. 1902년 외부대신에 올랐고, 이후 여러 분야에서 일본에 이권을 넘겨주는 역할을 했다. 1905년 늑약 체결 당시, 보호조약 체결에 무조건 반대한다고 했다가 변심하여 늑약에 적극적으로 찬성했다. 늑약 체결 이후 관직에서 물러났으며, 한일합병 이후 자작 작위를 받고 중추원 고문으로 활동하다가 1929년에 사망했다. 그의 작위는 아들 이규원이 이어받았다. 독립운동가 이회영, 이시영과는 14촌지간이다.

12. 정미칠적에 오른 왕족 이재곤

이재곤은 고종과 같은 항렬의 종친으로 흥완군 이정응에게 입적

된 이재완의 친동생이다. 1859년 경기도 양주에서 전주 이씨 신응의 아들로 태어났으며, 1880년 과거에 급제하여 벼슬을 얻었다. 홍문관 교리와 지방의 현감을 거쳐 비서원경, 종정원경, 회계원경을 지냈다. 친일파가 되어 1907년 한일신협약에 협조하여 정미칠적에 이름을 올렸다. 정미칠적에 오를 당시 학부대신이었고, 그 공로로 훈1등 욱일대수장을 받았다.

한일합병 이후 일본 정부로부터 자작의 작위와 은사공채 5만 원을 받았다. 1915년 조선총독부가 후원하여 조직된 불교 종단 삼십본산 연합사무소 고문, 불교옹호회 고문 등을 맡기도 했고, 1917년 순종의 일본 방문 당시 동행하기도 했다. 삼일운동 때는 권중현과 함께 작위를 반납할 의사를 밝히기도 했으나 일본 정부의 반대로 무산되었다. 1943년에 사망하자, 그의 작위는 손자 이해국이 이어받았다. 2007년 그가 남긴 43억가량의 토지가 국가에 귀속되었다. 그의 후손들이 이의신청을 했으나 기각되었다.

13. 전형적인 간신배 민병석

한일합병 당시 궁내부대신을 맡았던 민병석은 1858년 충남 회덕군에서 민관식의 아들로 태어나 민경식의 양자가 되었으며, 본관은 여흥으로 명성황후 가문 출신이다. 1879년 식년시 병과로 관직에 오른 이래 성균관 대사성과 도승지 등을 역임했고 김옥균 암살 계획에 깊이 관여했다. 청일전쟁 당시 청나라 편에 섰다가 유배

된 적이 있는 친청파 출신이며, 아관파천 이후에는 친러파가 되었다가 다시 친일파로 변모했다. 지방관인 평양 감사로 근무할 때 학정으로 이름이 높았고, 여러 차례 변심을 드러내며 전형적인 간신의 면모를 보였다. 1905년 이토 히로부미를 초청하기 위해 일본을 다녀왔고, 1909년에는 이토의 조문사절단이 되어 장례식에 참여하기도 했다. 1910년 한일합병 때에는 궁내부대신으로 일제의 한국 식민지화 작업에 적극 협조했고, 합병 이후에는 자작 작위를 받고 이왕직 장관을 지냈다.

이왕직 장관으로 있을 당시엔 영친왕과 이방자의 결혼을 추진했고, 1912년 일본 메이지 천황의 장례식에 참여했다. 세간에서 처세술에 능한 인물로 소문이 자자했는데, 고종은 그의 처세술을 두고 이런 평을 남겼다. "민병석은 짐이 부르려고 하면 이미 와 있고, 내치려고 할 땐 이미 떠나 있다." 그의 아내 심경섭은 친일 단체인 애국금체회 간사를 지냈으며, 작위는 장남 민홍기에게 이어졌다. 차남 민복기는 경성제국대학 법학부를 졸업하고 판사와 검사를 거쳐 법무부 장관과 대법원장을 지냈다. 대법원장 재임 당시 인혁당 사건의 상고를 기각해 피해자 여덟 명이 사형당하고, 나머지 피해자들이 15~20년간 징역을 살도록 한 바 있다. 이완용은 그와 사돈지간인 민병석이 친러파와 친일파로 변심할 땐 길잡이 역할을 했다.

8

국권 수탈기의
세계 주요 사건

1. 1875년부터 1880년까지

1875년 영국은 이집트로부터 수에즈운하를 매수하여 이권을 확대하고, 미국은 하와이와 호혜통상조약을 맺어 태평양에 대한 영향력을 강화했다. 파리에서는 미터법조약이 체결되어 미터(m)가 세계적인 도량형으로 채택되었고, 미국에서는 레밍턴 회사가 타자기를 제조했다. 아시아에서는 청나라의 제10대 황제였던 동치제가 죽었고, 메이지유신 이후 서양화 작업을 지속하던 일본에서는 평민도 모두 성씨를 갖게 하는 정책이 실시되었다. 일본과 러시아 사이에 사할린-치시마 교환조약이 성립되어 러시아는 사할린섬을 갖고 일본은 쿠릴열도 중 18개 섬을 인수했다.

1876년부터 1880년에 이르는 기간 동안 국제적으로 가장 큰 이슈가 된 것은 영국의 빅토리아 여왕이 인도 황제 겸임을 결의한 사건과 영국의 제2차 아프가니스탄 침공, 발칸반도의 독립 전쟁이었다. 빅토리아 여왕의 인도 황제 겸임은 '해가 지지 않는 나라'로 불렸던 영국의 최전성기를 알리는 신호였다. 터키에 대항하여 일어난 발칸반도의 전쟁은 쇠퇴를 거듭하던 오스만튀르크의 몰락을 알리는 신호였다. 당시 불가리아에서는 터키의 지배에 대항하는 봉기가 일어났고, 터키가 불가리아인들을 대량 학살하는 사태가 벌어졌다. 그런 상황에서 세르비아와 몬테네그로가 터키에 선전포고를 했고, 1877년에는 러시아와 루마니아도 터키에 선전포고를 했다. 결국 1878년 베를린 회의를 통해 세르비아, 몬테네그로, 루마니아가 독립국이 되고 불가리아는 터키의 자치공국이 되는 결과를 초래했다. 한편, 영국은 궁지에 몰린 터키와 비밀 협약을 맺고 키프로스섬에 대한 점령권을 획득했다. 러시아의 남하를 막고 아시아에 영향력을 확대하기 위해 영국은 1839년의 제1차 전쟁에 이어 제2차 아프간전쟁을 일으켰다. 3년의 전쟁 끝에 승전하고 아프가니스탄을 식민국으로 전락시켰다. 러시아는 일리조약을 체결하여 청나라와의 국경을 호르고스강으로 획정하고 중앙아시아에 영향력을 확대하고 있었다.

러시아 문호 도스토옙스키가 『카라마조프의 형제들』을 발표했고, 독일 지멘스가 전차를 발명했고, 미국의 에디슨이 탄소선 전구를 발명했다.

2. 1881년부터 1890년까지

1881년의 최대 이슈는 러시아의 차르 알렉산드르 2세와 미국의 대통령 가필드의 암살이다. 알렉산드르 2세를 암살한 인물은 인민의의지파의 청년 당원 그리네비츠키였다. 인민의의지파 당원들은 차르 암살을 인민 혁명의 절대 조건으로 여겼다. 알렉산드르 2세 사망 이후 등극한 알렉산드르 3세 역시 강력한 전제정치를 실시했다. 미국에서도 대통령 제임스 가필드가 취임 4개월 만에 총기 저격으로 사망했다. 그를 저격한 인물은 찰스 기토다. 그는 변호사였는데, 돈으로 공직을 사려다 실패하자 대통령 저격에 나섰다. 파나마운하 공사가 시작되었고, 미국의 조지 이스트먼은 롤필름을 사용하는 카메라를 발명했으며, 영국 런던에 화력발전소가 건설되었다.

1882년에 가장 큰 화제를 뿌린 나라는 프랑스다. 프랑스는 수업료를 무료로 하는 의무교육을 실시했고, 1881년에 베트남에 대한 3차 침략을 감행한 이후 대대적인 공세를 펼쳐 하노이를 점령했다. 전쟁은 지속되어 베트남의 종주국을 자임하던 청나라까지 개입했지만, 프랑스는 결국 1885년에 승리를 차지하여 베트남을 식민화하는 데 성공했다. 프랑스가 베트남을 식민화하기 위해 혈안이 되어 있는 동안 독일, 오스트리아, 이탈리아는 삼국동맹을 맺고 프랑스에 대항했다. 조약의 핵심은 프랑스로부터 동맹국이 침략당할 경우, 나머지 동맹국이 함께 대항한다는 것이었다. 프랑스의 위세가 상승세를 타고 있음을 방증하는 내용이었다.

1883년에는 영국이 마침내 이집트를 속령으로 삼기에 이르렀고, 프랑스는 베트남을 식민화하기 위한 전쟁을 가속화하는 한편, 아프리카 북부의 튀니지에 지배력을 강화했다. 북방 러시아의 힘은 팽창되어 동유럽 국가들을 위협했고, 루마니아는 독일과 오스트리아와 비밀 동맹을 맺고 러시아의 침략에 대비했다. 독일에서는 딜타이가 『정신과학 입문』을, 니체는 『자라투스트라는 이렇게 말했다』를, 프랑스의 모파상은 『여자의 일생』을 내놓았다.

1884~1885년에 서방은 아시아와 아프리카에 영향력을 더욱 확대했다. 프랑스는 베트남 식민화 작업에 반대한 청나라와 전쟁을 벌였고, 아프리카 분할을 위해 독일과 함께 베를린회의를 개최했다. 러시아는 중앙아시아의 메르브를 점령하여 중앙아시아에 지배력을 강화했고, 독일은 카메룬과 위투를 독일의 보호령으로 삼았으며, 영국은 이집트를 압박하여 수단에서 물러나게 하고, 아프리카 3대 강 중 하나이자 길이가 4180킬로미터인 나이저강 지역을 보호령으로 삼았다. 영국은 아시아에 영향력을 확대하기 위해 미얀마의 만달레이를 점령하고, 제3차 미얀마전쟁을 일으켰다. 이탈리아는 에티오피아의 마사와 항구 지역에 식민지를 획득했다. 아프리카에서는 남아프리카공화국이 성립되었고, 미국의 영향력 아래 콩고자유국(현 콩고민주공화국)이 탄생했다.

영국에서는 제3차 선거법 개정안이 통과되어 남자 보통선거가 실현되었고, 그리니치 자오선이 만국 통용으로 지정되었다. 또 파슨스가 증기터빈을 실용화했다. 독일에서는 벤츠가 가솔린 자동차를 발명했고, 프랑스의 파스퇴르는 광견병 예방법을 발견했다. 미국의 마크 트웨인은 『허클베리 핀의 모험』을 저술했다.

1886년 영국은 결국 미얀마전쟁에서 승리하고 청나라와 미얀마조약을 체결했다. 청나라의 쇠락은 더욱 빨라졌다. 청은 1886년엔 프랑스와 안남통상조약을 체결하여 통상권을 내주었고, 1887년엔 포르투갈과 수호통상조약을 맺고 마카오를 할양했으며, 조선 영토를 침략하지 말라는 러시아의 압력을 받기도 했다. 1890년 청은 영국과 티베트-시킴 조약을 조인하여 티베트에 대한 지배력을 상실했다. 이 과정에서 캉유웨이가 변법자강운동을 전개해 개혁을 시도하지만 서태후 등 반개혁파에 의해 좌절되고 말았다.

국제 사회에는 마르크스주의에 기반을 둔 사회주의 운동이라는 새로운 조류가 형성되었다. 1889년 7월 프랑스 파리에서 제2인터내셔널이 성립되었다. 1864년 영국 런던에서 결성된 제1인터내셔널, 즉 국제노동자협회가 1876년 해체된 것을 보완한 조치였다. 제2인터내셔널은 5월 1일을 노동절로 정하여 이듬해 베를린에서 국제노동자대회가 열리고 최초의 메이데이 행진이 실시되었다.

3. 1891년부터 1900년까지

1891년 러시아 황태자 니콜라이 2세가 일본을 방문했다가 일본 순사 쓰다 산조의 칼에 맞아 부상을 당했다. 이 사건은 시가현 오쓰시에서 일어났다고 해서 오쓰 사건이라고 불리는데, 당시 니콜라이 2세에게 자상을 입힌 쓰다 산조는 시가현 경찰서의 순사였다. 니콜라이 2세는 머리에 상처를 입었지만 생명에는 지장이 없었다. 일본은 러시아를 달래기 위해 안간힘을 다했는데 일본인 여자가 죽음으로써 황태자에게 사죄한다며 자살을 하는 일도 있었고, 전국의 학교가 모두 휴교를 하고 황태자의 회복을 빌기도 했다. 또한 메이지 천황이 납치의 위험에도 불구하고 러시아 함대를 방문하여 니콜라이 황태자를 병문안하기도 했다. 또한 전국적으로 '쓰다'라는 성과 '산조'라는 이름을 사용하지 못하게 했다.

1892년에 눈에 띄는 사건은 이탈리아에 노동당이 결성된 일이다. 이탈리아 사회당의 전신인 이탈리아 노동당은 혁명적 사회주의를 선언하며 극좌익 노선을 견지했다. 이탈리아 노동당은 1875년 창당된 독일 사회민주당, 1898년에 결성된 러시아의 사회민주노동당과 함께 유럽 사회주의 정당의 대표 주자가 되었다.

1893년의 국제적인 이슈는 프랑스가 라오스를 보호령화한 것과 영국에서 공황이 발생한 것, 청나라에서 베이징과 산해관 사이에 철도가 완성된 것이다. 노르웨이의 난센은 북극 탐험을 시도하여 북위 86도 14분 지점에 도달했다.

1894년 프랑스 대통령 카르노가 이탈리아의 아나키스트에게 암살된 것과 청나라와 일본이 조선에서 청일전쟁을 벌인 것, 프랑스에서 일어난 드레퓌스 사건이 톱뉴스라고 할 수 있다. 드레퓌스 사건은 유대인이라는 이유만으로, 죄가 없던 드레퓌스를 간첩으로 몰아간 일로 당시 유럽의 반유대주의의 단면이 적나라하게 드러나는 계기가 되었다.

1895년 일본이 청일전쟁의 승자가 되어 랴오둥반도를 차지했으나 러시아, 독일, 프랑스 삼국의 간섭으로 다시 청에 돌려줘야만 했다. 일본은 불만을 표출하듯 타이완을 점령하여 식민지로 삼아 버렸다. 독일의 뢴트겐이 X선을 발견했고, 폴란드의 시엔키에비치는 『쿠오바디스』를 출간했다. 이 소설은 로마 황제 네로의 기독교 탄압을 소재로 하고 있지만, 폴란드를 식민 통치하던 러시아를 비판의 대상으로 삼은 것이었다.

1896년 제1회 올림픽이 그리스에서 열렸다. 프랑스의 쿠베르탱이 1892년 올림픽 부활을 제창했고, 1894년 국제올림픽위원회가 조직되어 마침내 결실을 본 것이다. 이탈리아의 마르코니가 무선통신법을 발명했다. 프랑스의 베크렐은 우라늄에서 방사선을 발견했다.

1897년 프랑스는 마다가스카르를 차지했고, 그리스가 터키에 선전포고를 하고 한 달 동안 전쟁을 치렀다. 독일의 카를 브라운이 브라운관을 발명했고, 디젤은 디젤기관을 발명했다.

1898년의 최대의 이슈는 미국과 스페인의 전쟁이다. 4개월간 지속된 이 전쟁은 쿠바 독립 문제를 둘러싼 미국과 스페인 사이의 힘겨루기 과정에서 일어났다. 두 국가의 싸움은 그들의 본토가 아닌 쿠바와 필리핀에서 벌어졌는데, 미국의 승리로 끝났다. 이후 양국은 파리조약을 맺어 쿠바와 필리핀, 푸에르토리코, 괌의 지배권을 미국이 갖게 되었다. 이후 미국의 제국주의적 팽창 정책은 가속화되었다.

1899년에 두 전쟁 소식이 있었다. 아프리카에서 종단 정책을 추진하던 영국과 남아프리카를 차지한 네덜란드계 보어족 사이에 전쟁이 발발했는데, 이른바 보어전쟁이다. 1880년의 전쟁은 국지전에 불과했다. 1차 국지전에서 트란스발공화국과 오렌지자유국의 독립을 인정했던 영국이 두 국가에서 다이아몬드가 발견되자, 이를 빼앗기 위해 2차 전쟁을 일으킨다. 전쟁에서 승리한 영국은 두 나라를 차지하여 식민 지배한다. 프랑스는 청의 광저우만을 99년간 조차했다. 1898년에 러시아는 다롄과 뤼순항을 조차하고 남만주부설권을 얻었는데, 다시 프랑스에 조차지를 내줌으로써 청의 힘은 더욱 약화되었다. 러시아에서는 레닌이 『러시아 자본주의의 발전』, 톨스토이는 『부활』을 펴냈다. 오스트리아에서는 프로이트가 『꿈의 해석』을 출간했다.

1900년에 국제적인 주요 뉴스는 영국에서 노동당이 결성되어 유럽에 사회주의 성향이 한층 강화되었다는 것과 이탈리아의 국왕 움베르토 1세가 아나키스트에 의해 암살된 것이다. 영국 편에 선 열국연합군이 청나라를 상대로 전쟁을 벌였는데, 열강이 베이징을 장악하고 의화단을 진압함으로써 예상대로 청의 패배로 끝났다.

4. 1901년부터 1910년까지

1901년 미국 대통령 윌리엄 매킨리가 저격당했다. 공화당 출신의 매킨리는 보호관세주의자였고, 스페인과 전쟁을 치르고 쿠바를 비롯한 괌, 푸에르토리코, 필리핀 등을 미국의 보호령으로 삼으려 하여 미 제국주의의 대명사가 되었다. 1897년 대통령이 된 그는 1901년에 재집권에 성공해 20세기 최초의 미국 대통령이 되었으나 무정부주의자였던 레온 촐고츠의 총격으로 중상을 입고 사망했다. 그를 이어 부통령 시어도어 루스벨트가 대통령직을 승계했다. 이 해에 대만에서 페스트가 유행하여 무려 3670명이 사망했고 오스트리아의 란트슈타이너가 혈액형에 세 종류가 있다는 것을 발견했다.

1902년 러시아가 1891년 5월에 착공한 시베리아철도가 블라디보스토크와 하바롭스크 사이를 잇게 됨으로써 일부 개통되었다. 이후 러시아는 시베리아횡단철도 사업을 지속하여 1904년 모스크바에서 만주를 경유하여 블라디보스토크까지 연결하는 데 성공한다. 하지만 만주가 중국 땅이었기 때문에 순수 러시아 땅만을 경유하는 시베리아횡단철도는 1916년 완성된다.

1903년엔 라이트 형제가 비행기를 발명했다는 뉴스가 화제였다. 당시 라이트 형제가 몰았던 플라이어1은 12초 동안 공중에 떠 있었고 최초의 동력 비행이었다. 그들은 두 번째 비행에서 59초 동안 243.84미터를 비행했다. 개량된 비행기는 1905년에 이르면 30분 동안 떠 있을 수 있게 된다. 러시아의 사회주의자들이 브뤼셀과 런던에서 제2회 러시아 사회민주노동당대회를 개최했다. 러시아 사회민주노동당은 볼셰비키와 멘셰비키로 분열되었다. 멘셰비키와 볼셰비키는 민중 혁명을 시도했고, 1917년 3월혁명을 통해 차르 체제를 붕괴시키고 11월혁명을 통해 볼셰비키가 권력을 장악하게 된다.

1904년의 최대 사건은 러일전쟁이다. 일본이 러시아 함대를 선제공격하여 전쟁을 개시했고, 미국과 영국은 일본에게 물자를 대며 러시아 함대의 몰락을 기다렸다. 이후 전쟁은 1905년까지 지속되었고, 러시아는 발틱 함대까지 출전시켰지만 패전한다.

1905년엔 미국과 일본은 가쓰라-태프트 밀약을 맺고, 미국의 필리핀 통치권 확립과 일본의 한국 보호권 확립을 구두로 밀약했다. 일본은 을사늑약을 통해 대한제국의 외교권을 박탈하고 식민화를 진행했다.

1906년엔 인도가 뉴스의 중심에 있었다. 인도는 콜카타에서 국민회파대회를 개최하고 국산품 애용 운동인 스와데시(Swadeshi), 외국 상품 배척 운동인 보이콧, 민족 교육, 독립을 의미하는 스와라지(Swaraj)를 채택하여 독립운동을 본격화했다.

1907년엔 네덜란드 헤이그에서 제2회 만국평화회의가 열렸는데, 고종이 이준, 이상설, 이위종 등을 밀사로 파견하여 을사늑약의 부당함을 알렸다. 일제는 고종을 폐위시키고 순종을 황제로 앉혔다. 뉴질랜드가 영국의 자치령이 되었다.

1908년 청 황실의 실력자 서태후가 죽고, 청의 마지막 황제 푸이가 즉위했다. 그가 황위에 올랐을 땐 세 돌도 채 되지 않은 아기였다. 아버지인 순친왕의 섭정을 받으며 3년간 황제 자리에 있었으나 1911년 신해혁명이 일어난 뒤 1912년에 제위에서 물러났다. 자신을 헨리라고 호칭하여 서구에서는 헨리 푸이로 알려졌다.

1909년 가장 큰 뉴스는 안중근에 의한 이토 히로부미 격살이었다. 미국은 콜롬비아협약을 통해 콜롬비아와 파나마의 독립을 승인했고, 프랑스의 문호 앙드레 지드는 『좁은 문』을 출간했다.

1910년 포르투갈의 공화국 선언이 있었고, 코펜하겐에선 제2인터내셔널 제8차 대회가 개최되어 반전을 결의했다. 알바니아에서는 자치를 요구하는 봉기가 일어났고, 중국 산둥성 라이양에서도 인민이 봉기하였으나 청군에 진압됐다. 그 과정에서 100명 이상이 사망했다. 중국혁명동맹회도 봉기를 일으켰으나 실패했다.

제2장

1910년대 실록

(1911~1920년)

1

전쟁의
소용돌이에 휘말리는
열강들

1910년대 서구 열강들은 전쟁의 소용돌이 속으로 빠져든다. 전쟁은 발칸반도에서 시작되었다. 발칸(Balkan)이 터키어로 '산맥'이라는 뜻이라는 사실에서 알 수 있듯이 당시 발칸반도는 터키(오스만제국)의 지배를 받고 있던 산악 지대였다. 발칸반도에는 불가리아, 세르비아, 몬테네그로, 그리스, 알바니아, 루마니아, 슬로베니아, 크로아티아, 보스니아 헤르체고비나, 마케도니아 등 10여 개국이 뒤엉켜 있었고 종교도 이슬람교와 기독교, 그리스정교로 나뉘어 있었다. 민족도 게르만계와 슬라브계로 나뉘어 있어 갈등의 소지가 다분했다. 발칸반도는 '유럽의 화약고'로 불릴 만했다.

그런데 발칸반도를 지배하던 터키가 이탈리아와의 전쟁에서 패배하면서 힘이 약화되자 발칸의 여러 나라들은 독립을 선언했다. 이런 상황을 지켜보던 러시아는 불가리아, 그리스, 세르비아, 몬테네그로를 묶어 발칸동맹을 맺었다. 발칸동맹 국가들은 터키를 상대로 선전포고를 했다. 이것이 1912년에 벌어진 제1차 발칸전쟁인데, 전쟁 중 독립을 염원하던 알바니아도 동맹국에 가담했다. 이 전쟁에서 러시아의 지원을 받은 동맹국들이 승리했고, 터키는 이스탄불 주변을 제외한 유럽의 모든 영토를 잃었다.

하지만 발칸전쟁은 이것으로 끝나지 않았다. 전쟁에 승리한 동맹국 사이에 전쟁으로 얻은 영토 배분을 놓고 다시 전쟁이 벌어진 것이다. 불가리아가 마케도니아 지방에서 세르비아보다 넓은 영토를 차지하자, 이에 불만을 품은 세르비아가 그리스, 루마니아와 연합하여 불가리아에 대항했다. 불가리아가 마케도니아 지역을 모두 차지할 속셈으로 세르비아와 그리스에 선전포고를 하여 제2차 발칸전쟁이 발발했다. 전쟁이 벌어지자, 루마니아, 터키, 몬테네그로까지 가세하여 불가리아를 공격했다. 여러 국가를 상대하던 불가리아는 패전하고 말았다. 패전 후 불가리아는 마케도니아 지방 대부분을 세르비아와 그리스에 빼앗겼고, 도브루자 지역은 루마니아가 차지했으며, 터키는 트라크야(트라키아)를 차지했다.

2차 발칸전쟁 후 불가리아는 세르비아를 적대시했고, 세르비아를 지원하던 러시아와도 멀어졌다. 대신 발칸반도를 노리며 동남쪽으로 영향력을 확대한 오스트리아 - 헝가리제국과 가까워진다. 당시 오스트리아는 1908년 이후 보스니아 헤르체고비나 땅을 차지한 상태였고, 세르비아는 세르비아계가 많이 살고 있는 두 지역을 오스트리아가 차지한 것을 비난했다.

1914년 6월 오스트리아의 페르디난트 황태자 부부가 보스니아의 수도 사라예보를 방문했다. 그런데 이때 세르비아계 대학생이 황태자 부부를 권총으로 저격하여 암살하는 사태가 벌어졌다. 이 소식을 들은 오스트리아는 세르비아에 선전포고하고 전쟁을 개시했다. 이것이 제1차 세계대전의 시발점이었다.

당시 유럽은 삼국동맹국과 삼국협상국으로 양분되었다. 삼국동맹은 독일, 오스트리아-헝가리제국, 이탈리아 삼국이 맺은 비밀동맹이었다. 삼국동맹은 프랑스의 팽창에 대항하기 위해 독일을 주축으로 맺어진 동맹이었는데, 이를 견제하기 위해 형성된 것이 삼국협상이다. 영국은 독일의 팽창을 견제하기 위해 러시아와 협상을 맺었고, 프랑스 또한 독일을 견제하기 위해 러시아와 동맹을 맺었다. 독일을 견제하기 위해 삼국협상이 체결된 것이다.

삼국동맹의 일원인 오스트리아-헝가리제국이 세르비아를 공격하자, 세르비아와 발칸동맹을 형성한 러시아가 전쟁에 개입했다. 독일이 러시아에 선전포고를 하며 개입했고, 프랑스가 러시아를 지원하기 위해 독일을 공격했다. 그때까지 전쟁이 확대되는 것을 막기 위해 노력하던 영국마저 러시아 지원에 나섰다. 러시아에 원한을 가진 터키가 독일 편에 서면서 전쟁은 걷잡을 수 없이 확대되었다. 삼국동맹의 일원인 이탈리아는 전쟁을 지켜보기만 했다. 오스트리아가 영토 일부를 줄 테니 자신들을 지원해줄 것을 요청했다. 삼국협상국에서도 전쟁에 승리하면 오스트리아에 속해 있던 지금의 북부 이탈리아는 물론이고 독일의 해외 식민지까지 주겠다고 제안했다. 이탈리아는 삼국동맹을 탈퇴하고 삼국협상국의 제안을 받아들여 전쟁에 가담했다.

전쟁의 양상은 일진일퇴를 거듭하며 팽팽한 상태로 전개되었다. 대서양의 제해권을 놓고 치열한 싸움을 벌이던 중 의외의 사건이 터졌다. 독일 잠수함이 미국의 상선을 침몰시켜버린 것이다. 이 사건은 중립을 지키고 있던 미국이 삼국협상을 지원하는 계기가 되었다.

유럽에 머물렀던 전쟁은 미국의 개입으로 세계대전으로 확대되었다. 미국의 개입으로 양쪽의 팽팽한 균형이 깨지면서 전쟁은 연합군의 승리로 끝났다. 1차 대전이 진행되는 동안 일본은 직접 전쟁에는 개입하지 않았지만 영일동맹을 기반으로 연합군을 지원했다. 덕분에 국제 관계에서 영향력이 한층 강화되었다.

중국에서는 신해혁명이 일어나 중화민국을 설립하고, 쑨원이 임시총통에 오른다. 이후 혁명군과 청 황조 사이에 전쟁이 발발하지만 쑨원과 위안스카이 사이에 막후 협상이 벌어져 마지막 황제 푸이를 내쫓는다. 위안스카이는 중화민국 대총통에 오르지만 국민당과 국회를 해산한 후, 중화제국 대황제가 되었다. 이에 국민적 저항에 부딪히자, 군주제를 취소하고 중화민국으로 환원시켰다. 이미 신뢰를 잃은 그는 대총통의 영향력을 완전히 잃게 되었고, 설상가상으로 요독증에 걸려 사망하기에 이른다. 리위안홍이 대총통에 오르지만 정국의 혼란은 가속화되었고, 펑궈장이 대총통에 올라 혼란을 수습하려 했지만 실패한다.

1차 대전 승리의 주역인 미국의 대통령 윌슨은 민족자결주의를 선언했고, 이에 고무된 전 세계의 식민국들은 독립의 움직임을 보인다. 한국에서도 삼일운동이 전개되고 중국에서도 5·4운동이 전개된다.

　1차 대전의 승전국들은 파리강화회의를 통해 패전국에 대한 일련의 조치를 취하고 국제연맹을 발족했다. 이 과정에서 패전국 독일은 베르사유조약에 따라 가혹한 처분을 받아야 했다. 독일이 지배하던 식민지는 일본과 영국, 프랑스가 챙겨 갔으며, 전쟁 중에 발생한 모든 민간인들의 피해를 보상해야 했다. 독일인들은 강하게 반발하며 분노했다. 이는 훗날 독일이 다시 군국주의의 길을 걷는 배경이 된다. 독일과 함께 패전국이 된 오스트리아 역시 가혹한 처분을 감내해야 했다. 오스트리아-헝가리제국이 해체되고, 인구는 25퍼센트로 줄었으며, 체코슬로바키아, 유고슬라비아, 루마니아 등에 많은 영토를 내줘야 했다.

2

총독부의
전방위적 식민화 작업과
한국인의 저항

1. 일제의 가혹한 탄압에 맞선 치열한 독립 투쟁

한일 강제 합병에 성공한 일제는 한국인의 독립 의지를 꺾기 위해 독립운동 세력에 대대적인 탄압을 실시했고, 식민화 강화책을 마련하여 한국에 전방위적인 지배 체제를 확립했다.

일제는 독립운동 세력을 탄압하기 위해 안악 사건을 일으켰다. 안악 사건의 발단은 안중근의 사촌동생 안명근이 서간도에 무관학교를 설립하기 위해 자금을 모집하다가 체포된 것으로 시작되었다. 안명근은 한일합병이 체결되자, 투쟁하기 위해 무관학교 설립을 추진했고, 이를 위해 황해도의 부호들로부터 기부금을 받았다. 그 과정에서 민병찬과 민영설에게도 돈을 요구했으나 그들이 호응하지 않자, 권총으로 위협하며 그들을 질책했다. 민병찬과 민영

설의 밀고로 안명근은 1910년 12월 체포되었다. 일본 경찰은 무
관학교 설립 자금을 데라우치 총독 암살을 위한 군자금으로 날조
하여 160여 명을 검거하고 안명근을 비롯한 16명을 재판에 회부
하여 5년에서 종신징역형에 이르는 형량을 언도했다. 또한 날조한
명단에서 40여 명을 뽑아내 울릉도와 제주도로 유배를 보냈다.

일제의 민족운동 탄압은 거기서 그치지 않았다. 안악 사건을 조
작하여 1911년 9월에 윤치호를 체포한 것을 시작으로 전국적으로
600여 명의 애국지사를 검거하여 투옥시켰다. 그중 122명이 공판
에 회부되었고, 105명에게 징역 5~10년의 유죄판결을 내렸다. 이
것이 이른바 105인 사건이다.

일제의 탄압은 전국의 의병장들에 대한 대대적인 체포 작전과
함께 이뤄졌다. 충청도와 전라도의 의병장 곽선봉과 황쌍학이 체
포되어 사형을 선고받았고, 강기동, 김기석, 노병대, 김철수, 정경
태, 김종태도 체포되어 총살되거나 투옥됐다. 김좌진, 민병옥, 안
승구 등의 독립운동가 18명이 강도죄로 구금되었다. 모두 1911년
에 체포된 인사들이었는데, 일제의 의병 색출 작업은 계속 이어졌
다. 1912년에는 의병장 최영우를 양평군에서 검거했고, 전북 웅포
에서는 의병장 박한국과 김봉안이 체포되었으며, 태인에서는 의병
장 정세창이 체포되었다. 1913년에는 의병장 동종찬이 신의주에
서 붙잡혔고, 박문술, 노병직, 유시연, 김병태 등 의병장들이 체포
되어 10년에서 사형에 이르는 선고를 받았다. 김병태는 결국 옥중
에서 단식 자결했다. 1914년에는 의병장 김도현이 「온 겨레에 유
고한다」라는 유서와 절명시를 남기고 동해에 투신 자결했다. 숱한

의병들이 전국 각지에서 투옥되거나 사형당했다.

전국의 애국지사들에게 대대적인 탄압이 가해지자, 민족운동 세력도 국내외에서 대대적인 저항운동을 전개했다. 일본 천왕 탄생일인 천장절 행사 참석을 거부하다 구속된 장기석은 옥중에서 단식투쟁을 벌이다 자결했고, 중추원 참의를 지낸 김지수는 일제가 내린 은사금을 거절하고 자결했으며, 「토오적문(討五賊文)」을 전국에 배포하고 경학원 강사 취임을 거절한 김순흠과 송병순도 자결로 저항했다. 우승지를 지낸 이재윤도 합병을 반대하고 자결했다.

관료 출신들은 자결로 저항한 반면 대다수의 독립운동가들은 보다 적극적인 저항운동을 전개했다. 손정도와 조선환은 일제 정계의 거물 가쓰라 다로를 암살하려 했고, 이석용은 의병을 이끌고 전북의 사무소를 습격했다가 체포되어 사형당했다. 임병찬은 전라도에서 대한독립의군부를 조직했고, 유창순과 유장열 외 13명은 풍기에서 비밀결사인 대한광복단을 조직했으며, 윤상태, 서상일, 이시영은 달성군에서 조선국권회복단을 조직했다.

이들이 국내에서 활동하는 동안 상당수의 독립운동가들은 한국 땅을 떠나 해외에서 항일 투쟁을 전개했다. 만주 하얼빈에는 1911년 대한인국민회 만주지방총회가 설립되었고, 북간도에는 서일에 의해 독립운동 단체인 중광단이 설립되었다. 상하이에서는 신규식, 박은식 등에 의해 동제회가 조직되었고, 미국의 샌프란시스코에서는 대한인국민회 중앙총회가 설립되었다. 하와이에서도 박용만이 국민군단을 조직했다.

이러한 국내외의 독립운동 조직들은 1919년에 삼일운동이 일어나자 독립운동의 새로운 방향을 모색하기에 이른다. 한국과 러시아, 중국, 미국 등에서 활동하던 독립운동 조직들은 상하이에 대한민국 임시정부를 탄생시켰고, 김원봉을 단장으로 하는 무장 독립운동체인 의열단이 만들어졌다. 한편, 신흥무관학교를 설립하고 무장투쟁을 전개하여 1920년엔 봉오동과 청산리에서 대승을 거두기도 했다. 하지만 일제의 독립운동 탄압은 경신참변과 같이 민간인을 학살하고 가옥을 불태우는 등 악독하고 비열한 형태를 띠기 시작했다.

2. 일제의 경제 침탈과 한국 경제의 변화

한일합병을 통해 대한제국의 국권을 강탈한 일제는 총독 데라우치의 지휘 아래 본격적인 경제 침탈을 감행했다. 분야별로 법을 신설하여 한국인의 경제활동을 철저히 제한하고 감시했다. 대표적인 법령은 토지수용령, 삼림령, 국유미간지 이용법 등이다.

토지수용령은 1911년 4월에 공포한 법령인데, 총독부가 필요한 땅이 있으면 총독의 인정을 받아 해당 토지에 제반 권리를 제한하거나 몰수할 수 있다는 것이었다. 이 수용령은 일제가 원하면 언제든지 한국인의 토지를 빼앗기 위한 목적으로 만들어진 것임을 알 수 있다. 게다가 그 대상 지역이 전국이었으니, 한국 땅 전부를 합법적으로 강탈하는 상황이었다. 삼림령도 한국인의 삼림을 강탈하기 위해 만든 법이었다. 일제는 임야 조사를 실시하지 않은 채 임의적으로 약 400만 정보를 국유임야로 설정하고, 이 중 71만 2000여 정보를 일본인 자본가에게 빌려주거나 매각했다.

1911년 6월에 공포한 국유미간지 이용법 시행규칙에서는 등록되지 않은 토지는 주인이 없는 것으로 간주하고, 이를 국유미간지에 포함시켜 총독부가 차지했다. 이미 1904년에 미간지법을 만들어 등록되지 않은 민간의 땅을 차지하려 했지만 당시 민중들의 격렬한 반대에 부딪쳐 시행하지 못했는데, 이때에 와서 실행에 옮긴 것이다. 총독부는 미간지로 지정된 땅 중에 18만 1256정보를 일본인 사업자들에게 빌려줬고, 1만 6171정보를 대여하거나 불하했다. 일본이 만든 대다수의 법령들은 한국인들의 땅을 합법적으로 착취하기 위한 목적으로 만들어진 것이었다.

일제는 토지 수탈 법령들 이외에도 국세징수령, 어업세령, 지세징수령, 주세령, 엽연초소비령, 미곡수출세 등을 공포하여 착취를 더욱 강화했다. 한국의 경제권은 일본인들이 거의 장악할 수밖에 없었다. 1911년 7월 〈시사신보〉 조사에 따르면, 당시 전국에서 50만 원 이상의 자산을 가진 사람이 모두 1018명이었는데, 이 중 한국인은 겨우 32명에 불과했다. 또 당시 전국의 공장 252개 중 한국인이 경영하는 공장은 66개, 일본인이 경영한 공장은 185개였다. 한국인 공장의 총자본금이 63만 7240원이었던 것에 비해 일본인 경영 공장의 자본금은 총 982만 6590원으로 15배가량이다. 각 공장에 종사하는 기술자도 한국인은 턱없이 적었다. 1911년 12월 당시 각 공장에 근무하는 기술자는 총 460명이었는데, 일본인 기술자는 341명이었고, 한국인은 119명이었다. 직공의 수는 한국인이 월등히 많았다. 전체 공장 직공의 수가 1만 3856명이었는데, 한국인 직공은 1만 2061명인 것에 비해 일본인 직공은 1759명에 불과했다.

1912년 당시 부자를 상징하는 수도 사용 호수를 보면 한국인이 9893호, 일본인은 8003호였다. 당시 서울 호구 수는 6만 5098호였는데, 그중 8000여 호였던 일본인들은 대부분 수도를 사용한 것에 비해 한국인들은 20퍼센트도 수도를 사용하지 못했다. 한국 땅에서 일본인들은 대부분 부자로 살고 있었지만, 한국인들 대다수는 극심한 가난에 시달렸다.

이 시기에 여러 분야에서 경제적인 개척이 이뤄지고 있었다. 1911년 한국 최초의 방직 주식회사인 경성직뉴주식회사가 창립되어 윤치소가 사장이 되었고, 이석모 등 한약상들은 주식회사 조선매약을 설립하여 약재 판매를 현대화했다. 1912년 7월에는 부산에서 철도호텔이 개업했는데, 신의주 철도호텔, 금강산에 금강호텔, 내금강에 장안사호텔 등이 이어 개업해 관광호텔 시대를 열기도 했다. 1912년 12월에는 일본인에 의해 서울에서 택시 영업이 시작되어 택시 사업의 시초를 이루기도 했다. 1913년 7월에는 박영효, 유길준, 송병준 등이 주식회사 조선무역을 설립했으며, 1917년에는 안희제가 부산 상인들을 연합하여 백산무역을 설립했고, 진남포에 조선제분이 설립되었으며, 최초의 민족계 전기회사인 개성전기수식회사도 설립되었다. 1919년 12월에는 이병두, 최규봉 등이 평양에 고무신 공장을 설립하여 신형 고무신을 만들기도 했다. 한국인 사업자가 늘면서 1920년에 이르면 한국인 소유

공장 수는 940개에 자본금도 913만 4076원으로 증가한다.

공장·회사 설립과 더불어 경제 단체도 조직되었다. 1917년 2월 경성약업조합이 창립되었고, 9월에는 조선광업회가 창립되었으며, 경북능금협동조합이 발족되었다. 경제활동의 기반이 된 은행 사업도 확장되었다. 1913년 3월에는 부산은행이 자본금 50만 원으로 설립되었고, 5월에는 호서은행이 자본금 30만 원으로 설립되었다. 1915년 1월에는 구포은행이 확장되어 경남은행이 설립되었으며 1920년에는 호서은행이 경남은행을 합병했다. 이 시기 조선은행은 도쿄와 만주, 연해주에 지점을 확대했다. 1918년 10월에는 조선식산은행이 설립되었고, 북선상업은행도 설립되었다. 1920년에는 조선실업은행이 경성은행을 모체로 설립되었다.

1920년에는 경성주식현물취인시장이 설립되었는데, 한국증권거래소의 시초였다. 화폐법이 개정되어 은화 20전, 백통화 10전, 5전을 새로 발행했다. 하지만 그해 12월에 한국 화폐 유통이 금지된다. 일본 화폐만이 유일한 화폐가 된 것이다. 경제활동이 다양화될수록 일본인들의 한국 경제 잠식 현상은 심화되었고, 이에 대한 반발로 조만식, 오윤선 등 70여 명은 1920년 7월에 평양에서 조선물산장려회 발기대회를 열고 조선물산장려운동을 전개했다. 이 운동은 전국으로 확대되어 국산 상품을 만들어 팔던 조선 기업들의 성장에 크게 기여했다. 그러나 자본가에게만 이익이 되고, 소비자들에게 이득이 없자, 열기가 시들해졌다. 특히 사회주의자들은 이 운동이 자본가들만 배 불리는 일이라고 비판했고, 친일 세력과 총독부의 조직적인 방해와 탄압에 의해 쇠퇴의 길을 걷게 된다.

3. 일본화 정책을 일삼는 총독정치

한일합병 후 초대 총독이 된 데라우치 마사타케는 모든 분야에서 헌병경찰의 통치를 받도록 하는 무단통치를 앞세우며 한국인의 황국신민화 작업에 박차를 가했다. 그는 한국인의 사고와 가치관을 통제하고 사회, 문화 전반에 걸쳐 일본화 작업을 서둘렀는데, 표준시를 일본 중앙표준시에 맞추고 오전 열한시 30분을 정오로 정했으며, 총독부령으로 전관에게 무관 복장을 착용하도록 지시했다. 공립 보통학교와 공립 실업학교의 교원과 직원들도 제복을 입게 하고, 모든 학교에서 일본 국가를 부르도록 했다. 교련 과목을 신설하여 학생들에게 군사훈련을 시켰으며, 교원들에게는 식민지 교육을 위한 행동 규범인 '교원심득'을 공포했다. 심지어 데라우치는 한국인에게 고등교육은 필요 없다고 역설했다. 친일 인사들은 대정실업친목회라는 친일 조직을 만들어 데라우치의 정책을 도왔다.

데라우치는 출판과 서적 유통에 감시를 강화하고 총독부 정책에 저항하는 내용이 있으면 책을 압수하거나 발행을 중단시켰으며, 관련자들을 처벌했다. 1911년 1월에는 〈신한국보〉를 발행하는 하와이 대한국민회를 압수 수색하고 발행인 노재호를 체포했으며, 이수삼이 발행한 〈보증친목회보〉, 〈상공월보〉, 〈소년〉을 정간했다 풀어주기도 했다. 『서사건국지』를 발매 금지했고, 이용구가 이끌던 친일교파의 삽지 〈시전교월보〉에는 지원을 아끼지 않았다. 데라우치는 출판과 문화 전반에 걸쳐 철저한 감시 체계로 일관했다.

데라우치는 1916년에 총독부령으로 공창 제도를 시행한다. 총독부는 공창의 개념을 '공적 허가를 받아 불특정 다수의 남자에게 몸을 바치고 대가를 받는 자'로 규정했다. 말하자면 매춘을 국가가 허가한 것이다. 한국은 전통적으로 공창 제도가 없었는데, 총독부가 일본의 공창 제도를 한국에 끌어들인 것은 도덕성을 문란하게 하고 가치관을 혼란케 해 일제에 대한 저항감을 약화하려는 술수였다.

데라우치가 일본 수상에 취임하고, 조선 주둔 일본군 사령관 출신인 하세가와 요시미치가 제2대 총독에 취임하면서 무단통치는 한층 강화되었다. 하지만 하세가와의 무단통치는 1919년에 삼일운동이라는 거대한 반발에 부딪히면서 종막을 고했다. 일제는 하세가와를 본국으로 소환하고 사이토 마코토를 제3대 총독으로 파견했다. 사이토는 무단통치를 버리고 문화통치라는 새로운 통치를 시도했고, 식민화 정책에 대한 한국인의 반발을 무마하면서 1910년대를 마감했다.

4. 매년 증가하는 한반도 인구

데라우치와 하세가와의 무단통치 아래서 만주와 일본, 러시아, 미국 등으로 떠나는 한국인이 많았지만, 전체 인구는 매년 꾸준히 늘었다.

1911년 조사에 따르면 한반도 내에 한국인은 1312만 8780명, 일본인은 17만 1543명, 청국인 1만 1818명, 기타 외국인은 876

명이었다. 일본으로 건너간 재일 한인은 14만 3000여 명으로 조사되었고, 만주에 머물던 한국인은 25만 6900여 명이었다. 재만 한인을 제외하면 한반도 내의 인구는 약 1332만 명 정도였다. 그러나 2년 뒤인 1913년 조사 통계에서는 인구가 1545만 8863명으로 기록된다. 2년 만에 213만 명이 늘어난 수치다. 이것은 실제 인구가 늘어났다기보다는 통계가 좀 더 정확해진 것으로 봐야 할 것이다. 1915년의 인구조사에서는 1595만 7630명으로 기록되어 있는데, 1913년에 비해 불과 50만 명 늘어난 것에 그치고 있기 때문이다. 1년에 25만 명 증가한 것이다. 1920년의 한반도 인구는 한국인 1698만 1298명, 일본인 34만 6496명, 외국인 2만 6334명으로 조사된다. 도합 1735만 정도인데, 1913년보다 190만 늘어난 수치다. 해마다 약 27만 명씩 불어난 셈인데, 이를 기준으로 할 때 1910년대 한반도 인구는 매년 27만 명씩 약 270만 명 늘어난 것으로 보아야 한다. 1910년 한일합병 당시의 한국인은 약 1500만명으로, 매년 1.54퍼센트 인구 증가율을 보였음을 알 수 있다.

5. 문예 동인지의 출현과 작가군의 탄생

1910년대 한국 문화계에서 두드러지는 특징은 신학문을 익힌 문인들이 대거 출현했다는 점이다. 이른바 신문학이라 불리는 작품들이 다양하게 나타남으로써 새로운 문인 그룹이 형성된 것인데, 일본 작품에 영향을 받은 이인직, 조중환, 이상협 등의 활동이 두드러졌다. 이인직은 『혈의 누』,『귀의 성』 등을 남겼고, 조중환은 희곡에 매진하여 한국 최초의 희곡 『병자 삼인』을 남겼으며, 역사소설 『금척의 꿈』을 발표했다. 이상협은 언론인으로 활동하며 『눈물』,『정부원』,『해왕성』 등의 신소설을 남겼다. 그러나 소설을 대중의 품에 안긴 인물은 단연 춘원 이광수였다. 이광수는 1917년에 『무정』과 『개척자』를 〈매일신보〉에 연재했고, 이후 한국 문학은 급속도로 발전했다.

문학 발전에 디딤돌이 된 것은 1919년과 1920년에 창간된 최초의 문예 동인지 〈창조〉와 〈폐허〉다. 〈창조〉는 김동인, 전영택, 주요한, 김환 등이 창간했고, 〈폐허〉는 오상순, 염상섭, 황석우, 변영로, 김억, 민태원 등이 창간했다. 이광수와 〈창조〉, 〈폐허〉의 동인들은 '한국 문단'을 형성하며 일제강점기 한국 문학의 중심이 된다.

6. 다양한 잡지의 등장

1910년대 언론의 특징 중 하나는 다양한 잡지의 출현이다. 총독부는 1909년에 공포한 출판법을 통해 저작물의 사전 검열, 출판 허가주의를 통해 언론의 암흑기를 만들어냈다. 출판법은 문예·교양물만 허용했기에 잡지를 만드는 데 여러 제약이 뒤따랐다. 이 시기에 등장한 잡지는 대개 종교·기술 분야 또는 문학 전문지들이었고 주로 단체나 학회를 중심으로 발간되었다. 하지만 잡지에 대한

인식이 변하면서 대중 잡지들이 생겨났는데, 그 발판을 마련한 인물은 최남선이다. 최남선은 열여덟 살 때인 1908년에 우리나라 최초의 잡지 〈소년〉을 창간했는데, 〈소년〉은 1911년까지 발간되다가 폐간되었다. 최남선은 〈붉은 저고리〉, 〈아이들보이〉, 〈새별〉, 〈청춘〉 등의 잡지도 만들었다.

1910년대에는 총 50여 종의 잡지가 만들어졌는데, 해외에서 창간된 것도 있었다. 해외에서 창간된 잡지는 일본유학생회가 만든 〈학계보〉와 〈학지광〉, 일본 여성 유학생들이 만든 〈여자계〉, 이승만이 하와이에서 만든 〈태평양잡지〉 등이었다.

나머지는 모두 국내에서 만들어졌는데, 한용운이 만든 불교 잡지 〈유심〉을 비롯하여, 최남선이 만든 일련의 계몽 잡지들, 최인규가 만든 〈의학월보〉, 신흥우와 강매 등이 만든 〈공도〉, 이능화가 발행인으로 참여한 〈불교진흥회월보〉, 법학학회가 만든 〈법학계〉, 월간 〈동의보감〉 등이 있다. 발행된 잡지 중 문예지 〈여광〉, 여성지 〈신여자〉, 월간 종합지 〈개벽〉은 사회에 큰 반향을 불러일으켰다. 1920년 6월에 천도교 청년회가 창간한 〈개벽〉은 종합지로서 잡지의 발전에 큰 공헌을 했다. 〈개벽〉은 출판법에 따라 창간호부터 경무청에 의해 발매가 금지되는 수난을 겪기도 하지만, 다시 임시호를 발간하고 복간에 재복간을 거듭하며 잡지사에 한 획을 긋게 된다.

3

식민 통치의 중심 총독부

1. 모든 권력을 쥔 조선 총독

조선 총독은 입법·사법·행정권을 한 손에 쥔 절대 권력자였으며, 총독부는 절대 권력을 유지하고 시행하는 기관이었다. 모든 조선 총독은 한결같이 군벌 출신의 무관으로 임명되었는데, 이는 조선 총독 관제의 규율에 정확히 명시되어 있다. 규율에 따르면, 조선 총독은 조선을 관할하고, 총독은 친임, 즉 황제의 직접적인 임명자로 하되 육군 대장이어야 했다. 무관의 통치, 즉 무단통치를 합리화한 것이다. 또한 총독은 모든 성무를 통할하고, 내각 총리대신을 거쳐 천황에게 알리고 재가를 얻어 정책을 실시했다. 형식적으로 조선 총독이 일본 내각총리를 거쳐 천황에게 보고하고 재가 받도록 되어 있으나 실제는 천황에게 직속되어 어떤 관료의 간섭도 받지 않는다는 것을 의미하며, 한국의 입법, 사법, 행정에 관한 어떠한 행위도 할 수 있는 절대 권력이 부여된 것이다.

2. 행정을 총괄한 정무총감

총독부 내에는 총무부, 내무부, 탁지부, 농상공부, 사법부가 있었는데, 사무는 정무총감이 통괄했다. 정무총감은 문관이며 총독을 보좌하고 부서의 업무를 통괄하고 감독했다. 총독의 재량에 의해 권력이 주어지기 때문에 때론 유명무실한 존재이기도 했다. 특히 데라우치와 하세가와 시절엔 정무총감의 역할이 미미했지만, 사이토 총독 때부터 정무총감의 역할이 매우 다양해졌다.

3. 총독부의 기구

총독부의 기구는 행정 기구와 사법 기구, 치안 기구, 자문 조사 기관, 교육 기관, 경제 기구로 구분될 수 있다. 행정 기구는 중앙행정 기구와 지방행정 기구로 나눌 있는데, 중앙행정 기구에는 총독 관방·총무부·내무부·탁지부·농상공부·사법부 등이 있었다. 총독 관방에는 비서과와 무관실이 있고, 종무부에는 외사국·회계국·문서과, 내무부에는 지방국·학무국·서무과, 탁지부에는 사세국·사계국·세관공사과·서무과 등이 있었다. 농상공부에는 식산국·상공국·서무과, 사법부에는 민사과·형사과·서무과가 있었다. 지방행정 기구는 도·부·군·면이 있었는데, 도에는 도관장을 두고 그 아래로 부와 군이 있으며, 부에는 부윤, 군에는 군수가 있었다. 부와 군에 여러 면을 두고 면장이 면을 관장했다.

행정 기구에 소속된 관료의 직급은 크게 고등관과 하급관으로 나뉘었는데, 고등관은 1급에서 9급까지 있었다. 1·2급은 칙임관, 3급에서 9급은 주임관이라 했다. 하급관에서는 1급에서 4급은 판임관, 그 아래로 촉탁과 고원이 있었다. 사법 기구는 재판소와 감옥, 치안 기구는 경무총감부가 있었다. 자문 조사 기관으로는 중추원과 취조국이 있었고, 교육 기관은 모든 학교, 경제 기구로는 철도국·통신국·세관·임시토지조사국이 있었다.

치안 기구인 경무총감부는 헌병의 관할 아래 있었다. 한국 주둔 헌병 대장인 육군 장관이 경무 총감을 겸임했기 때문이다. 헌병 대장은 경무 총감을 하고, 각 도에 파견된 헌병 좌관이 도 경무 부장을 겸임했다. 조선총독부의 경찰 관서는 헌병대의 지배 아래 있었다. 헌병은 총독의 직속이었으므로 결국 총독이 헌병을 통해 경찰을 지배하는 구조였다.

경무총감부 아래에는 서무과·고등경찰과·경무과·보안과·위생과가 있었고, 지방에는 각 도 경무부를 두고, 서울에는 경성직할경찰서를 두었다. 각 도의 경무부 산하에는 순사파출소·순사주재소·수상경찰서·경찰서를 뒀으며, 경성직할경찰서 아래 경찰서·경찰분서·순사주재소·순사파출소를 두었다.

헌병은 군사와 경찰뿐 아니라 행정·사법·기타 잡무에 이르기까지 모든 분야에 간섭할 수 있는 권한이 있었다. 이는 총독이 헌병을 통해 한국 사회를 철저히 감시·감독·통치할 수 있는 무단통치를 가능하게 했다.

4

1910년대의
총독들

1. 제1대 총독 데라우치 마사타케 (寺內正毅)

데라우치 마사타케의 원래 성은 우타다(宇多田)다. 그의 아버지 우타다 조스케는 조슈번의 사무라이였다. 조스케의 셋째 아들로 태어난 그는 외가의 양자가 되면서 어머니의 성인 데라우치를 쓰게 된다.

1852년에 태어난 그는 1868년에 보신전쟁에 참전하면서 소위로 임관하여 군인의 길을 걷는다. 1877년에 세이난 전투에 참전했다가 오른팔 불구가 되었지만 고속 승진한다. 군의 보직을 두루 거쳐 35세가 되던 1887년 육군사관학교 교장이 되었고, 1895년 청일전쟁에 운수통신사령관으로 참전했으며, 1898년에 육군의 3대 보직 중 하나인 육군 교육 총감에 올랐다. 이후 육군 참모차장을 거쳐 1901년 가쓰라 내각에서 육군대신이 되었으며, 외무대신을 거쳐 1910년 5월 제3대 한국 통감으로 부임했다가 한일합병조약이 체결되자 초대 총독이 되었다. 조선 총독으로 재임할 당시 1911년까지 육군대신을 겸임할 정도로 일본 군부에 영향력을 행사했다. 이후, 1916년에 제18대 일본 총리에 취임할 때까지 한국에 머물렀다.

총독 재임 시, 무단통치와 헌병통치로 일관하면서 한국의 일본화 작업에 몰두했다. 토지조사사업을 비롯한 경제 수탈 정책을 수행했고, 105인 사건을 비롯한 일련의 사건들을 조작하여 민족주의자들을 감옥에 가뒀으며, 한국의 독립 의지를 짓밟는 정책을 수행했다. 일본 총리가 된 뒤에 육군 원수로 승진했고, 대장성과 외무성 대신을 겸임하는 등 권력을 독점했다. 일본인들은 그에게 '빌리켄'이라는 별호를 붙였는데, 그의 대머리가 빌리켄 인형과 유사한 데다 '비입헌(非立憲)'의 일본어인 '히릿켄(ひりっけん)'과 유사했기 때문다.

데라우치는 일본 총리로 재임한 2년 동안 독선을 일삼고 전쟁을 통한 제국주의 팽창정책에 몰입했다. 쌀값의 폭등과 생필품의 매점매석으로 인플레이션이 발생하자, 일본 농민들이 봉기하여 폭동을 일으켰다. 데라우치는 군대를 동원하여 폭동을 진압했지만 전국 곳곳에서 비난이 잇따르자 결국 총리직에서 물러나야 했고, 이듬해 11월 사망했다. 그의 아들 데라우치 히사이치가 백작의 작위를 물려받았는데, 히사이치는 태평양전쟁 때에 남방 총사령관을 했으며, 계급이 육군 원수에 이르렀다.

2. 제2대 총독 하세가와 요시미치(長谷川好道)

하세가와 요시미치 역시 데라우치와 마찬가지로 조슈번 출신이다. 1850년에 태어난 그는 하급 무사였던 하세가와 도지로의 장남이었으며, 일반 사병으로 복무하다 보신전쟁 때 정의대 소대장으로 참전한 덕분에 1871년 육군 소위에 임관되었다. 그해 12월에 대위에 임관되었다가 이듬해 4월에 소좌에 오르는 등, 진급을 거듭해 청일전쟁 때에는 보병 여단장을 했다. 러일전쟁 당시 근위사단장으로 참전하여 전공을 세웠고, 대장으로 진급하여 조선 주둔 일본군 사령관에 올랐다. 1905년 을사늑약 이후에 임시통감 대리를 했고, 한일합병 이후인 1912년 참모총장에 취임하여 1915년 육군 원수가 되었다. 1916년 10월 데라우치의 후임이 되어 제2대 조선 총독에 올랐다.

조선 총독이 된 하세가와 역시 데라우치를 이어 헌병통치와 무단통치를 지속했으며, 삼일운동 때에는 한국인들을 무자비하게 학살했고, 이에 비판이 일자 총독에서 해임됐다. 그는 재기를 노렸지만 정계로 돌아오지 못했고, 1924년 1월 사망했다.

5

1910년대의
주요 사건

1. 농민의 몰락을 재촉한 토지조사사업

1910년 9월 30일, 조선총독부는 임시토지조사국관제를 공포했다. 1910년 초에 한국 정부 내에 설치했던 토지조사국을 총독부 산하의 임시토지조사국으로 변경해 그 관제를 확정했다. 수백만의 농민 가족을 소작농이나 머슴, 도시의 유랑객으로 전락시킨 토지조사사업의 시작을 알리는 일이었다. 총독부의 토지조사사업은 토지 약탈 사업과 다름없었다.

1910년 9월에 본격화된 이 일은 1918년까지 8년여에 걸쳐 자행되었는데, 총독부가 조선 전체 국토의 50.4퍼센트를 소유하는 결과를 낳았다. 또한 270만 가구에 이르던 한국 농가 중 45퍼센트에 이르는 127만 가구가 소작농으로 전락하거나 농촌을 떠나 도시를 유랑하는 신세가 되었다.

총독부는 토지 약탈 행위를 근대적 토지소유권 확립이라는 명분을 걸고 시행했다. 그 과정들을 살펴보면 그야말로 도적질에 다름 아닌 짓이었다. 총독부는 자신들이 정한 기일 내에 토지 소유자가 성명, 주소, 소유지 명칭, 소재지의 지목과 지번, 생산 목표 품목, 땅의 등급, 땅의 크기 등을 신고하도록 했다. 기간 내에 신고하지 않는 땅에 대해서는 주인이 없는 것으로 간주하고 국유지로 삼는다는 방침을 정했다. 지방의 토지조사위원회는 각 지역의 유지들로 구성하고, 신고된 땅에 엄격한 심사를 거쳐 소유권을 인정하는 절차를 뒀다. 이 과정에서 농민들의 소유지가 지역 유지나 총독부, 일본인의 땅으로 돌변하는 경우가 부지기수였다.

당시 한국 농민들은 이런 방식의 토지 소유 제도와 신고 제도에 문외한이었다. 이를 악용하기 위해 총독부는 신고된 토지에 엄청난 세금이 붙을 것이라는 소문을 퍼뜨렸고, 농민들은 그 소문을 믿고 신고하지 않는 것이 이득이라 생각하게 되었다. 또 교통이 불편하여 기한 내에 신고하지 못하는 농민도 많았다. 총독부는 농민들의 현실을 잘 알고 있었지만, 신고하지 않는 농민의 땅을 빼앗을 목적이었기에 전혀 개의치 않았다. 이런 상황이다 보니 토지를 신고하지 않는 농민의 수가 상당했고, 또 신고를 한 농민 중에서도 토지 측량 과정에서 담당 기술자나 통역자의 속임수, 지역 유지나 일본인들의 농간으로 땅을 잃는 경우도 많았다.

농민들 중에는 역전이나 둔전 등 공전(나라 땅)을 지으며 대대로 경작권을 유지하며 살고 있던 사람들도 많았으나, 이 토지들은 모두 총독부 관할의 토지가 되어 농민들의 경작권은 상실되었다. 때문에 공전을 경작하던 농민들은 졸지에 50퍼센트 이상의 소작료를 내거나 아예 농사를 짓지 못하는 상황으로 내몰렸다. 총독부는 농민들로부터 약탈한 토지를 동양척식주식회사에 넘겨주거나 일본인들에게 헐값에 불하했다. 한국에 30만 평 이상의 땅을 가진 대지주의 숫자는 한국인보다 일본인이 훨씬 많았다.

소작농으로 전락한 농민들은 남의 집 머슴이 되거나 농촌을 떠나 도시를 유랑하는 신세가 되고 말았다. 도시 유랑민이 된 소작농들이 돈벌이를 위해 공장으로 광산으로 찾아들었고, 그 때문에 도시 노동자들의 임금은 하루 벌어 끼니도 해결하지 못하는 형편이 되었다. 일본인 기업과 친일 자본가들은 이들의 싼 임금을 기반으로 승승장구하며 기업의 몸집을 불려나갔다.

2. 일제에 충성하는 신민을 만들기 위한 조선교육령

일제 교육의 목표는 한국인을 말 잘 듣는 하층민으로 살면서 충성스러운 일본의 신민으로 살게 하는 것이었다. 이를 위한 실천 방안으로 조선교육령을 공포했다. 조선교육령은 1911년 8월 23일의 칙령 제229호를 시작으로 1922년, 1938년, 1943년에 총 네 차례 공포되었다. 조선교육령의 목표는 강령 제2조에 있는 대로 "충량한 국민을 기르는" 것, 말하자면 일본의 천황에게 충성을 다하게 만드는 것이었다. 교육은 강령 제4조에 명시되어 있듯이 보통교육, 실업교육, 전문교육으로 나뉘었다.

보통교육의 학제는 보통학교와 고등보통학교로 나누고, 보통학교의 입학 연령은 8세, 고등보통학교의 입학 연령은 12세로 했다. 또한 보통학교와 고등보통학교의 수업 연한은 4년씩 총 8년으로 정했다. 단 여자고등보통학교의 수업 연한은 3년이며, 재봉 및 수예를 가르치는 기예과를 뒀다. 보통학교의 교원을 양성하기 위해서는 관립 보통학교를 두고, 수업 연한을 1년으로 했다. 관립 보통학교에 들어갈 수 있는 연령은 16세 이상으로 하고, 사범과와 교원속성과를 뒀다. 사범과는 고등보통학교를 졸업한 자에게 입학 자격을 주었고, 교원속성과는 고등보통학교 2학년 이상을 수료하고 16세 이상인 자에 한하여 응시 자격을 주었다. 단 여자는 고등보통학교 졸업자에 한해 관립 여자보통학교에 응시할 수 있었다.

농업, 상업, 공업에 관한 지식과 기능을 가르치는 것을 목표로, 실업학교를 두었다. 실업학교는 농업학교, 상업학교, 공업학교, 간이 실업학교가 있었으며, 수업 연한은 2~3년으로 정했다. 실업학교 역시 고등보통학교와 같이 보통학교를 졸업한 자에게 응시 기회가 주어졌다. 전문학교는 학술과 기예를 가르치는 것을 목표로 정하고, 수업 연한은 3~4년으로 했다. 전문학교는 1916년에 이르러 몇 개의 기존 보통학교와 실업학교를 승격시켜 마련됐다. 법관양성소로 출발했던 경성전수학교가 경성법학전문학교가 되었고, 의학 강습소였던 경성의학교가 경성의학전문학교로 승격되었다. 공업 전습소가 경성공업전문학교로, 농림학교가 1918년에 수원농림전문학교로 승격되었다.

이렇듯 조선교육령의 목표는 일본어를 습득시켜 적은 경비로 노동 인력을 생산하는 데 있었다. 일본인 아래서 하급 관리나 사무원 등으로 지내게 할 목적이었다. 물론 일제에 충성스러운 인력이어야 했다. 당시 일본엔 도쿄대학이 1877년부터 문을 열었고, 1897년부터 교토대학, 1902년에는 와세다대학이 설립되었지만, 제1차 조선교육령에는 대학이라는 학제 자체가 없었다. 말하자면 한국인이 학문을 연구하기 위해서는 반드시 일본에 유학해야만 했다.

한국 땅에 대학이 처음으로 생긴 것은 한일합병 이후 14년이 지난 1924년이다. 서울에 일본 제국의 여섯 번째 제국대학으로 경성제국대학이 설립되었다. 이는 1922년에 공포된 제2차 조선교육령에 따른 것이다. 하지만 민립대학의 설립은 철저히 막았고, 일제강점기 동안 민립대학은 한 곳도 설립되지 못했다. 1920년부터 이상재, 조만식, 윤치호 등이 민립대학설립운동을 전개했지만 일제의 탄압에 막혀 연희, 이화, 보성, 혜화, 숭실 등의 학교들은 2년제 전문학교로 남아야 했다. 평양에 있던 숭실대학교는 원래 1905년 대한제국이 대학으로 인정하고 총독부 학무국에서 1912년 학교 인가를 한 곳이었다. 그러나 1925년에 총독부에 의해 전문학교로 강등되었다. 이후 숭실전문학교는 신사 참배를 하지 않기 위해 1938년에 자진 폐교했다.

지금의 초등학교에 해당하는 보통학교의 수업 연한이 6년으로 정해진 것은 1922년 2월에 공포된 제2차 조선교육령에 의해서다. 삼일운동 이후 일제에 대한 적개심이 강화되자, 이를 무마할 요량으로 일본과 똑같은 학제로 변경했다. 한국 학제가 일본 학제에 비해 간소하고 대학 설립에 관한 규정이 없는 것에 불만이 늘자, 민심 무마 차원에서 일본 학제와 동일한 규정을 만들었고 대학 설립 규정도 마련한 것이다. 고등보통학교의 수업 연한도 4년에서 5년으로, 여자고등보통학교는 3년에서 4년으로 연장되었다.

1938년에 공포된 제3차 조선교육령에서는 보통학교는 심상소학교로, 고등보통학교는 중학교, 여자고등보통학교는 고등여학교로 개칭했다. 이때부터 학교에서 한국어를 사용할 수 없었다. 또한 사립 중학교 설립을 막았다. 1943년 3월에 공포된 제4차 조선교육령에서는 중등교육의 목표를 '황국의 도에 입각하여 국민의 연성, 즉 훈련시키는 것을 주목적으로 한다'고 명시하고 있다. 1945년 5월에 공포된 전시교육령에서는 각 학교에 학도대를 조직하고 학교를 군대화하려는 목적을 드러냈다.

3. 민족운동 말살을 위해 조작된 105인 사건

1911년 9월, 일본 경찰과 검찰은 민족 지도자 600여 명을 검거하고, 1911년에 중심인물 105명을 기소했다. 이 사건의 구실이 된 것은 총독부가 조작한 데라우치 총독 암살 미수 사건이다. 사건의 발달은 안중근의 사촌동생 안명근의 안악사건에서 비롯된다. 안명근은 1910년 11월 서간도에 무관학교를 세우기 위해 자금을 모으기 시작했다. 이 과정에서 황해도 신천의 민병찬, 민영설에게 자금을 요구했다가 거절당하자, 소지한 권총으로 위협하며 평양으로 떠났다. 그러자 민병찬 등은 재령 헌병대에 안명근을 고발했고, 그해 12월에 평양역에서 안명근이 체포되었다.

총독부는 안명근을 서울로 압송하고, 무관학교 설립 자금을 데라우치 총독 암살 자금으로 날조하고, 민족주의자 160여 명을 체포했다. 고문과 회유로 사건을 날조한 일본 경찰은 안명근을 비롯하여 16명을 재판에 회부했다. 죄목은 강도미수죄, 내란미수죄, 모살미수죄 등이었다. 안명근은 종신형에 처해졌고 김구, 김홍량, 배경진, 이승길, 박만준, 원행섭은 15년, 김용제, 최명식, 양성진, 김익연은 7년, 최익형, 고봉수, 박형병, 장윤근, 한정교는 5년의 형량을 받았다. 그 외 40명이 울릉도와 제주도에 유배되었다.

일본 경찰은 항일운동 조직인 신민회의 존재를 알게 되었다. 신민회는 1907년에 안창호의 발기로 이뤄진 비밀결사 조직으로 전국 규모의 국권회복운동 단체였다. 신민회에 가입한 회원 수는 800명이 넘었고, 대다수가 각 지역의 지도자급이었다. 비밀결사 조직을 파악한 일제는 데라우치 총독 암살 사건을 더욱 크게 조작하여 전국의 민족 지도자들을 대대적으로 잡아들였다. 신민회를 와해해 민족운동의 싹을 자르겠다는 의도였다.

일본 경찰이 잡아들인 인사는 600여 명이었고, 그들 중 123인을 재판에 회부했다. 재판 회부 과정에서 엄청난 고문이 있었고 고문을 이기지 못한 사람들은 목숨을 잃었다. 전덕기는 고문 후유증으로 고생하다 2년 만에 사망했다. 제1심 공판은 1912년 6월 28일 경성지방법원에서 처음 진행되었고, 1913년 10월 9일까지 다섯 차례 지속되었다. 공판 결과 123명 중 105명에게 실형이 떨어져 이 사건을 '105인 사건'이라 부르게 되었다. 105명은 고등법원에 항소했고, 대구복심법원에서 재판한 결과 윤치호를 비롯 여섯 명을 제외한 99명은 무죄판결을 받았다. 유죄판결을 받은 여섯 명 중 윤치호는 6년간 감옥 생활을 했고, 옥관빈과 양기탁은 4년 살았으며, 이승훈, 임치정, 안택국은 징역 5, 6년을 받았다. 105인 사건은 사건 발생 후 600명이 넘는 인사가 경찰에 끌려갔지만 여섯 명만 유죄 처리되는 것으로 일단락되었다. 이후 일본 경찰의 의도대로 신민회는 와해되고, 윤치호 같은 인물은 독립운동에서 발을 뺐으며, 민족 지도자들은 해외로 망명하여 독립운동을 전개했다.

4. 민족운동의 분수령이 된 삼일운동

일제강점 시대의 민족운동은 삼일운동을 분수령으로 일대 전환기를 맞이했다. 삼일운동의 자극제가 된 것은 미국 대통령 윌슨이 제창한 민족자결주의였다. 윌슨은 각 민족의 정치적 운명은 그 민족의 의사에 따라야 하며, 모든 영토와 주권은 각 민족에 귀속되어야 한다고 주장했다. 윌슨의 주장은 해외에서 활동하고 있던 독립운동가들을 크게 고무시켰다.

윌슨의 민족자결주의를 가장 먼저 한국의 독립에 이용한 쪽은 재미 교포 사회였다. 이승만은 이를 한국 독립의 기초로 삼기 위해 발 빠르게 재미한인대표자회의를 소집했다. 이승만, 민찬호, 정한경 등이 공동대표로 선출되었다. 그들은 파리에서 열리는 강화회의에 대표를 파견하여 독립을 호소하려는 계획을 세웠다. 그러나 미국 정부는 그들에게 여권을 내주지 않았고, 계획은 실패로 돌아갔다. 그러나 소득이 없는 것은 아니었다. 이 계획은 도쿄에서 발행되는 〈재팬잡지〉와 〈아사히신문〉에 보도되었고, 일본에 유학하고 있던 학생들을 자극했다.

중국에서 활동하던 신한청년단은 김규식을 파리강화회의에 파견하고, 장덕수를 일본, 여운형을 시베리아, 김철과 선우혁을 국내로 파견했다. 해외의 독립투사들과 국내의 사회 지도층을 접촉하여 대대적인 민족독립운동을 전개하려는 계획이었다. 국내외에서 동시다발적으로 독립에 대한 열망이 끓어올랐고, 그 열망의 도화선에 가장 먼저 불을 댕긴 쪽은 도쿄 유학생들이었다.

1919년 1월 6일에 11명으로 구성된 조선유학생학우회의 독립청원실행위원들은 조선독립청년단을 조직한 뒤, 독립선언서와 결의문을 작성했다. 이 일에 가담한 대표적인 인사는 백관수, 김도연, 이광수, 송계백, 최근우 등이었다. 송계백과 최근우는 국내로 잠입하여 최린, 송진우, 최남선을 만나 독립운동 지원을 요청했다. 그리고 필요한 자금을 얻어 일본으로 돌아갔다.

그해 2월 8일 열시에 독립선언서를 각 언론과 정치 단체에 송달하고, 오후 두시에 조선기독교 청년회관에서 11명의 대표를 필두로 만세 운동을 벌였다. 이른바 2·8 독립선언이다. 그 무렵 국내에서도 독립에 대한 논의가 본격화되었다. 윌슨의 민족자결주의 천명 이후 체코가 독립했고, 인도는 자치권을 획득했다. 이 소식을 접한 국내의 민족운동가들은 독립의 열망을 드러냈고, 그 결과는 삼일운동으로 이어졌다.

삼일운동의 중심엔 종교 지도자들이 있었고 천도교가 가장 적극적이었다. 천도교는 국내 독립운동을 주도했는데, 천도교의 중진 권동진, 오세창, 최린은 유학생 대표 송계백을 만난 뒤로 대대적인 독립운동을 일으키려는 계획을 세우고 천도교 교령 손병희의 허락을 얻어냈다. 천도교 측은 기독교와 불교, 유림의 대표자를 끌어들여 종교 지도자가 중심이 되는 독립운동을 전개했다.

천도교는 민족 대표자로 손병희를 앞세우고, 유림 측은 송진우와 최남선이 교섭하여 박영효와 한규설을 끌어들였다. 하지만 이들 두 사람은 찬성하지 않았다. 기독교 측은 평안북도 정주에 있던 이승훈을 서울로 불러들여 교섭했고, 불교 측은 최린이 교섭을 주도했다.

그런 가운데 고종이 갑자기 서거했다. 고종이 일본에 의해 독살됐다고 믿게 된 덕분에 독립운동 계획은 급물살을 타게 되었다. 손병희를 비롯한 천도교 인사 15명, 이승훈을 비롯한 기독교 인사 16명, 불교 측 인사 한용운과 백용성 등 총 33인의 민족 지도자가 구성되었다.

독립선언서는 최남선이 쓰고 천도교에서 경영하는 보성사에서 인쇄했다. 인쇄된 독립선언서는 총 2만 1000매였다. 거사일은 고종의 장례일인 3월 3일로 내정했다. 하지만 인산일에 거사를 치르는 것은 황제에 대한 불경이고, 3월 2일은 일요일이므로 결국 3월 1일로 확정되었다.

3월 1일, 민족대표 33인 중 지방에서 올라오지 못한 네 명을 제외한 29명이 서울 인사동 태화관에 모여 독립선언식을 거행했다. 최린은 태화관 주인 안순환에게 조선총독부에 전화를 걸어 조선의 민족대표가 독립선언식을 거행하고 있다는 사실을 알리도록 했다. 도망치지 않고 당당히 독립을 선언하겠다는 의도였다. 독립선언문이 낭독되자, 한용운이 독립의 당위성을 역설하는 연설을 했고, 이어 한용운의 선창으로 "대한 독립 만세"가 이어졌다. 곧 그들은 모두 일본 경찰에게 연행되었다.

그 무렵 파고다공원에서는 학생들 수천 명이 몰려들었고, 두시가 되자 한 청년이 단상에 올라가 독립선언문을 낭독했다. 학생들은 모자를 하늘로 날리며 "대한 독립 만세"를 외쳐대기 시작했고, 만세 물결은 순식간에 전국으로 확산되었다. 이후 만세 운동은 함경북도에서 제주도까지 번져 1개월 이상 지속되었고, 전국에서 1200회 이상 벌어졌으며, 참여한 국민은 100만 명을 넘었다.

시위대는 비폭력의 원칙을 준수하며 맨손으로 "독립 만세"를 부르짖었지만 일본 경찰은 총과 칼을 앞세우며 무자비하게 시위대를 진압했다. 시위대도 공격적으로 변하여 곳곳에서 관공서를 공격했고, 몇 명의 순사가 피살되었다. 총독부는 헌병을 동원하여 주민 학살을 자행했다.

제암리 학살 사건은 당시 일본 헌병대가 얼마나 무자비하게 삼일운동을 진압했는지 보여주는 대표적인 사례다. 1919년 4월 15일 경기도 화성군 향남면 제암리에 줄동한 일본 헌병대는 제암리 교회에 모여 있던 열다섯 살 이상의 장정 24명을 학살했다. 지난 장날에도 일본 경찰들이 주민들을 마구잡이로 진압했는데, 발안주재소 소장은 무력으로 진압한 것을 주민들에게 사과하겠다는 거짓말했고, 이 말을 믿고 모여든 제암리 주민들은 교회 건물에 갇힌 채 무자비하게 학살되었다.

일본 헌병의 만행은 여기서 그치지 않았다. 그들은 온 마을에 불을 질러 제암리에 있던 33채의 가구 중 외딴집 두 채를 제외한 31채를 불태웠다. 총과 칼로 학살한 시신마저 태워버렸다. 가족들이 시신조차 수습하지 못하도록 했던 것이다. 학살된 제암리 주민들의 시신을 수습한 사람은 가족들이 아니라 캐나다 선교사 스코필드였다. 스코필드는 일본 헌병의 눈을 피해 처참한 제암리 학살 현장을 사진으로 찍어 세계 언론에 폭로함으로써 일본의 만행을 만천하에 알렸다.

독립을 염원했던 삼일운동은 무자비한 학살과 탄압에 막혀 좌절되었지만 독립에 대한 민족적 열망은 한층 거세게 되살아났다. 흩어져 있던 독립운동 세력은 하나로 결집하기 시작했고, 대한민국 임시정부의 탄생으로 귀결되었다.

5. 대한민국 임시정부의 탄생

삼일운동은 국내외에서 활동하던 독립운동 세력의 통합을 이끌어내는 데 결정적인 역할을 했다. 당시 독립운동 세력은 미국, 중국, 러시아 등에 흩어져 있어 의견 교환이 제대로 이뤄질 리 없었고, 효과적으로 활동할 수 없었다. 이런 현실을 타개하고 유기적이고 효율적인 독립운동을 전개하려는 목적으로 1917년 '대동단결 선언'이 있었다. 이 선언의 발기자는 상하이에서 활동하던 신규식 이었고, 박은식, 신채호, 윤세복, 조소앙, 신석우, 한진교, 박용만 등 이 참가했다.

이 선언문은 순종의 주권 포기를 국민에게 주권을 내주는 것으 로 해석하고, 국내는 이미 주권이 침탈당한 상황이므로 해외에서 주권을 행사하여 임시정부를 수립하는 것을 골자로 하고 있다. 임 시정부 수립에 대한 의지가 최초로 반영된 문건이었던 셈이다. 하 지만 대동단결선언문은 해외 동포들에게 널리 알려졌으나, 당장 임시정부를 구성하는 단계에 이르지는 못했다. 그런 가운데 삼일 운동이 일어난 것이다.

일본이 한국의 평화적인 시위대에 대한 무력 진압을 자행하자, 세계의 여론이 들끓었다. 영국, 프랑스의 신문들은 한국의 독립운 동을 동정 어린 시선으로 서술했고, 미국 의회에서도 지속적으로 한국 문제가 논의되었다. 해외에서 활동하던 독립투사들은 이러한 세계 기류에 고무되어 임시정부 수립에 박차를 가했다. 삼일운동 은 독립에 대한 민족적 열망을 피부로 느끼게 한 사건이었다. 임시 정부 수립은 상하이, 연해주, 미국은 물론이고 국내에서도 시도되 어 삼일운동 후 순식간에 일곱 개의 임시정부가 만들어졌다. 그 일 곱 개 중에서 조선민국 임시정부, 고려공화국, 간도 임시정부, 신한 민국 정부가 진단지를 통해 빌표되었지만 구체직인 내용은 알 수 없었다. 상하이 정부, 한성 정부, 노령 정부 세 개의 임시정부만이 그 내막이 제대로 알려져 있다.

대한민국 임시정부는 한성 정부, 상하이 정부, 노령 정부가 통합되면서 탄생했다. 삼일운동 이후 동시다발적으로 임시정부가 수립되자, 이를 하나로 결합하려는 노력이 이뤄졌고 마침내 대한민국 임시정부를 탄생시킨 것이다.

하지만 대한민국 임시정부 출범에는 진통이 있었는데, 세 개의 임시정부 구성을 살펴보면 그 원인을 자연스럽게 알 수 있다. 먼저 노령 정부는 러시아령에 설치한 정부란 뜻으로, 이를 이끌고 있던 인물은 이동휘였다. 노령 정부의 정식 명칭은 '대한국민의회'이며, 그 뿌리는 1909년 대한제국 군대 해산 이후 연해주로 망명한 의병 조직이다. 이들은 1910년에 13도 의군을 조직하고 유인석을 도총재로 추대했다. 그리고 13도군 도총재 명의로 고종에게 연해주로 망명하여 망명정부를 수립할 것을 상소했다.

실질적으로 이 조직을 이끌고 있던 인물은 이상설과 이동휘였다. 이들은 군대를 양성하기 위해 노력했고, 1914년에 이르러 시베리아에서만 2만 명이 넘는 군대를 훈련시킬 능력을 갖게 되었다. 이들이 바라던 것은 일본과 러시아의 전쟁이었고, 러시아가 일본과 전쟁을 하면 러시아와 연합군을 형성하여 일본을 공격한다는 계획을 가지고 있었다. 이상설을 정통령으로 삼고 대한광복군 정부를 조직했다. 하지만 1차 대전이 발발하면서 모든 계획은 무산되었다. 러시아와 일본이 연합군에 가담하여 한배를 타는 바람에 어떠한 군사 활동도 할 수 없었다. 이상설은 상하이로 떠났고, 조직은 이동휘의 지휘 아래 움직였다.

1차 대전 와중에 러시아의 상황은 급변했다. 1917년 11월에 볼셰비키 혁명이 일어나 급격히 공산화되었다. 이동휘는 소련의 힘을 이용하기 위해 한인사회당을 조직했다. 흩어졌던 의병을 결집하여 시베리아에 출동한 일본군과 전투를 벌였다.

1918년에 1차 대전이 종결되고, 이듬해 삼일운동이 벌어지자 이동휘는 대한국민의회를 만들어 임시정부를 자처하고 나섰다. 대한국민의회에서 발표한 행정부 인사의 면면을 보자면 이렇다. 대통령에 손병희, 부통령에 박영효, 국민총리에 이승만, 탁지총장에 윤현진, 군무총장에 이동휘, 내무총장에 안창호, 산업총장에 남형우, 참모총창에 유동열, 강화대사에 김규식이었다. 노령 정부의 인사 발표일은 3월 17일이었다.

한편, 임시정부 논의는 상하이에서도 이뤄졌다. 상하이 임시정부를 주도한 인물은 이동녕이었다. 이동녕은 상하이 지역의 세력을 규합하여 4월 11일에 임시의정원을 조직하고, 4월 13일에 내각을 발표했다. 상하이 정부의 행정을 맡은 인물을 살펴보면 의정원 의장 이동녕, 국무총리 이승만, 내무 안창호, 외무 김규식, 법무 이시영, 재무 최재형, 군무 이동휘, 교통총장 문창범이었다.

가장 늦게 발족한 것이 한성 정부였다. 한성 정부는 삼일운동이 진행 중인 3월 초에 이교헌, 윤이병이 제의하여 임시정부를 수립할 것을 결의했고, 몇 번의 모임을 거친 후 4월 23일에 봉춘관에서 임시정부선언문을 발표했다. 내각 인사의 면면을 보면 이렇다. 집정관총재 이승만, 국무총리총재 이동휘, 외무 박용민, 내무 이동녕, 군무 노백린, 재무 이시영, 법무 신규식, 학무 김규식, 교통 문창범, 노동 안창호, 참모부총장 유동열이었다.

세 임시정부 내각 인사들의 핵심은 이승만, 이동녕, 이동휘이다. 그 서열을 보면 이승만이 일순위고 다음으로 이동녕, 이동휘 순이다. 나이로 보자면 이동녕이 가장 위고, 다음으로 이동휘, 이승만 순이다. 명성이나 영향력 면에선 이승만이 단연 앞섰다.

임시정부들 중에 가장 유연하고 합리적인 쪽은 상하이 정부였다. 상하이 정부는 노령 정부에 결합을 제의했고, 전체적인 내각의 구성은 한성 정부의 내용을 존중하겠다는 자세였다. 대신 임시정부를 상하이에 두는 성과를 얻어냈다. 이에 노령 정부는 강력하게 반발했다. 노령 정부는 유명 인사 중심의 한성 정부 조각에 불만이 많았다. 노령 정부는 이동휘를 제외하고 국내에서 크게 명성을 얻은 인물이 없었다. 대신 무력 투쟁을 감행할 힘이 있었다. 그래서 임시정부 통합에 반대했다. 하지만 이동휘는 자신이 한성 정부의 총리로 내정된 것에 만족하고 임시정부 통합에 참여했다. 덕분에 세 개의 임시정부는 합의를 통해 통합되는 모양새를 갖추는 데 성공했다. 그러나 노령 정부 인물들 대부분은 이동휘의 행동에 반발하는 상황이었다. 노령 정부의 핵심으로 이동휘와 함께 내각 명단에 들어 있던 문창범과 최재형이 참여를 거부했다. 노령 정부의 불만이 팽배했지만, 해외 망명지라는 난관을 가까스로 극복하고 대한민국 임시정부는 극적으로 탄생되었다.

6. 무장 독립 투쟁의 중심이 된 신흥무관학교

신흥무관학교는 1907년 4월에 안창호의 발기로 조직된 신민회가 만주 독립군 기지 건설의 일환으로 만든 군사학교다. 신민회는 독립군 기지 설립을 위해 이동녕, 이회영, 장유순, 이관식 등을 만주에 파견했고, 이동녕은 종이 장수로 위장하여 만주 일대를 답사한 끝에 1910년 7월에 남만주 봉천성 유하현에 마을을 건설할 것을 결정했다.

서울로 돌아온 그들은 가족들을 이끌고 탈출을 시도했다. 특히 이회영은 다섯 형제들과 논의한 후 재산을 모두 정리하여 독립 기지 건설 자금을 확보한 후, 60여 명의 가족과 친척을 대동한 채 겨울의 칼바람을 뚫고 대탈출을 감행했다. 이회영 일가 외에도 이상룡, 김창환, 이동녕, 여준, 이탁 등 각 도의 신민회 대표는 가족을 거느리고 삼원보로 이주했다. 1911년 4월, 삼원보 고산자에서 300여 명이 모인 가운데 군중대회를 개최하고 독립 기지 건설을 결의하고 다음과 같은 다섯 가지 원칙을 세웠다.

첫째, 민단적 자치기관의 성격을 띤 경학사를 조직할 것

둘째, 전투적인 도의에 입각한 질서와 풍기를 확립할 것

셋째, 개농주의(모두 농사를 짓는다)에 입각한 생계 방도를 세울 것

넷째, 학교를 설립, 주경야독의 신념을 고취힐 것

다섯째, 기성 군인과 군관을 재훈련하여 기간 간부로 삼고, 애국 청년을 수용해 국가의 동량 인재를 육성할 것

이후 경학사를 조직하고 사장에 이철영, 부사장에 이상룡, 서무에 김동삼과 이원일, 학문에 이광과 여준, 재무에 이휘림과 김자순, 조사에 황만영과 박건, 조직에 주진수와 김창무, 외무에 송덕규와 정선백을 선임했다. 경학사는 외적으로 농사짓고 교육하는 회사 조직처럼 보였으나 실제로는 신민회의 해외 정치조직이었다. 경학사는 부설 기관으로 신흥강습소를 설립하여 인재 양성에 심혈을 기울였다.

신흥강습소는 소장에 이동녕, 교관에 대한제국 무관학교 출신인 김창환, 남상복, 이장녕, 이세영, 이관직이 맡았는데, 개교 첫해에 40여 명의 졸업생을 배출했다. 이후 신흥강습소는 통화현으로 이전되었는데, 삼원보가 너무 번잡하여 이목이 집중되었기 때문이다. 새로운 학교 부지 비용은 이회영의 형 이석영이 매년 6000석 규모의 수확량을 거두던 논을 판 돈으로 댔다. 신흥강습소에는 많은 인재들이 모여들었고, 지속적으로 졸업생을 배출했다.

경학사 운영은 원만치 않았다. 개농주의에 따라 주민 전체가 농토를 개간했지만 몇 차례 서리가 내려 큰 피해를 입었고, 이는 곧 운영난으로 이어져 해체 상황에 직면했다. 그러자 경학사를 해체하고 부민단을 조직했다. 부민단은 경학사보다는 정치적인 조직으로 마을의 정부 역할을 하는 기관이었다. 조직을 중앙 조직과 지방 조직으로 나누고, 각 지방을 10호, 100호, 1000호 단위로 나눠 패, 구, 지방으로 구분했으며, 패에는 패자, 구에는 구장, 지방에는 천가장을 두었다. 부민단은 부민회로 개명하고 조직을 확대하는데, 그 특징은 대표자대회에서 결의한 다음 사항들에 잘 나타나 있다.

첫째, 부민단을 정부의 기능을 가진 보다 넓은 범위를 의미하는 부민회
　　로 고칠 것

둘째, 동포 간의 소송 사건을 담당할 검찰과 사판 제도를 둘 것

셋째, 각 지방의 교육기관은 해당 지방의 능력에 맡기고 군사 간부 양성
　　기구인 신흥학교의 경비는 일체 본관에서 책임질 것

넷째, 흉작과 인명 손실을 극복하고 조국 광복의 달성에 매진할 것

부민회는 각 지역에 총관을 두고 자치적으로 행정을 실시했다. 총관을 둔 곳은 유서, 유동, 흥동, 통동, 통서, 해남, 흥서, 해북 여덟 곳이었다.

부민회와 신흥강습소의 성장이 지속되는 가운데, 삼일운동이 전개되었다. 남만주 지역의 대표자들은 독립선언 축하식을 거행한 뒤, 조직을 확대하기 위해 부민회를 한족회로 개명했다. 신흥강습소는 1913년에 신흥중학교로 개명한 상태였다. 신흥중학교는 중학반과 군사반으로 나뉘어 있었는데, 얼마 지나지 않아 중학반은 폐지하여 지방 중학에 인계하고 군사반만 유지했다. 신흥중학교 군사반엔 전국 각지의 청년들이 모여들어, 확대 이전해야 했다. 신흥중학교는 1919년 5월 3일에 신흥무관학교로 개명되면서 본격적인 독립군 무관 양성기관으로 자리매김했다. 일본 육사 출신 지청천을 비롯하여 윈난사관학교 출신 이범석이 교관으로 재직하면서 학교의 명성은 점점 올라갔고, 무관학교를 찾는 청년들의 숫자는 급격히 늘어났다.

그러나 신흥무관학교의 유지는 쉬운 일이 아니었다. 학교 설립

이후 2년간 지속된 대흉작으로 재정난을 겪어야 했고, 학생들 사이에 지방색을 띤 갈등이 심화되어 피살 사건이 벌어지기도 했으며, 마적들의 습격으로 교감을 맡고 있던 윤기섭을 비롯하여 교관과 학생들이 납치당하기도 했다. 또한 학교의 중추였던 이시영과 이동녕이 각각 봉천과 노령으로 떠나는 바람에 학교 조직 자체가 흔들렸고, 만주 지역의 독립군 세력에 대한 일제의 탄압이 노골화되고 있었다. 신흥무관학교는 결국, 그 상황을 이겨내지 못하고 1920년 8월에 폐교한다. 지청천은 무관학교 학생 300여 명을 데리고 홍범도·김좌진 부대와 연합하여 항일 투쟁을 전개했다.

신흥무관학교는 무장 항일 투쟁의 선봉에 서 있었다. 청산리전투와 봉오동전투의 핵심들이 모두 신흥무관학교 출신이었고, 김좌진의 북로군정서, 홍범도의 대한독립군, 서간도 지역의 독립 무장단체 서로군정서, 임시정부 산하의 광복군, 만주 지역의 무장 단체들인 대한통의부, 정의부, 신민부, 국민부 등에도 신흥무관학교 출신들이 포진하고 있었다.

7. 봉오동과 청산리에서의 대승, 그리고 경신참변

1910년 강제 한일합병 이후 간도 지역에는 국내에서 망명한 독립운동가들이 무장투쟁을 위한 독립운동 기지 건설에 박차를 가했다. 1910년대 말에 이르러 간도 지역에 50개가 넘는 무장 독립군단이 조직되었는데, 삼일운동을 전후하여 그 역량은 강화되었다.

독립단체들은 국내 진입작전을 계획하고 본격적인 무장투쟁을 전개했고, 그로 인해 함경도와 평안북도의 일본군 헌병감시소, 일제의 주재소가 큰 피해를 입었다. 이에 일제는 1920년 5월부터 대대적인 독립군 토벌전에 나섰는데, 홍범도가 이끌던 대한군 북로독군부가 일본군 토벌대를 공략하여 대승을 거두는데, 이것이 봉오동전투다.

1920년 6월 4일, 30여 명의 독립군 1개 소대가 함경북도 종성 북방 강양동에 진입하여 일본 헌병순찰소대를 격파하면서 봉오동전투의 서막이 올랐다. 강양동 헌병순찰소대가 격파되었다는 소식을 접한 일본 군대는 조선군 제19사단 예하의 국경수비대 1개 중대로 하여금 독립군을 추격하도록 했다. 이 추격대를 이끌고 있던 니히미 중위는 두만강을 넘어 간도 지역까지 진출했지만 독립군을 발견하지 못했다. 니히미 중위는 부하들에게 간도 지역의 조선 민간인 학살을 지시하며 분풀이했다. 이때 삼둔자에 최진동이 이끌고 있던 군무도독부군이 매복하고 있다가 니히미의 추격대를 급습하여 격파했다.

니히미의 부대가 독립군에게 격파되었다는 소식을 접한 일본군은 19사단 소속 야스카와 소좌에게 250명의 병력을 안겨 월강추격대대를 편성, 다시 간도로 향했다. 야스카와 부대는 니히미 부대의 잔병들과 결합하여 1920년 6월 6일 밤에 두만강을 건너 이튿날 세벽에 독립군 본거지가 있던 봉오동에 노착했다.

한편, 일본군의 침입 사실을 간파한 홍범도는 자신이 사령관으로 있던 대한북로독군부군과 이흥수가 이끌던 신민단 부대를 연합하여 일본군 공략 계획을 수립했다. 당시 대한북로독군부군은 홍범도가 조직한 대한독립군과 최진동의 군무도독부, 안무가 이끌고 있던 국민회군이 결합되어 있었다. 여기에 신민단 부대까지 결합했으니 독립군의 군세도 만만치 않았다. 하지만 독립군에 대한 정보가 부족했던 월강추격대대는 자신들이 호랑이 굴에 들어온 것도 모르고 일거에 독립군을 소탕할 생각에 빠져 있었다. 그들은 사면이 야산으로 둘러싸인 봉오동의 한가운데로 진입했고, 독립군은 그들을 에워싼 채 공격을 개시했다. 독립군의 기습에 당황한 야스카와 소좌와 그의 부하들은 이리저리 날뛰며 도주하기에 바빴고, 결국 완패를 당하고 쫓겨 가야만 했다. 세 시간의 전투가 끝난 뒤, 야스카와 부대 병력 중 절반이 넘는 157명이 전사했고, 나머지 대원들도 모두 부상을 입었다. 독립군 전사자는 네 명이었고, 부상자도 두 명뿐이었다. 일본군 최정예 부대와 독립군의 첫 대결은 독립군의 대승으로 끝났다.

일본군의 대패 소식을 접한 일본 군부는 1920년 8월에 '간도 지방 불령선인 초토화 계획'을 수립하고 1만 8000여 명 규모의 군대를 간도 지역에 파견했다. 독립군은 중국 측에 협조를 얻어 백두산 일대로 근거지를 이동하여 간도 화룡현 지역에 집결했다. 집결한 독립군은 대한독립군, 군무도독부, 의군부, 신민단, 의민단, 국민회군, 한민회, 광복단, 북로군정서 등이 망라되어 있었다. 이 소식을 접한 일본군은 독립군단들을 일시에 토벌하기 위해 1만 8000명에 달하는 병력 중 5000여 명의 전투부대를 동원하여 화령현을 공격해왔다. 그러나 일본군의 움직임은 독립군에 의해 포착된 상황이었다. 그러나 일본군이 밀려오고 있다는 첩보를 접한 북로군정서 사령관 김좌진과 나머지 독립군단 사령관을 맡고 있던 홍범도는 연합 전선을 형성하고 일본군을 기다렸다.

일본군 선봉대는 봉오동에서 대패했던 야스카와 소좌 부대였다. 그는 보병 1개 중대를 지휘하며 청산리 골짜기의 백운평으로 진입해왔다. 그들은 침입 사실을 알고 매복해 있던 김좌진의 북로군정서의 공격을 받아 불과 20여 분 만에 전멸하고 말았다. 청산리전투의 첫 싸움이었던 이날은 1920년 10월 21일이었다.

야스카와 부대에 이어 청산리로 접어든 부대는 야마다 부대로 보병 2개 중대와 기병 1개 중대로 구성되었다. 하지만 400여 명의 야마다 부대도 300여 명의 전사자를 내고 패주해야만 했다. 일본군은 청산리에서의 첫 대결인 백운평전투에서 완패당하고 말았다. 백운평에 이어 전투가 벌어진 곳은 완루구였다. 완루구전투를 지휘한 인물은 홍범도였다. 홍범도를 상대하던 부대는 일본군 아즈마 부대의 1부대였는데, 역시 400여 명의 전사자를 내고 패주해야 했다.

10여 회에 걸친 전투에서 독립군은 대승을 거뒀고, 일본군은 1200여 명의 전사자와 2100여 명의 부상자를 내고 패전했다. 5000명의 일본군 부대원 중 3300여 명의 사상자를 냈던 것이다. 독립군 전사자는 130여 명, 부상자는 220여 명이었다. 숫자로만 봐도 엄청난 대승이 아닐 수 없다.

그러나 전쟁은 거기서 끝나지 않았다. 일본군은 패전에 대한 앙갚음으로 간도 지역의 한인들을 무차별로 학살한 경신참변을 일으켰다. 경신참변의 피해 상황은 참담했다. 1920년 10월에서 11월에 걸쳐 일어난 이 사건의 희생자는 무려 3693명, 체포된 인원이 171명, 강간당한 부녀자가 71명이었다. 또 가옥 소실이 3288채, 학교 소실이 41개교, 교회 소실이 16곳이었다. 피해 지역도 혼춘, 왕청, 화룡, 연길, 유하, 흥경, 관천, 영안 등 간도 일대 8개 현에 걸쳐 있었다. 일본군은 그야말로 간도 지역을 초토화시켜 독립군의 뿌리를 뽑고자 했다.

6

1910년대를 풍미한 인물들

1. 대종교를 창설하고 죽음으로 독립운동을 촉구한 나철

1916년 음력 8월 추석 즈음, 구월산에서 단식하며 수도에 증진하던 한 남자가 호흡을 조절하여 스스로 절명의 길을 택했다. 그의 이름은 나철, 민족종교 대종교의 교주이자 독립운동가였다. 그는 유서를 통해 제자들에게 독립운동에 전념할 것을 당부했다. 대종교 교도들은 국내외에서 적극적인 독립운동에 나섰다. 신규식, 박은식, 신채호, 김좌진, 이범석 등 독립운동의 주축 세력이 모두 대종교 교도들이었다. 항일 무력투쟁의 선봉에 섰던 북로군정서의 총재 서일 역시 그의 제자였다.

일제는 대종교를 종교 단체로 보지 않고 항일 독립 단체로 보고 탄압을 일삼았다. 나철이 대종교의 전신인 단군교를 창시한 것도 독립 투쟁의 일환이었다. 단군교를 창시하기 전에 나철은 을사조약을 주도한 을사오적을 처단하는 일에 나서기도 했다. 이 일과 관련하여 10년의 유배형을 받고 섬으로 귀양을 가기도 했다.

독립운동을 위해 민족종교를 창시하고 교주가 되었으나, 교도들과 제자들에게 독립운동에 투신할 것을 유서로 남기고 죽은 이 사람, 나철. 그의 본관은 나주이며, 호는 홍암, 본명은 인영이다. 1863년에 전남 보성에서 태어났고, 스물아홉 살에 문과에 급제하여 관리가 되었으나 나라가 위태로워지자 구국 운동에 나섰다. 을사늑약 후 을사오적을 척결하기 위해 결사를 조직했고, 오적을 저격하려다 실패하여 유배되는 신세가 되었다.

이후 그는 『삼일신고』와 『신사기』를 기초로 1909년 1월 15일에 단군교를 창시했다. 단군교에는 독립에 뜻을 두고 있던 식자층이 대거 참여했으며, 그는 교주로 추대되었다. 이후 일제가 단군교 내부에까지 손을 뻗쳐 친일 성향을 가진 자들이 교단 내부에 생겨나자, 교명을 대종교로 바꾸었다.

일제의 탄압이 계속되자, 만주 북간도 삼도구에 지사를 설립하여 교단의 중심축을 간도로 옮겼다. 마침내 1914년에 교단 본부를 백두산 북쪽 청파호 부근에 마련했다. 이후 교세 확장에 주력하여 교인이 30만 명에 이르렀다. 대종교의 교세 확장을 두려워한 일제가 1915년에 '종교통제안'을 만들어 탄압하자, 나철은 항의의 표시로 스스로 목숨을 끊고, 교도와 제자들에게 대대적인 독립운동에 나서라는 유서를 남겼다.

2. 사이토 총독 암살에 나선 백발의 우국지사 강우규

1919년 9월 2일, 부임을 위해 남대문 정거장에 도착한 제3대 총독 사이토 마코토가 마차에 오르는 순간, 수류탄 한 발이 마차를 향해 날아들었다. 이어 수류탄 파편에 수십 명이 목숨을 잃거나 상해를 입었다. 불행히도 암살 대상이었던 사이토는 무사했다.

이 사건을 일으킨 인물은 블라디보스토크 신한촌 노인단 길림성 지부장 강우규였다. 1855년에 평안남도 덕천에서 태어난 그는 이때 이미 환갑을 훌쩍 넘긴 백발의 노인이었다. 그의 직업은 한의사였고 동네 아이들을 모아 유학을 가르치기도 했다. 평안도와 함경도를 떠돌며 때론 한의사로 때론 훈장으로 살아가던 그는 을사늑약이 체결되자 북간도로 망명하여 독립운동에 투신했다. 1915년엔 랴오허강 주변의 농토를 개척하여 한인촌을 건설했고, 1917년에는 길림성 동화현에 광동중학교를 설립하여 교육자가 되었다.

삼일운동 후 독립의 기운이 무르익자, 1919년 8월에 새로 부임하는 총독을 암살하기 위해 한반도로 잠입했다. 마침내 수류탄 한 발로 사이토의 부임 행렬을 만신창이로 만들어버렸다. 사이토는 죽지 않았지만 정무총감이 부상을 입었고, 총독의 수행원과 경찰들이 죽거나 다쳤다.

사건 현장을 빠져나온 강우규는 동지 오태영의 소개로 장익규, 임승하의 집에 숨어 지냈다. 하지만 독립운동가들 탄압에 앞장섰던 총독부 고등계 형사이자 일제의 앞잡이였던 김태석에게 꼬리를 밟히고 말았고, 결국 거사 15일 만에 붙잡혀 수감되었다. 이후 총독부 고등법원에서 사형을 선고받고 1920년 11월 29일 서대문 형무소에서 교수형에 처해졌다. 그는 재판 중에 한 치 물러섬 없이 당당했고, 자신의 행위는 나라를 빼앗은 도둑들에 대한 응징의 일환으로 정당하며, 어떠한 잘못도 없다고 말했다. 사형당하기 직전 이런 시를 남겼다.

단두대상에 홀로 서니
춘풍이 감도는구나
몸이 있으나 나라가 없으니
어찌 감회가 없으리오

3. 입헌군주제를 꿈꾸던 개화사상가 유길준

한국 최초의 일본 유학생, 또 한국 최초의 미국 유학생으로 이름이 자자했던 인물, 기계 유길준. 그가 1914년 9월 30일 자택에서 죽었다. 사인은 지병으로 앓고 있던 신장병이었다. 임종에 이르자, 그는 아들과 조카에게 『신약성서』를 읽게 했다. 무덤에 묘비를 세우지 말라는 유언을 남기고 죽었다. 그의 나이 59세였다.

개화사상의 한 축을 이뤘던 유길준은 1856년 동지중추부사를 지낸 유진수의 아들로 태어났다. 그의 어머니는 한산 이씨였는데, 그녀의 아버지 이경직은 고관대작은 되지 못했으나 살림이 넉넉하여 서울 북촌의 학자들과 교분이 깊었다. 유길준은 외조부의 지도를 받으며 박지원의 손자 박규수 문하에 들어갈 수 있었다. 박규수 문하엔 김옥균, 김윤식, 어윤중, 박영효, 서광범 등의 젊은 개화 세력들이 드나들었다. 하지만 1877년 박규수가 죽자, 이들은 급진파와 온건파로 나뉘었다. 김옥균, 박영효, 서광범은 당시 백의정승으로 불리던 의원 유홍기의 영향으로 급진파가 되었고, 유길준과 김윤식 등은 시인 강위의 지도를 받으며 온건파로 성장했다.

유길준은 1881년 5월에 파견된 신사유람단의 일원으로 일본에 갔다. 어윤중의 수행원 역할이었다. 일본 근대화의 아버지라고 불리며 만 엔 지폐에 얼굴을 새긴 후쿠자와 유키치가 경영하던 게이오의숙에 입학했다. 게이오의숙에서 유길준은 후쿠자와에게 개인 지도를 받았으며, 그의 저서들을 읽으며 영향을 받게 된다. 일본에 머물면서 박영효가 이끌고 온 수신사절단의 통역을 맡기도 했다. 1년 동안의 일본 유학을 마치고 돌아온 그는 한성부 신문국에서 신문 발간 일을 돕다가 견미사절단의 수행원으로 미국 시찰에 동참한다. 미국에 도착한 그는 보빙사 민영익의 허락에 힘입어 유학생 신분으로 미국에 남았다. 한국 최초의 일본 유학생에 이어 최초의 미국 유학생이 된 셈이었다. 일본에 유학하고 있을 때 임오군란이 일어났고, 그가 미국에 유학하고 있을 때 갑신정변이 일어났다. 그는 두 사건에 휘말리지 않았다.

1년의 유학 생활을 마친 그는 1885년 6월에 유럽 여행에 나섰다가 그해 12월에 인천항을 통해 귀국했다. 그는 귀국하자마자 체포되었다. 개화 세력의 일원으로 지목되어 포도대장 한규설의 집에서 연금 생활을 해야 했다. 그의 연금 생활은 7년이나 지속되었다. 그동안 그는 『서유견문』의 집필했고, 1892년 자유의 몸이 되자, 3년 뒤인 1895년에 『서유견문』을 출간했다.

연금에서 풀려난 뒤, 유길준은 동학이 중심이 된 갑오농민전쟁을 겪어야 했고, 그런 와중에 청군과 일본군이 동시에 출병하자 고종의 명으로 외아문주사로 임명되어 일본군을 회유하고자 했다. 하지만 일본군은 경복궁을 점령하고, 대원군을 앞세워 민씨 세력을 밀어냈다. 이후 그는 내부협판이 되었고, 을미사변 이후에는 내부대신에 올랐다.

1896년에 고종이 러시아 공사관으로 몸을 피한 아관파천이 일어났고, 이 여파로 친러 내각이 수립되자, 유길준은 일본으로 망명한다. 망명 이후 1900년에 일본 육군사관학교 출신 청년 장교들과 쿠데타를 기도하다 실패하여 외교 분규가 일어났다. 일본 정부는 그를 오가사와라섬에 유배 보냈다. 4년의 유배 생활 후 일본에서 생활하던 그는 1905년에 을사늑약으로 한국이 일본의 보호국으로 전락했다는 소식을 접했다. 그는 절망에 사로잡혀 지내다 기독교에 귀의했다. 헤이그 특사 사건으로 고종이 강제 퇴위당하고 정미7조약으로 한국 군대가 해산되었다. 유길준은 정미7조약에 대해 강력하게 반대하고 일본 총리에게 정미7조약을 무효로 해주면 한국 국민들이 일본의 은혜를 잊지 않을 것이라고 설득했지만 실패했다.

유길준은 한국으로 돌아왔다. 정치적 이유로 일본에 망명했다 돌아온 사람에게 모두 벼슬이 주어졌지만 유길준은 거절했다. 그는 흥사단을 만들어 교육 사업을 했고, 이 소식을 들은 고종이 1만

원의 찬조금을 내고 수진궁을 사무실로 쓰도록 배려했다. 유길준이 정미7조약을 반대하고 일본이 주는 벼슬도 받지 않은 것에 대해 고종은 내심 기뻐하고 있었던 것이다. 흥사단 창립 후 유길준은 『대한문전』, 『노동야학독본』을 저술하며 교육 운동에 열정을 쏟았다. 그는 한국이 영국처럼 입헌군주제 국가가 되길 바랐다.

하지만 1910년 한일합병이 실시되고, 조선총독부가 세워지자 그는 절망했다. 학생들을 동원하여 합병 반대 시위를 계획했지만 총독부에 발각되어 연금되는 처지에 놓이고 말았다. 총독부는 그에게 남작의 작위를 내려 회유하려 했지만 유길준은 완강하게 거부했다. 그 와중에 병마가 찾아왔고 4년 동안 병마에 시달리다, 아무것도 한 일이 없는 자신의 무덤에 묘비를 세우지 말라는 유언을 남기고 생을 마감했다.

4. 독립운동의 선봉에 선 이상설

이상설은 1871년에 태어나 1894년에 전시 병과로 급제하면서 관직에 나왔다. 성균관 교수와 탁지부 재무관을 거친 뒤, 신학문을 접하고 일본의 조선 병탄을 저지하는 일에 앞장섰다. 1904년에 일본이 황무지 개간권을 요구하자 국권 침탈이라며 강력하게 반대했고, 대한협동회의 회장직을 맡으며 반일운동에 적극 나섰다. 1905년에 법부협판과 의정부 참찬에 올랐고, 을사늑약 체결 당시에는 조약 체결을 반대하고 을사오적의 처벌을 주장하는 상소를 올렸다. 을사늑약이 체결되자 자결을 시도하기도 했으나 뜻을 이루지 못했고, 애국계몽운동을 하며 국권 회복을 주장했다. 1906년 영의정에 임명되어 한 달 남짓 정치에 가담했으나 물러났다. 정계에서 물러난 그는 외국에서 독립운동을 하기로 결심하고 상하이와 블라디보스토크에 잠시 머무르다 간도 용정촌으로 가서 서전서숙을 설립하여 항일민족운동과 교육에 전념했지만 일제에 의해 서전서숙은 문을 닫아야만 했다.

고종은 헤이그에서 개최되는 만국평화회의에 밀사를 파견할 마음을 먹고 그를 정사로 임명했다. 이상설은 이준, 이위종과 함께 헤이그로 가서 평화회의에 참석하려 했으나 일제의 방해로 실패했다. 이에 그는 평화회의장에 나가 호소문을 발표하고, 일본의 한국 침탈을 규탄했다. 하지만 끝내 평화회의 참석을 거부당하자 미국으로 건너가 미주 한인 교포들의 단합을 촉구했다.

1909년 블라디보스토크로 가서 연해주의 한인들을 결합하여 독립운동 기지를 만들었다. 러시아와 만주의 접이지대에 한국인의 거주지를 마련하고 한흥동 독립 기지를 건설했다. 이후 일제에 무력으로 저항하기 위해 연해주 주변의 의병을 규합하여 13도 의군을 편성했다. 그리고 이 내용을 고종에게 올리며 고종의 러시아 망명을 촉구했다. 일제는 러시아 정부에 압력을 행사하여 이상설을 체포했으며, 이상설은 연해주 외곽의 니콜리스크(현 우수리스크)로 추방되기도 했다. 1911년에 블라디보스토크로 돌아와 권업회를 조직하고 〈권업신문〉을 발간했으며, 한인학교를 확대했다. 최초의 망명정부라고 할 수 있는 대한 광복군 정부를 세워 정통령으로 뽑혔다.

그러나 1914년에 1차 대전이 발발하여 활동에 제약이 심해, 광복군 정부의 활동은 제대로 이뤄질 수 없었다. 권업회는 러시아 정부에 의해 해산되고 광복군 정부도 해체되었다. 그러자 그는 상하이로 가서 신한혁명당을 조직하는 데 일조하여 본부장에 선임되기도 했다. 이후 병마가 닥쳐 1917년에 사망하고 말았다.

5. 신소설을 개척한 친일주의자 이인직

1916년 조선총독부 의원에서 이름 있는 문인 한 사람이 죽었다. 대한제국의 관비 유학생으로 선발되어 도쿄정치학교에서 청강생으로 공부하고, 러일전쟁 때에는 일본 육군성 조선어 통역관으로 종군했으며, 이완용의 심복으로 한일합병의 막후 역할을 맡았던 그는 국초 이인직이다. 『혈의 누』, 『귀의 성』으로 신소설이라는 새로운 문학 장르를 개척한 조선의 지식인이자 일진회 기관지 〈국민신보〉 주필을 지냈고, 친일 언론 〈대한신문〉을 창간하여 이완용의 수족 노릇을 했다.

이완용의 손발이 된 덕에 그가 얻은 벼슬은 고작 선릉 참봉, 즉 능지기였다. 그나마 높은 벼슬이라는 것이 주임으로 대우받는 중추원 부찬의였다. 1910년 이완용의 밀명을 받고 통감부 외사국장 고마쓰 미도리와 비밀리에 한일합병의 세부 작업에 참여했다. 1908년 원각사를 세워 한국 최초의 신극 「은세계」를 공연했고, 한국 대중들에게 신소설을 안긴 그에게 일제는 초라하기 짝이 없는 말단직을 던져주었다. 그가 신경통으로 죽음을 맞이하자, 일제는 마지못해 장례식 비용을 보냈다. 한일합병에 대한 공로금 명목이었다. 철저히 일본을 위해 살았고 일평생 친일주의자였던 이인직, 그러나 일제는 그를 한낱 심부름꾼으로 부렸을 뿐이다.

6. 일진회와 시천교를 통해 친일에 앞장선 이용구

이용구는 일본의 조선 침탈 과정에서 변절을 통해 친일파가 된 대표적인 인물이다. 1868년생인 그는 20대 초반인 1890년에 동학에 입교하여 손병희와 함께 동학을 이끌 3세대 지도자였다. 1894년 동학혁명 당시에는 교주 최시형과 함께 체포되었으나 가까스로 사형을 면했고, 3세 교주 손병희가 문명의 대세와 흐름을 파악하기 위해 일본으로 건너갈 때 동행했다. 이후 손병희의 신뢰를 얻어 동학교도로 형성된 진보회의 수장이 되어 한국인의 생활 혁신운동을 펼쳤다.

하지만 이용구는 1904년에 송병준을 만나면서 변절했다. 이용구는 송병준과 함께 일진회를 조직하고, 자신이 이끌고 있던 진보회도 일진회에 예속시켜버렸다. 그가 을사늑약을 위해 일진회 회원들을 동원하여 민의를 조작하자, 교주 손병희는 교명을 천도교로 개칭하고 이용구 등 62명의 친일 세력을 천도교에서 출교시켰다. 그러자 이용구는 시천교를 창설하여 교주가 되었으며, 윤시병에 이어 일진회 회장에 취임했다.

일진회 회장이 된 이후 이용구는 노골적인 친일행각을 일삼았다. 1907년 헤이그 특사 파견 문제가 일어나자, 일진회 회원들은 고종의 퇴위에 앞장섰고, 군대가 해산될 때에는 자위단을 조직하여 의병 토벌에 나섰다. 1909년 일제에 의한 조선 병탄을 주장하는 「일진회합방성명서」를 발표했고, 순종에겐 상소를 올려 한일합병을 역설하기도 했다. 합병 뒤에는 은사금 10만 엔을 하사받았다. 1910년에 일진회가 해산되고 총독부도 자신을 외면하자, 암살을 염려하여 일본으로 달아나 지내다가 1912년에 죽었다. 그의 장남 석규 또한 대를 이어 친일에 앞장섰다.

7

1910년대의
세계 주요 사건

　1911년의 주요 사건은 주로 중국에서 일어났다. 1911년 중국 우창에서 신군과 동맹회가 봉기하여 신해혁명이 시작된다. 중화민국 군정부가 조직되고, 쑨원이 난징에서 중화민국 임시대통령에 오른다. 혁명군과 청군이 우한에서 전쟁을 벌인다. 이해 9월에 유럽에서는 이탈리아와 오스만튀르크가 트리폴리전쟁을 시작했다. 이 전쟁은 이듬해 10월까지 지속된다.

　1912년에도 중국의 혁명 세력과 청의 다툼이 지속된다. 여기에 한족 신예 군벌 위안스카이가 가세한다. 위안스카이는 이해 3월에 중화민국 임시대통령에 추대되었다. 유럽에서는 불가리아, 세르비아, 그리스 등이 오스만튀르크와 제1차 발칸전쟁을 일으켰다. 4월에 호화 여객선 타이타닉호가 침몰되어 1500여 명이 사망하는 사건이 벌어졌다. 미국에서는 우드로 윌슨이 대통령에 당선되었다.

1913년엔 혁명 세력인 중국 국민당이 의회의 중심 세력이 되어 선거에서 압승한다. 이에 혁명 세력의 확대에 반대하던 위안스카이는 국민당의 당수 대행 쑹자오런을 암살했다. 이에 위안스카이에 반대하는 폭동이 일어났고, 위안스카이는 서구 열강의 도움을 받아 진압에 성공한다. 위안스카이는 난징을 점령하고 총통에 취임한 후 국민당을 해산한다. 유럽에서는 불가리아가 세르비아와 그리스를 공격하면서 제2차 발칸전쟁이 일어나고, 루마니아와 오스만튀르크도 전쟁에 가담한다.

　1914년의 최대 사건은 1차 세계대전의 발발이었다. 그해 6월 28일, 오스트리아 황태자 프란츠 페르디난트 부부가 세르비아인에게 암살되는 사라예보사건이 터졌다. 오스트리아는 세르비아에 선전포고를 했고, 독일은 러시아와 프랑스에 선전포고를 했다. 영국은 독일에 선전포고를 했고, 러시아와 오스트리아가 전쟁을 개시했다. 오스만튀르크가 러시아 영토에 포격을 가했고, 영국은 오스만튀르크에 선전포고했다. 이후 제1차 세계대전이 시작되었다.

　1915년 제1차 세계대전은 확대일로에 있었다. 오스만튀르크는 영국의 보호 아래 있던 이집트의 수에즈운하를 공격했고 영국, 프랑스, 러시아, 이탈리아 사이에 런던비밀조약이 조인되었다. 이탈리아는 삼국동맹을 파기하고 오스트리아에 선전포고를 했다. 이에 독일은 이탈리아와 국교를 단절했다. 12월에 중국에서는 위안스카이를 황제에 추대했다.

　1916년에도 세계대전이 치열하게 전개되는 가운데, 독일은 미국에 휴전의 뜻을 전달하고, 폴란드는 독립을 선언한다. 중국에서는 위안스카이가 실각한 후 사망하고, 리위안훙이 대통령 대리에 취임한다.

1917년엔 세계대전이 격화되는 가운데 독일은 무제한 잠수함 작전을 선언한다. 미국과 중국이 독일과 외교를 단절한다. 러시아에서는 2월혁명과 10월혁명이 발발하여 소비에트 정권이 수립되었다. 이 과정에서 핀란드는 러시아로부터 독립을 선언한다. 중국에서는 이해 8월에 펑궈장이 대총통에 취임한다.

1918년에 제1차 세계대전이 종결된다. 독일이 10월에 미국에 휴전을 제안하고, 11월에 독일과 연합국 사이에 휴전협정이 조인됨으로써 4년간 지속되던 제1차 세계대전이 끝났다. 제1차 세계대전으로 사망한 사람은 무려 1000만이 넘고, 부상자는 2000만이 넘었다. 이해 1월에 미국 대통령 윌슨이 민족자결주의를 선언하여 여러 식민국에 독립의 열기를 불러일으킨다. 인도에서는 인도국민회의파대회가 열려 윌슨의 민족자결론의 적용을 요청한다.

1919년 이탈리아에서 무솔리니가 전투적 파쇼를 결성하고 인도에서 간디가 1차 비폭력 운동을 시작한다. 한국에서는 삼일운동이 일어나고, 그 영향으로 중국에서는 5·4운동이 전개되었다. 오스트리아에서는 생제르맹강화조약이 조인되고 오스트리아에서는 합스부르크제국이 해체되어 오스트리아, 체코, 유고, 폴란드, 헝가리 등으로 분할되었다. 10월에 중국의 중화혁명당은 중국국민당으로 개편되었다.

1920년 1월에 국제연맹이 발족되었다. 2월에 일본의 도쿄에서는 111개 단체에 속한 수만 명이 보통선거를 요구하는 시위를 벌였다. 동유럽에서는 폴란드가 우크라이나령에 침입함으로써 소비에트와 폴란드 사이에 전쟁이 일어났다. 5월, 중국과 일본에서도 최초의 메이데이 행사가 개최됨으로써 동북아시아 지역에서 노동의 위상이 강화되었다. 8월에 미국에서는 여성참정권이 의결되어 여성의 정치 참여가 합법화되었다. 10월에 중국에서는 마오쩌둥이 후난에 사회주의청년동맹 지부를 결성했다. 11월에 국제연맹 제1회 총회가 개최되었고, 12월 영국 의회가 아일랜드통치법을 의결했다.

제3장

1920년대
실록

(1921~1930년)

1

세계정세의 격변과
대공황의 쓰나미

1920년대에 접어들자, 서방 세계는 전쟁 트라우마를 벗어나기
위해 안간힘을 썼다. 각 나라들은 자신들의 안전을 도모하기 위해
동맹을 맺기에 혈안이 되었다. 프랑스는 폴란드와 동맹을 맺었고,
폴란드는 루마니아와 공수동맹을 맺었으며, 루마니아는 체코와 동
맹을 맺었다. 또한 북구의 맹주 소비에트 러시아는 이슬람의 맹주
터키와 수호조약을 맺는 한편, 영국과는 통상조약을 맺었고, 페르
시아와는 우호조약을 맺었다. 숙적 러시아와 수호 조약을 맺은 터
키는 동시에 아프가니스탄과 공수동맹을 맺었으며, 아프가니스탄
은 페르시아와 불가침조약을 맺었다.

국제 정세가 긴박하게 돌아가는 상황에서 러시아에서는 레닌이
물러나고 스탈린이 권력을 장악하면서 소비에트 세력 확대를 꾀
하기 시작했다. 마침내 소련, 즉 소비에트 사회주의 공화국 연방을

확립하기에 이른다.

독일에서는 1차 대전의 전후 처리에 대한 불만이 확산되어 1919년에 '국가사회주의 독일 노동자당(나치)'이 창당된 이래 그 세력이 점차 확대되었다. 나치의 세력 확대는 히틀러가 당수가 된 1921년 이후 가속화되었다. 하지만 히틀러가 1923년에 뮌헨에서 반란을 일으키다 실패하면서 나치 세력은 일시적으로 위축되었다. 이탈리아에서는 무솔리니가 파시스트를 이끌고 쿠데타를 감행하여 로마를 장악하고 독재자로 군림했고, 그리스에서도 팡갈로스가 집권하여 공화국 헌법을 폐지하고 독재자가 되었다.

이 무렵, 동양 사회 또한 급속한 변화가 지속되고 있었다. 인도와 중국에서는 새로운 활로를 모색하기 위한 사건들이 잇따라 터졌다. 인도에서는 간디의 지도 아래 시민불복종운동이 전개되었고, 1928년부터는 인도의 완전 독립을 위한 비폭력운동이 전개되었다. 간디가 이끈 인도국민회의는 자치를 선언하기에 이른다.

한편, 중국의 혼란은 극도에 달하고 있었다. 청 황조는 유명무실해져 마지막 황제 푸이가 쫓겨나고, 쑨원이 중화민국 임시 대통령에 취임하여 광둥 신정부를 수립했다. 중국 공산당은 창당대회를 열어 세력 확대를 꾀했으며, 중국 군벌 장쭤린과 우페이푸가 전쟁을 일으켜 혼란을 가중시켰다. 쑨원은 이 혼란을 해소하기 위해 국공합작을 성립시키고, 우페이푸를 타도하기 위해 군대를 동원하기에 이른다. 하지만 쑨원이 병사하면서 중국은 또 혼란에 휩싸이고, 장제스의 국민당과 공산당 사이의 갈등도 한층 치열해진다.

중국은 내분과 외세로 인한 혼란에서 벗어나지 못하고 있었다.

외세 중에서 중국을 가장 지독하게 괴롭힌 국가는 일본이었다. 일본의 중국 정벌에 대한 야심은 중국 국민들을 불안과 공포로 몰아넣었다. 중화민국 세력은 일본에 저항하며 영향력을 확대하는 정책을 썼다. 1923년 쑨원이 대원수에 취임하여 일본에 21개 조약 폐기를 통고하자, 일본은 창사에 상륙하여 무자비한 학살을 자행했다. 쑨원은 공산당과의 대립을 멈추고 제1차 국공합작을 단행하며 일본군에 대항했다.

일본에서는 간토대지진이 일어나 18만여 명이 죽거나 실종되었다. 일제는 이를 빌미로 재일 조선인과 사회주의자 수천 명을 학살하는 만행을 저질렀다. 일본은 만주 군벌 장쭤린과 미쓰야협정을 맺고 만주를 장악하기 위한 계획을 실행했다. 일본 왕 요시히토가 죽고, 젊은 히로히토가 왕이 되면서 일본 군국주의는 더욱 활개를 쳤다.

1920년대가 저물어 갈 무렵, 미국에서는 대공황이 닥쳤다. 1929년 10월 24일, 뉴욕 주식시장의 주가가 대폭락하는 이른바 '검은 목요일'이 시작되면서 대공황은 본격화되었다. 뉴욕 주식시장의 붕괴는 유럽 경제의 몰락으로 이어졌다. 미국이 대공황에 시달리자 유럽의 자금들이 미국으로 빨려 들어갔고, 그것은 유럽 경제의 풍비박산으로 이어졌다. 미국과 유럽의 노동자 25퍼센트가 실업자가 되었고, 가격과 임금은 폭락했으며, 삶의 질은 바닥으로 떨어졌다. 독일의 산업 생산력은 53퍼센트 수준으로 떨어져 전체주의 국가로 가는 원인이 되었다. 독일 이외에도 극단주의 세력이 판을 치기 시작했고, 자유민주주의의 위상은 곤두박질치고 말았

다. 대량 실업과 불황이 일상이 되었으며, 나치와 같은 전체주의가
대두해 평화를 위협하기 시작했다.

2

억압과 통제 속에서
변모하고 성장하는
한국 사회

1. 일제의 기만적인 문화통치

삼일운동 이후 한국 민중의 거대한 저항과 악화된 세계 여론을 의식한 일제는 외형적으로 무단통치를 포기하고 이른바 문화정치를 표방한다. 사이토 마코토 총독은 관제 개정을 통해 총독무관제를 폐지했는데, 문관 출신의 조선 총독 임명이 가능하도록 하는 조치였다. 헌병경찰제를 폐지하고 보통경찰제를 도입했으며, 언론과 출판에 대해서도 허용 범위를 확대했고, 지방마다 평의회를 설치해 한국 민중의 여론 수렴을 강화하겠다는 의도를 내비쳤다. 하지만 〈동아일보〉나 〈조선일부〉 등 몇몇 신문이나 친일 단체가 설립된 것을 제외하고는 이전과 크게 변한 것은 없었다. 총독부 구미에 맞지 않는 기사나 일제 비판 기사가 있으면 가차 없이 발간을 중지시키는 등 언론을 철저히 감시하고 통제했다. 사이토 이후에도 조선 총독은 군인 출신 무관이 임명되었고 지방 평의회도 총독부의 거수기 역할밖에 하지 못했으며, 경찰관의 수는 종전보다 세 배 이상 늘어 한국인들에 대한 감시는 더욱 강화되었다. 또한 치안유지법을 공포하여 각종 결사를 금지하고 시위를 차단했다. 사이토의 문화통치는 한국 민중에 대한 교활한 기만 술책일 뿐 전혀 문화적인 구석이 없었다.

사이토의 술책은 친일 세력의 강화와 독립군 초토화 작전으로 나타났다. 사이토는 한국 지배의 관건이 친일 세력의 강화에 있다고 보고 귀족과 부호를 중심으로 전국 각지에 친일 단체를 조성했고, 이 단체에 가입하는 자들에게 국유림을 불하해주는 등 이권을 주었다. 간도 지역에 있던 무장 독립군을 와해하기 위해 간도의 한국인들을 무차별적으로 학살한 간도참변을 일으켰다.

2. 무장 독립 단체와 임시정부의 혼란

일제의 공세와 간도참변에 밀린 무장 독립군들은 러시아령으로 피신하면서 헤이룽강 지역의 밀산에서 대한독립군단이라는 이름으로 통합 조직을 만들고 북로군정서를 이끌고 있던 서일을 총사령관으로 삼았다. 대한독립군단은 러시아 연해주로 이동하게 되는데, 그곳에서 활동하던 문창범의 건의에 따라 아무르주의 스보보드니로 다시 이동하게 된다(스보보드니는 자유라는 뜻으로 한국인들은 그곳을 자유시라고 불렀다). 이곳에서 대한독립군단과 러시아에서 활동하고 있던 독립 세력 전체를 하나의 군대로 통합하려 했다. 그런데 자유시에 집결한 독립군 내부에서 통수권을 두고 갈등이 일어났다. 러시아에서 활동하던 독립군 내부에는 상하이 임시정부의 고려공산당을 지지하는 세력과 대한국민의회의 고려공산당을 지지하는 세력이 있었는데, 서로 통수권을 장악하려고 싸우는 과정에서 소련군이 개입하여 100여 명의 독립군이 사살되는 자유시참변(헤이어사변)이 벌어졌다.

1921년 6월에 일어난 이 사건 이후 대한독립군단은 와해되었고, 홍범도를 비롯한 대한독립군 소속 독립군 800여 명은 붉은 군대 소속으로 편입되어 이르쿠츠크로 끌려갔다. 이 소식을 듣고 대한독립군의 총사령관이었던 서일은 책임을 통감하고 헤이룽장성 미산에서 자결했다.

한편 상하이 임시정부도 내부 갈등으로 혼란에 빠져 있었다. 임시정부 초대 대통령이 된 이승만이 미국에서 밀항하여 1920년 12월에 상하이로 와서 취임했는데, 러시아 연해주 동포 사회를 이끌던 이동휘와 대립했다. 이동휘는 이승만의 외교 중심의 독립운동에 반대한다며 총리직을 사임했고, 이승만의 노선에 반대하던 신채호도 임시정부에서 이탈했다. 이승만은 임시정부의 혼란을 수습하기 힘들다고 판단하고 미국으로 돌아가 버렸다.

임시정부 내의 갈등은 이것으로 끝나지 않았다. 1921년에 임시정부는 레닌에게서 200만 루블의 군자금 지원을 약속받았는데, 그중 60만 루블을 수령한 이동휘가 임시정부에 자금을 보내지 않았다. 김구는 레닌의 돈을 수령한 이동휘 일파를 추격하여 김립을 암살하고 이동휘를 포함한 사회주의 세력을 임시정부에서 추방했다.

임시정부는 조직을 재정비하기 위해 1923년에 국민대표회의를 개최했다. 200여 명의 각 지역 대표들이 참석하여 임시정부 존립에 대한 논쟁을 벌였다. 그들은 크게 창조파와 개조파로 대립했는데, 창조파는 임시정부를 해체하여 재건하자는 주장을 했고, 개조파는 임시정부를 개혁하는 선에서 마무리하자고 했다. 양쪽은 끝내 합의를 보지 못했고, 내무총장을 맡고 있던 김구는 국민대표회의를 해산하고 말았다.

미국으로 간 이승만은 다시 상하이로 돌아오지 않았고, 결국 탄핵되어 대통령직에서 내쫓겼다. 이후 박은식이 임시대통령을 맡아 국무령제를 채택하여 이상룡이 초대 국무령이 되었으나 내각 형성에 실패하여 사퇴했고, 양기탁과 안창호가 다시 국무령에 천거되었으나 사양했다. 상하이 임시정부를 이끌던 이동녕이 잠시 국무령을 맡았다가 홍진이 국무령이 되었으나 역시 내각 조직에 실패했다. 임시정부는 김구에 의해 가까스로 유지되는 형국이 되었다.

임시정부는 1919년 4월 10일 수립 이후, 가장 힘든 시기를 겪고 있었다. 1000여 명에 달하던 정부 요인들은 하나둘 떠나고, 내각조차 조직할 수 없는 지경에 처했으며, 재정 상태도 최악으로 치달아 끼니조차 해결할 수 없었다. 외교 활동도 거의 없었고, 국내와의 연결망도 무너졌으며, 비밀 행정 조직망도 파괴된 상태였다.

3. 지속되는 무력 저항

아나키스트 중심의 무장 독립단체인 의열단은 임시정부와 별개로 무력 항쟁을 지속했다. 1919년 11월에 약산 김원봉이 만든 의열단은 1920년대를 풍미한 가장 열렬한 항일 단체였다. 의열단 단원들은 목숨을 걸고 총독부나 경찰서에 폭탄을 던지고 친일파나 일본 요인들을 암살했는데, 소속된 단원의 수가 1000명이 넘었다.

의열단이 행한 주요 사건을 열거하자면, 1920년 9월에 박재혁이 부산경찰서에 들어가 경찰서장에게 폭탄을 던져 폭사시킨 것을 시작으로 최수봉의 밀양경찰서 폭탄 투척, 김익상의 조선총독부 폭탄 투척, 김상옥의 종로경찰서 폭탄 투척, 김지섭의 도쿄 궁성 앞 이중교 폭탄 투척, 김병현·김광추·박희광의 친일파 정갑주 가족 사살, 이토 히로부미 양녀 배정자 암살 시도, 봉천성 일본 총영사관 폭탄 투척, 나석주의 동양척식주식회사와 조선식산은행 습격 사건이 있다.

일련의 사건들은 1920~1926년에 벌어졌던 일인데, 1924년 김지섭의 도쿄 거사 이후 일본 경찰의 감시가 심해져 활동이 크게 위축되었다. 결국, 의열단은 1926년 이후 조선민족혁명당으로 단체 이름을 변경하면서 정치조직으로 개편되었다.

의열단 외에도 흑도회에서 활동하던 박열의 히로히토 암살 기도 사건, 조명하가 히로히토의 장인인 육군대장 구니노미야 구니요시를 독 묻은 칼로 척살한 사건도 있었다.

4. 전국적인 항일운동의 부활

의열단의 폭력 항쟁이 시들해질 무렵, 1926년 대한제국의 마지막 황제 순종이 타계하면서 6·10만세운동이 일어나 항일운동에 활기를 불어넣었다. 이 운동을 주도한 인물은 사회주의 계열의 권오설, 김단야와 연희전문과 중앙고보, 경성대학 학생들, 천도교의 박내원과 권동진 등이었다. 이들은 10만 장에 달하는 격문을 배포했고, 순종의 장례에 참여한 수만 명의 시위대가 만세 운동에 참여했다. 이러한 저항은 전국 각지로 번져 대규모 만세 운동으로 확산되었다. 하지만 이미 삼일운동을 겪은 일제는 진압을 위한 만반의 준비를 갖춘 상태여서, 그 여파가 삼일운동에는 미치지 못했다.

6·10만세운동은 새로운 항일 단체 조직의 기반이 되었다. 1927년 2월, 회원 수가 5만 명에 이르는 거대한 항일 단체인 신간회가 탄생한다. 신간회는 사회주의 세력과 민족주의 세력, 종교 단체가 망라된 전국적인 조직으로 이상재, 홍명희, 권동진, 안재홍, 문일평, 신석우, 백관우, 신채호 등의 독립투사들이 핵심 인물이었다. 신간회에 가담한 농민의 수만 해도 2만 명을 넘었다. 대중적 기반이 탄탄한 조직이었다.

신간회 조직과 더불어 1929년엔 또 하나의 항일 저항운동인 광주학생항일운동이 전개되었다. 전라도 광주에서 시작된 이 사건은 한국과 일본 학생들 사이의 충돌에서 비롯되었지만, 전국적인 항일저항운동으로 확대되어 1929년 11월부터 1930년 5월까지 무려 6개월간 지속되었다. 학생이 주축이었지만, 신간회를 비롯한 노동단체와 해외 독립운동 단체, 해외 동포와 해외 학교까지 가담하는 민족적 저항운동으로 확대되었다.

5. 노동조직의 성장과 농민들의 변화

1920년대는 노동 분야에서는 급격한 변화와 발전이 이뤄졌다. 전국적으로 공장이 늘어나고 공장 노동자 수가 많아짐에 따라 임금 인상을 위한 파업 투쟁이 조직화되고, 소작농들의 소작쟁의 또한 조직적으로 다양하게 전개되는 양상을 보였다.

1921년 당시 전국 공장의 수는 2384개로 조사되었으며, 노동자는 약 5만 명 정도였다. 회사 수는 705개, 노동쟁의는 총 36건, 쟁의 참가 노동자 수는 3404명으로 조사되었다. 그런데 2년 뒤인 1923년의 노동쟁의 건수는 72건, 쟁의 참가자 수는 6041명으로 집계되었다. 2년 만에 노동쟁의 건수와 참가자 수가 두 배로 늘어난 것이다. 이때까지만 해도 노동쟁의는 조직력이 약한 상태로 활발히 전개되지 못했지만, 1924년 3월 이후 가히 폭발적으로 증가한다. 3월에 전조선노농총동맹이 발기되고, 8월에 전국에서 182개 노농 단체 대표자들이 모여 조선노농총동맹을 결성했다. 같은 달에 조선노동당이 창립되기도 했다. 이해에 노동쟁의 발생 건수는 무려 6751건이다. 이전까지의 노동쟁의 건수에 비해 폭발적으로 늘어났음을 알 수 있다.

노동자가 급격히 늘어난 것도 그 원인이지만 저임금과 열악한 노동 환경을 개선하려는 노동자 조직의 강화가 가장 큰 원동력이었다. 대다수의 노동자는 끼니를 잇기도 힘들 정도의 낮은 임금 때문에 생존을 위협받았고, 소작농들은 지주의 횡포와 갈취로 농사를 접어야 했다. 노동자와 농부들은 생존을 위해서 조직을 형성하고 목소리를 높일 수밖에 없었다.

1924년 10월에 인천의 13개 정미소에서 일하는 여공 3000여 명이 여공조합을 조직할 정도로 노동자의 조직력은 강화되고 있었다. 농민들의 조직력도 크게 강화되었는데, 1923년 8월 결성된 암태도소작회의 출현은 전국 소작농들의 쟁의에 불을 댕겼다. 이후 암태도 소작쟁의는 더욱 치열해져 1924년에 3월에 이르면 면민들이 지주규탄대회를 열고, 8월에는 소작인들의 주장을 관철하는 결과를 얻었다. 그 여파로 소작쟁의가 들불처럼 번져 전국 각처에서 일어났고, 결국 농민운동으로 승화되기에 이른다.

그러나 1924년에 폭발적으로 늘어난 노동쟁의 건수는 1925년부터 이전 상태로 돌아간다. 1926년의 노동쟁의 건수는 81건이고, 참가 인원은 5984명으로 조사되었다. 이처럼 노동쟁의가 잦아든 것은 총독부의 강력한 탄압책 때문이었다. 1924년에 쟁의 수가 폭발적으로 늘어나자, 총독부는 경찰을 동원하여 조합을 와해하고 조합원을 잡아들이기 시작했다. 공장 수는 늘었지만 쟁의 수는 1923년 수준으로 떨어졌다. 그러나 총독부도 소작쟁의는 쉽게 막지 못했다. 1926년 소작쟁의는 198건으로 전국 각지에서 벌어지고 있었다. 소작농들은 노동자들보다 조직이 크고 저항이 거셌기 때문에 총독부도 탄압 일변도로 대응할 수만은 없었다.

세월이 흐름에 따라 소작인의 수는 줄고 도시 노동자의 수는 늘어나 새로운 양상이 전개된다. 1930년도의 노동쟁의와 소작쟁의를 건수와 참가 인원을 살펴보면 확연히 드러난다. 이해에 노동쟁의는 160건, 참가자 1만 9000여 명인 데 반해 소작쟁의는 726건, 참가인원 1만 3000여 명이었다. 건수로 보면 노동쟁의는 소작쟁의에 비해 4분의 1 수준도 되지 않는데, 참가 인원은 노동쟁의 참가자가 훨씬 많았다. 이는 소작쟁의는 잦아졌지만 소작인의 수가 줄고 그 규모도 작아졌다는 것을 의미하는 반면, 노동쟁의는 꾸준히 건수가 늘어나면서 동시에 쟁의 규모도 커졌음을 의미한다.

대표적인 노동쟁의가 1929년 일어난 원산총파업이다. 원산부두의 문평제유공장 직공과 운수 노동자 2200여 명이 총파업을 단행했고, 이는 3개월이나 지속되었다. 그 과정에서 총독부의 탄압과 억압이 강화되었고, 수많은 노동자가 체포되어 투옥되었다. 4개월에 걸친 노동자들의 투쟁은 성과를 얻지 못하고 실패했지만, 전국적인 지지와 관심을 얻는 데 성공했다. 원산총파업 외에도 전남 보성의 철도공사 인부 1000여 명이 임금 인상을 요구하며 파업한 것이나 1930년 1월에 부산 조선방직회사 직공 2000여 명이 대우 개선을 요구하며 총파업을 단행한 것에서도 당시 공장노동자의 조직이 강화되고 있었음을 엿볼 수 있다.

공장노동자의 결집력은 강화되었지만 경제활동 인구를 분석해보면 농업이 81퍼센트, 상업이 4.6퍼센트, 공업이 3.9퍼센트, 수산업이 1.5퍼센트, 교통 1.3퍼센트였다. 여전히 절대다수가 농업에 종사하고 있었다. 절대다수가 종사하는 농업계에서는 자작농이 소작농으로 전락하는 상황이 전개되고 있었다. 그들 중 상당수는 소작농의 삶을 견디지 못하고 고향을 떠나는 일도 잦았고, 아예 나라를 버리고 타국으로 떠나는 일도 많았다. 1930년의 통계에 따르면 자작농이 소작농으로 전락한 이후 무려 200만 명이 일본이나 만주, 소련 등지로 떠났다. 당시 한국 농민의 삶이 더욱 피폐해지고 있었던 것이다.

6. 늘어난 공장과 빨라진 인구 성장

1930년 총독부의 당해 예산이 2억 3880만 원이었다. 전년에 비해 805만 원 감소한 것이었는데, 지금의 돈으로 환산하면 약 12조 원 정도이다. 당시 1전을 현재 500원으로 계산한 것이다.

당시 돈으로 평균 500원 이상 납세자는 한국인 약 400명, 일본인 약 500명이었다. 당시 500원의 가치는 지금 돈으로 약 2500만 원 정도다. 한국 인구가 약 2000만, 재한 일본인 수는 약 50만 명이었다. 한국인 대비 일본인은 2.5퍼센트에 불과했지만 고액 납세자는 더 많았다. 한국인과 일본인의 빈부 차이가 심했음을 보여주는 것이다.

1929년 당시 한국인과 일본인이 운영하던 공장 수는 각각 2751개와 2425개였다. 한국인이 운영하는 공장이 일본인 공장보다 많았지만, 자본금에 있어서는 현격한 차이가 났다. 한국인 공장운영자의 자본금 총합이 2500만 원인 것에 비해, 일본인 자본금은 약 5억 원 정도였다. 자본금에서 20배 차이가 났던 것이다. 그만큼 한국인의 공장은 영세한 데 비해 일본인의 공장은 규모가 컸다. 다만 1920년의 한국인 공장 수가 940개, 자본금이 915만 원 수준이었던 것에 비한다면 9년 동안 2.5배 성장했음을 알 수 있다.

1929년 총독부에 의해 조사된 공장노동자의 임금 내용을 보면 당시 한국인 성인 남자의 평균 임금은 하루 열 시간 노동을 기준으로 1원 정도였다. 지금 돈으로 환산하면 약 5만 원에 해당하는 금액이다. 한국인 여성의 평균임금은 열시간 노동에 하루 59전, 지금 돈으로 환산하면 3만 원에 조금 못 미치는 정도였다. 한국인에 비해 일본인의 1일 평균임금은 훨씬 높았다. 일본인 성인 남성의 경우 2원 32전이었으니 한국 남성에 비해 2.3배 높은 수준이었다. 일본인 여성의 1일 평균임금은 61전으로 한국인 여성과 큰 차이가 없었다. 당시 남성과 여성의 임금 격차가 심각했음을 보여준다. 총독부의 임금 조사 결과는 어디까지나 평균임금이기 때문에 최저 임금 수준은 더욱 열악했을 것이다.

1930년 당시 경제활동 인구를 비교해보면 총인구 약 2000만 명, 농업 종사자 및 가족 약 1600만 명, 공장 종사자 및 가족 약 80만 명, 상업 종사자 및 가족 약 92만 명, 수산업 종사자 및 가족 30만 명, 교통사업 종사자 및 가족 약 26만 명, 기타 공무원 및 자유직업 종사자 및 가족이 32만 명 정도였다. 1920년에 공장 종사자 및 가족이 약 20만 명이었던 점을 감안한다면 10년 사이에 공장 종사자는 네 배로 늘어난 셈이다.

인구는 1920년에 1700만 명 수준에서 10년 만에 2000만 명으로 늘어났으니 매년 30만 명 증가했다. 1910년대에 매년 20만 명씩 증가한 것에 비해 증가 속도가 빨라졌음을 의미한다.

7. 양복과 구두의 유행

1920년대 사람들의 모습을 가장 크게 변화시킨 것은 단연 양복이었다. 양복은 1910년대까지만 하더라도 신문물을 접한 지식인 계층이 입는 옷이었지만 1920년대에 이르러 도회지 사람들의 태반이 양복을 입고 다녔다. 여성들도 양장이나 치마저고리 위에다 코트를 걸치고 다니는 것이 일상이 되었다.

양복은 겉옷만 변화시킨 것은 아니었다. 속옷도 속적삼, 속속곳, 단속곳 대신 셔츠, 팬티, 속치마를 즐겨 입기 시작했다. 정구복, 야구복, 기계체조복 같은 것이 등장했고, 원피스나 스웨터, 스커트도 일상화되었다. 양복과 함께 등장한 것이 양말과 고무신, 구두였다. 사람들이 가장 빨리 적응한 것이 양말과 고무신이었으며, 양복에 구두는 당연한 모습이 되었다. 여성들은 하이힐과 중힐, 부츠, 반부츠를 즐겨 신었으며, 흑백의 콤비 구두가 유행했다.

8. 인력거와 자동차의 대중화

1920년대의 거리 풍경에서 빠질 수 없는 것이 있다면 인력거와 자동차다. 전차가 대중이 집단적으로 타고 다니는 교통수단의 대명사였다면 인력거와 자동차는 개인들에게 가장 사랑받은 교통수단이었다.

인력거는 1894년에 일본인 하나야마가 일본에서 열 대를 들여오면서 한국에 소개되었다. 당시 인력거 바퀴는 철 테로 만든 바퀴였는데, 1910년대에 압축공기를 이용한 타이어로 교체되었다. 이후 급속도로 보급되어 1920년대에 이르면 도시에서 쉽게 볼 수 있는 운송 수단이 되었다. 인력거꾼도 처음엔 대개 일본인이었으나 1920년대에 와서는 대부분 조선인으로 교체되었다. 인력거는 언덕이나 좁은 골목도 누비고 다닐 수 있었기 때문에 1920년대의 가장 사랑받는 개인 교통수단이었다.

그러나 자동차의 등장이 인력거의 운명을 어둡게 했다. 1920년대엔 인력거가 자동차보다 훨씬 많았으나 자동차의 증가로 인력거는 점차 사라졌다. 자동차는 1910년대엔 널리 보급되지 않았는데, 도로 사정이 좋지 않았기 때문이다. 그러다 1917년 한강에 처음으로 다리가 준공되고, 상류층을 중심으로 자동차 소유자가 늘어나기 시작했다. 1918년 서울에 다니던 자동차는 212대였다. 그나마 도로 확충으로 늘어난 수치였다. 그러던 것이 1926년에 이르면 서울에 1587대의 자동차가 다녔다. 8년 사이에 약 여덟 배 불어난 것이었다. 이렇게 되자 자동차 학교도 생기고 그 숫자도 늘어났다. 자동차 학교는 대부분 일본인이 세웠으나 1920년대에 이르면 한국인이 세운 자동차 학교도 생겨나기 시작했다.

20전짜리 은화

1920년 7월 26일에 화폐법이 개정되었다. 20전 은화와 10전 백통화와 5전짜리 백통화가 새롭게 등장했다. 20전의 가치는 지금의 1만 원에 해당하니, 은화 한 닢의 가치가 만 원이었다. 10전 백통화는 5000원, 5전은 2500원에 해당하니, 모든 동전이 매우 비싼 것이었음을 알 수 있다. 당시 화폐는 한일합병 이전에 발행한 다이이치은행권, 한국은행권, 일본 제일은행권, 한국은행이 조선은행으로 개칭된 이후 발행된 조선은행권 등이다. 1920년 12월 31일을 기해 한국은행권, 다이이치은행권 화폐 유통이 전면 중단되면서 조선은행권과 일본 제일은행권만 유통되었다.

소비조합

1921년 7월 15일엔 조선노동공제회가 설립되면서 한국 최초의 소비조합이 개설되었다. 이 조합의 모태는 1920년 4월 11일에 창립된 노동문제연구회였다. 창립 이후 이 조직은 각 지방에 15개의 지회가 생겼고, 서울의 공제회는 경성본회로 개칭되었다. 1922년에 이르면 공제회의 회원은 약 1만 5000명이 되었다. 공제회의 강령은 민족 차별 철폐, 식민지 교육 폐지, 노동자의 기술 양성, 노동보호 및 쟁의권 획득, 상호부조 등 한국인의 권리 보호와 획득을 목표로 했다. 이를 위한 활동 방침은 노동자의 지식 계발 및 품성 향상, 환난 구제, 직업 소개, 저축 장려, 위생 장려, 노동 상황 조사

연구 등으로 주로 노동자의 능력 향상과 생활 개선에 중점을 두었다. 강연회와 계몽 활동, 노동 야학에도 주력했다.

기자 단체

1921년 11월 27일에 최초의 신문 잡지 기자 단체인 무명회가 창립되었다. 이 단체의 첫 번째 결의는 신문과 잡지에 대한 검열 및 허가제의 폐지였지만, 총독부의 거부로 뜻을 이루지는 못했다. 회원 구성이 경영진과 기자를 모두 포괄하고 있었기 때문에 언론 단체의 역량을 제대로 발휘하지 못했다. 이들의 활동 중 가장 눈에 띄는 것은 1924년 8월에 발생한 평안북도 위원군 화창면의 주민 참살 사건 보도였다. 당시 무명회는 〈조선일보〉 이석 기자를 현장에 특파하여 진상을 취재했고, 이 내용을 〈동아일보〉와 〈조선일보〉에 대대적으로 보도했다. 무명회는 1925년 1월에 전조선기자대회를 개최하기도 했다.

라디오방송

1927년 2월 16일, 최초의 정규 라디오방송이 시작되었다. 1915년 최초로 무선전화 송수신 시험이 진행된 이래 12년 만에 이뤄진 일이었다. 최초 무선전화 송수신 시험은 경성우편국과 조선총독부 체신국 사이에서 실시되었는데, 두 건물 사이의 거리는 약 800미터였다. 그 후 꾸준히 개발을 지속하여 1924년 11월에는 체신국이 최초로 시험 방송에 성공했다. 1927년에 이르러 사단법인 경성방송국이 호출부호 JODK를 사용하고 주파수 690킬로

헤르츠(kHz), 출력 1킬로와트(kW)로 첫 방송을 시작했다. 대부분의 방송은 일본어로 진행됐고, 한국어 방송이 일부 편성되었다.

백화점

1930년 10월에 미쓰코시백화점 경성지점이 충무로1가에 개설되었다. 1930년 초 일본 긴자에 설립된 미쓰코시백화점은 일본에서 백화점이라는 단어를 처음 사용한 업체이고, 일본 최초의 백화점이기도 했다. 미쓰코시사의 이 서울지점 백화점은 해방 이후 동화백화점으로 되었다가 1963년에 삼성그룹에 흡수되어 현재의 신세계백화점 본점이 된다.

한편 미쓰코시백화점이 세워진 지 몇 달 되지 않아 한국인이 세운 최초의 백화점이 들어서는데, 바로 화신백화점이었다. 화신백화점을 세운 인물은 친일 기업인으로 알려진 박흥식이었다. 그는 지물 회사를 운영했는데, 미쓰코시백화점이 서울에 들어서자 종로에 화신백화점을 세웠다. 화신백화점이 성공하자 1934년에 화신연쇄점을 세워 다시 한번 성공한다. 덕분에 최고의 갑부 자리에 오르게 된다. 하지만 1935년에 화신백화점에 화재가 나서 건물이 전소되는 사태가 일어나는데, 박흥식은 설계사 박길룡에게 일을 맡겨 지하 1층 지상 6층 규모의 현대식 백화점 건물을 짓는다. 승강기와 에스컬레이터가 설치된 이 백화점은 당시 서울에서 가장 높은 건물이었으며, 가장 현대화된 건물이었다. 박흥식은 이후 승승장구하여 1944년에 항공업에 손을 대 조선비행기공업주식회사를 세우게 되며, 1945년에는 조선비행기공업학교를 세우기도 한다.

박흥식이 세운 화신백화점은 1987년 2월에 문을 닫았으며, 지금 그 자리엔 삼성의 종로타워가 서 있다.

10. 1920년대에 최초를 장식한 인물들

1924년에 〈조선일보〉는 부인란을 신설하고 최은희와 윤성상을 기자로 채용했다. 이들은 한국 최초의 여기자였다. 두 사람 중 최은희는 기자로서 활약이 대단했다. 여학교 시절엔 삼일운동에 앞장서 두 번 옥고를 치렀고, 니혼여자대학 3학년 재학 중 과감히 학교를 그만두고 기자의 길을 택했다. 8년 동안 신문기자로 지내면서 남성 기자들을 제치고 학예부장을 하는 등 활동적인 모습을 보였다. 훗날 한국 최초로 방송 아나운서가 되었고, 여성운동에도 많은 족적을 남겼다. 또한 모든 재산을 〈조선일보〉에 맡겨 '한국여기자상'을 제정했는데, 현재 '최은희 여기자상'으로 불리고 있다.

1921년 5월에는 일본 최초로 비행사 자격시험이 치러졌는데, 이 시험에서 한국인 청년이 수석을 차지했다. 당시 비행사 시험은 세 가지 형태로 치러졌는데, 도쿄에서 마쓰에까지의 원거리 비행, 2000미터 상공에서 한 시간 머물기, 500미터 상공에서부터 엔진을 끄고 활공으로 착륙하기였다. 이 시험에 응시한 사람은 모두 17명이었고, 한국인은 단 한 명이었으며, 합격자는 두 명이었다. 그중 수석을 한 인물이 바로 스물한 살의 한국인 청년 안창남이었다. 이듬해 개최된 도쿄-오사카 간 우편대회 비행에서도 최우

수상을 받았다. 이후 안창남의 쾌거는 자전거 왕 엄복동과 함께 이런 노랫말로 읊어졌다. '떴다 보아라 안창남 비행기, 내려다 보아라 엄복동 자전거'

남성 최초의 비행사 자격증을 딴 이가 안창남이라면 여성 최초의 비행사는 권기옥이었다. 권기옥은 평양 숭의학교 재학 중 삼일운동에 참가했고, 독립운동을 하다 옥고를 치르기도 했고, 상하이 임시정부에서 일하기도 했다. 임시정부 추천으로 스물한 살 때인 1923년에 중국 윈난육군항공학교에 제1기생으로 입학하여 1925년에 졸업했으며, 한국 최초의 여성 비행사로 중국 공군에서 복무했다. 그녀는 난징에서 일본 경찰에 붙잡혀 옥고를 치르기도 했고, 1937년 발발한 중일전쟁 이후에는 중국 국민정부 육군참모학교 교관 생활을 했다. 1943년부터는 충칭의 대한민국 임시정부에서 한국애국부인회를 조직하여 사교부장으로 활동했다.

권기옥과 함께 최초의 여성 비행사로 알려진 또 다른 인물은 박경원이었다. 그녀는 1927년 8월 7일에 여성 최초로 일본에서 비행사 면허를 획득했다. 자혜의원의 간호사였던 박경원은 1925년에 일본 가마다자동차학교와 가마다비행학교를 다녔다. 1927년에 3등 비행사 자격증을 획득했고, 1929년에 2등 비행사 자격증을 얻었다. 여자에게는 1등 비행사 자격증을 주지 않았기에 여성으로서는 최고의 비행사가 된 셈이었다. 당시 일본 체신대신 고이즈미 마타지로의 추천을 받아 육군비행학교로부터 비행기를 얻었는데, 이를 타고 일본에서 한국으로 비행하다가 일본 시즈오카현 다가타군의 구로타케산에 부딪쳐 추락사했다. 그녀의 이야기는 2005년에 윤종찬 감독의 영화 〈청연〉에 담겼다.

11. 1920년대의 사건 사고

화재 사건

1920년대 화재 사건 중 단연 1위는 남대문역(서울역) 화재 사건이다. 1921년 5월 30일에 발생한 이 사건으로 목조건물이었던 남대문 역사 건물 중 화물 창고 한 동이 완전히 불타버렸다. 손해액은 당시 돈으로 1만 원 정도였으니, 지금 돈으로 환산하면 약 5억 원쯤 되는 액수다. 1922년 6월부터 역사 신축 공사가 진행되어 1925년 9월 30일에 벽돌과 철골, 철근, 콘크리트로 된 새로운 역사가 들어섰다. 1923년 1월 1일에 남대문역은 원래 명칭인 경성역으로 변경되어 있었는데, 경성 역사를 설계한 인물은 일본인 설계사 쓰카모토 야스시였다.

재일 노동자 피해 사건

1920년대 노동자 피해 사건 중 최대 사건은 1922년 7월 26일 일본 혼슈 중부에 있는 나가타현에서 일어난 것으로, 신월전력 공사장에서 한국인 노동자 100여 명이 학살되는 참사였다. 이 때문에 한국 사회단체 대표 50여 명이 나가타현 조선인노동자학살사건 조사회를 결성했다. 그러나 일본 당국의 비협조와 신월전력 측의 방해로 진상 조사는 제대로 진행되지 못했다.

일본 내 한국인 피해는 이뿐만이 아니었다. 1925년 2월 10일에는 일본 하코네산 전차 시설 공사장에서 한국인 노동자 100여 명이 추위와 굶주림으로 인해 사망하는 참사가 벌어졌다. 한국인들은 일본 땅에서 엄청난 차별과 학대를 받으며 생활해야 했다. 그 대표적인 사례가 간토대지진에 일어난 조선인 대학살 사건이다. 1923년 9월 1일에 일어난 이 사건으로 수천 명의 조선인들이 희생되었다. 하지만 이에 대한 일본 당국의 사죄나 진상 조사는 아직까지 제대로 이뤄지지 않고 있다.

폭풍과 홍수로 인한 피해

1923년 4월 12일 경북 포항의 영일만 일대에 폭풍이 몰아쳐 수많은 인명 피해와 재산 손실을 가져왔다. 이 폭풍으로 사망하거나, 행방불명된 자가 300여 명이었고, 부상자도 250여 명이었으며, 선박 손실도 119척이나 되었다. 그해 8월 전국에 대폭우가 쏟아져 무려 2500여 명이 죽고, 4만 6000여 채의 가옥이 파손되었다.

최대의 수해는 '을축대수해'라고 불리는 사건이다. 1925년 7월 31일에 쏟아진 엄청난 폭우로 사망자와 행방불명자가 697명, 부상자 264명, 가옥 파손 및 유실이 10만 3391호에 이르렀다.

1930년 7월에 전국적으로 쏟아진 폭우에 의한 사망자는 을축대수해 때보다 많았다. 폭우로 사망하거나 행방불명된 사람이 총 1699명, 부상자도 1012명이었다. 가옥 유실이나 파손 숫자는 을축년에 한참 못 미치는 1만 3965호였다. 가옥 외에 선박 파손 수는 3153척이었다.

당국과 주민 간의 대치 사건

총독부 당국과 주민 간의 대치 사건 중 첫 번째는 1921년 8월 7일에 발생한 마포 주민들의 전차역철폐대회 개최 사건이다. 당시 서울 인구가 급격히 팽창함에 따라 경성 곳곳에는 전차 정거장이 난립하고, 정거장 주변으로는 서울로 모여든 사람들이 움집을 짓고 살았다. 이로 인해 엄청난 교통난이 발생했는데, 전차를 운영하고 있던 한성전기주식회사는 마땅한 대책을 내놓지 못했다. 이런 상황에서 한성전기 측은 일본인이 밀집한 용산 쪽 전차는 운임을 싸게 하고, 한국인이 밀집한 서대문과 마포 쪽은 운임을 비싸게 받았다. 이에 분노한 마포 주민 1000여 명이 운집하여 마포전차역철폐대회를 개최하기에 이른 것이다.

주민과 당국 간의 대치 사건 중 가장 치열했던 사건은 1930년 7월 21일에 일어났다. 함경남도 단천 군민 수천 명이 삼림조합을 반대하며 궐기해 군청과 경찰서를 습격하는 사태가 일어났다. 이에 일본 경찰이 실탄을 발포하여 주민 16명이 죽고, 20여 명이 중경상을 입었다. 이 사건은 1911년에 제정된 삼림령 때문에 일어났다. 삼림령에 의해 삼림을 보유하고 있는 농민들에게 과중한 조합비를 부담하게 했고 자신의 소유지에서 임산물을 채취하는 것도 조합의 허가를 받고 수수료를 내게 한 것이다. 이처럼 주민들의 불만이 고조된 상황에서 단천군 하다면의 산림지기가 한 임신부에게 도벌 혐의를 씌워 폭행한 사건이 발생했다. 격분한 주민들이 면사무소를 습격했고, 일본 경찰은 주동자 53명을 구속했다. 이에 분노한 단천 주민들은 삼림조합 반대 군민대회를 개최하고, 구속자 석방

을 요구했다. 그러나 단천 군수는 석방을 거부했고 주민들은 분개
하여 군청을 습격하고 경찰서까지 공격했다. 경찰은 발포를 시작
했고, 결국 주민 16명이 목숨을 잃는 참사가 발생했으며 주민 수
백 명이 구속되었다. 이후에도 시위는 계속 되었지만 경찰의 무력
진압에 의해 사태는 종결되었다.

3

1920년대의
총독들

1. 제3대, 5대 총독 사이토 마코토(齋藤實)

삼일운동으로 한국인의 거센 저항에 직면한 일제는 무단통치를 중단하고 이른바 문화통치라는 이름으로 정책 방향을 선회하여 한국인의 반발을 무마하려 했는데, 이를 주도한 인물이 제3대 총독 사이토 마코토다. 그의 한국행은 첫날부터 순탄치 않았다. 1919년 9월 2일, 사이토가 총독 취임을 위해 현해탄을 건너 남대문역(지금의 서울역)에 내리는 순간, 백발의 우국지사 강우규가 던진 폭탄이 그를 향해 날아들었다. 그러나 그는 운 좋게도 살아남아 조선 총독으로 취임했고, 이후 약 10년 동안 한국을 지배했다.

제3대 조선 총독으로 취임한 사이토 마코토는 조선 총독 중에 유일한 해군 출신 무장이었다. 1858년 이와테현에서 태어난 그는 열네 살에 상경하여 열다섯 살에 해군병학교에 입학했고, 스물네 살에 해군 소위로 임관했다. 1884년에는 미국으로 유학하여 1888년까지 주미 공사관 주재 무관으로 근무했고, 귀국 이후 해군 참모부에서 근무하여 일본 해군의 주역으로 성장했다. 1900년에 해군 소장이 되었고, 1904년에는 해군 중장이 되어 러일전쟁을 승리로 이끄는 데 핵심 역할을 했다. 그 후에도 승승장구하여 1906년에는 사이온지 내각에서 해군대신이 되었고, 다섯 번 내각이 교체되는 과정에서도 지속적으로 해군대신 자리를 지켰으며, 해군 대장으로 승진되기까지 했다.

그러나 그에게도 시련이 없지 않았다. 1914년에는 이른바 '지멘스 스캔들'이라고 불린 해군 독직 사건으로 군복을 벗어야 했던 것이다. 지멘스 스캔들은 군수 조달 과정에 일어난 부정 사건인데, 이때 해군 출신의 제1차 야마모토 내각이 무너졌고, 사이토 역시 함께 책임을 지고 물러났다. 그는 5년간 야인으로 지내다가 삼일운동이 일어난 후 하라 총리에 의해 조선 총독에 임명되어 재기의 발판을 마련했다. 조선 총독에 부임한 이후 사이토는 데라우치나 하세가와의 무단통치의 틀을 벗고 문화정치라는 이름의 다소 부드러운 정치를 구사하려 했다. 삼일운동 당시의 무자비한 탄압과 학살에 대한 한국인들의 분노와 악화된 세계 여론을 무마하기 위한 제스처였다.

사이토는 문화통치의 일환으로 무단통치의 상징인 헌병경찰 제도를 폐지해 보통경찰 제도로 전환했고, 민족 신문 발행을 허가하고, 잡지 간행을 용인했다. 지방행정에 한국인들을 참여시킨다는 명목으로 도 평의회를 설치했으며 한국인의 교육 기회 확대를 선언했다. 하지만 포장만 다를 뿐 내용은 무단통치 시절과 크게 변하지 않았다. 보통경찰 제도는 명칭과 옷만 바뀌었을 뿐 실질적인 변화는 없었고, 친일적인 성격으로 변화시키기 위해 언론에 압박을 가했으며, 한국인들이 고등교육 기관에 진입할 수 있도록 지원하지도 않았다. 지방의 평의회는 거수기에 불과했고, 사이토 이후에도 지속적으로 군인 출신이 조선 총독으로 부임하여 강압적인 통치 방식을 고수했다.

사이토의 한국 지배는 1927년까지 지속되었다. 사이토는 1927년에 제네바 해군군축협상에 전권대표로 참석했고, 그해 12월에 총독에서 물러나 일본의 추밀원 고문으로 활동했다. 사이토는 1929년에 한국으로 돌아와 다시 총독이 되었다. 2년간 총독 생활을 하다 1931년에 물러나 일본으로 돌아갔다. 이듬해인 1932년에는 일본 내각 총리가 되어 2년 동안 재임했다. 총리직에서 물러난 후에는 천황을 직접 보좌하는 내대신이 되었다.

그가 총리가 될 당시에 일본에선 청년 장교들을 중심으로 군국화가 강화되어야 한다는 주장을 하는 황도파가 대두했는데, 사이토는 이런 총체적 군국화에 반대하는 입장이었다. 사이토는 1936년 2월 26일에 황도파가 일으킨 반란 사건 과정에서 청년 장교들에 의해 살해된다.

2. 제4대 총독 야마나시 한조(山梨半造)

사이토 총독에 이어 제4대 조선 총독으로 온 인물은 야마나시 한조였다. 1927년 12월에 총독으로 부임한 그는 1929년까지 2년 동안 조선총독부에 머물렀는데, 일본 군부에서도 평판이 좋지 않은 인물이었다. 그는 일본 군부의 부정 사건에 연루된 인물이었는데, 별명이 배금장군이었다.

야마나시 한조는 1864년 가나가와현 히라쓰카에서 태어나 1886년에 육군사관학교를 졸업했다. 소위로 임관되고 육군대학을 졸업했으며 1894년 청일전쟁에, 1904년 러일전쟁에 참전했다. 1차 세계대전 때는 육군 소장으로 제18사단 참모장을 맡았고, 1916년에 중장, 1921년에 육군대신이 되어 대장으로 진급했고, 간토대지진 때에는 간토 계엄사령관 및 도쿄 경비사령관을 겸임했다. 1925년에 군복을 벗고 예편했다가 1927년에 조선 총독으로 부임했다.

군복을 벗은 지 2년 만에 조선 총독으로 화려하게 복귀했지만, 그의 생활은 순탄하지 않았다. 부임한 지 불과 6개월 밖에 되지 않은 1928년 5월 14일, 스물넷의 청년 열사 조명하가 타이완에서 히로히토 천황의 장인인 구니노미야 구니요시를 독검으로 찔러 죽게 만드는 사건이 발생했다. 구니노미야는 조명하의 독검에 찔려 즉사하지는 않았지만 이듬해 1월에 죽었고, 야마나시는 이 일로 궁지에 몰린다. 설상가상으로 1929년에 조선총독부 의옥 사건에 휘말리게 된다. 그해 경성에 쌀과 콩을 대상으로 하는 선물거래시장인 미두취인소를 열었는데, 야마나시가 취인소 허가의 대가로 측근을 통해 5만 원의 뇌물을 받은 정황이 포착된 것이다. 야마나시는 결국, 이 두 사건으로 조선 총독에서 불명예 퇴진하게 되었고, 그 자리는 다시 사이토에게 돌아갔다. 취인소 사건에 대한 재판 결과 야마나시는 무죄 선고를 받았으나 이후에는 현직으로 복귀하지 못하고 칩거하다가 1944년에 사망했다.

4

1920년대의
주요 사건

1. 수천 명의 무장 독립군단을 잃은 자유시참변

1921년 6월 27일, 러시아 아무르주 스보보드니에서 러시아군이 대한독립군단 소속 군인들을 포위하여 100여 명을 사살하는 사건이 일어났다. 이를 자유시참변, 또는 자유시사변, 헤이허사변이라 부른다. 스보보드니는 알렉세예프스크라고 불리다가 러시아혁명이후에는 스보보드니로 개칭된 곳이었다.

한국 독립군들이 러시아군에 의해 집단적인 사살을 당한 배경은 다소 복잡하다. 1917년 11월혁명 이후 러시아는 내전에 시달렸다. 볼셰비키 혁명군, 즉 적군과 반혁명 세력인 백군이 대치하고 있었다. 일제는 공산주의를 배격했기 때문에 백군을 지원했고, 반대로 연해주의 한국 독립군은 적군 편에 섰다. 1920년 3월에 이르러 한국 독립군이 가담했던 적군에 의해 백군은 완전히 무너졌다. 백군이 무너질 당시 그들을 지원하던 일본군도 상당수 전사했고, 일본 영사관도 잿더미가 되었다. 일제는 이에 대한 보복으로 블라디보스토크를 습격했고, 이에 적군은 북쪽으로 후퇴해 한국 독립군들도 그들과 함께 달아나야 했다.

일본은 봉오동전투와 청산리전투에 대한 앙갚음을 하기 위해 간도참변을 일으켰다. 간도의 독립군들은 일본군의 초토화 작전에 밀려 러시아 지역으로 몸을 피해야 했고, 러시아로 이동 중에 우선 중국 헤이룽장성 미산에 집결했다. 미산에 집결한 독립군은 총 12개 집단이었는데, 서일과 김좌진이 이끌던 북로군정서를 비롯하여 지청천의 한국독립군, 홍범도의 대한독립군, 구춘선의 간도국민회, 김성배의 대한신민회, 이범윤의 의군부와 광복단, 김국초의 혈성단, 최명록의 도독부, 김소래의 야단, 이규의 대한정의군정사, 김백일의 군비단이었다. 12개의 조직은 1920년 11월에 미산에서 대한독립군단이라는 이름 아래 군단을 형성했다. 대한독립군단의 총재는 북로군정서의 서일이었고, 부총재는 한국독립군의 홍범도와 북로군정서의 김좌진, 조성환이 맡았다. 총사령관은 김규식, 참모총장은 이장녕이 맡았다. 대한독립군단의 총병력은 3500여 명이었고, 그 아래 1개 여단과 3개 대대, 9개 중대, 27개 소대를 두었으며, 여단장은 지청천이 맡았다.

미산에서 겨울을 지낸 독립군단은 1921년 3월부디 러시아로 이동하기 시작했다. 그들의 이동을 도운 세력은 연해주 지역에서 활동하던 대한국민의회였다. 대한국민의회를 이끌고 있던 인물은 문창범이었는데, 그가 대한독립군단을 연해주 이만(지금의 달네레첸스크)으로 인도했다. 문창범은 독립군단을 만주와의 접경지대인 우수리 강변의 이만에서 다시 스보보드니로 이동시켰다. 당시 연해주에 있던 한인 독립군들이 스보보드니에 군대 주둔지를 마련한 상태였기 때문이다. 이만은 미산과 가까웠고, 미산은 간도와 가까웠기 때문에 이만은 일본군으로부터 안전한 곳은 아니었다. 대한독립군단은 하바롭스크를 거쳐 서북방으로 장거리 이동하여 아무르 강변의 스보보드니, 즉 자유시에 도착했다.

대한독립군단이 자유시에 도착했을 때, 러시아 지역에 머무르고 있던 독립군들이 이미 주둔해 있었다. 그들은 적군에 가담했던 독립군으로 김표돌의 이만군, 최니콜라이의 다반군, 박일리야의 이항군, 오하묵과 최고려의 자유대대, 박그리골리의 독립단 등이었다. 모두 고려공산당 소속의 독립군들이었는데, 고려공산당은 두 부류가 있었다. 러시아 지역의 독립 세력 중 명망이 가장 높았던 이동휘가 상하이에서 고려공산당을 먼저 만들었는데, 맞수 문창범과 여운형이 대한국민의회를 중심으로 고려공산당을 하나 더 만든 상태였다. 이동휘 중심의 고려공산당을 상하이파, 문창범과 여운형이 주축이 된 고려공산당을 이르쿠츠크파라고 불렀다. 두 파벌은 군대를 병합하는 과정에서 통수권을 놓고 갈등을 일으켰다. 상하이파의 핵심 부대인 이항군을 이끌고 있던 박일리야는 러시아 극동공화국 군부와 먼저 접촉하여 상하이파 박창은을 총사령관으로 삼아 자유시에 집결한 모든 한인 부대를 지휘하도록 했다. 하지만 박창은이 자유시에 도착하여 지휘권을 행사하려 하자 이르쿠츠크파의 자유대대와 대한국민의회는 그를 사령관으로 인정하지 않았다. 박창은은 총사령관직을 사임했고, 극동공화국은 다시 상하이파 지지자인 그리고리예프를 연대장, 박일리야를 군정위원장으로 임명하여 간도의 독립군 사단인 대한독립군단을 비롯하여 모든 한인 군단을 지휘하도록 했다. 그 과정에서 자유대대가 끝까지 불응하자 그리고리예프는 자유대대의 장교들을 체포하고 무기를 압수한 뒤, 지방수비대로 강제 편입시켰다.

양측의 싸움은 상하이파의 승리로 끝나는 듯했다. 그런데 자유대대의 오하묵과 최고려는 이르쿠츠크에 자리한 코민테른(제3인터내셔널, 국제공산당) 동양비서부를 찾아가서 자신들의 처지를 설명하고 군권을 되찾을 수 있도록 해달라고 하소연했다. 상하이파가 극동공화국과 친분이 두터웠다면 이르쿠츠크파는 이르쿠츠크 코민테른과 친분이 두터웠다. 오하묵과 최고려의 하소연을 듣고 이르쿠츠크 코민테른은 동양비서부를 통해 임시 고려군정회를 조직하고 군대를 내줬다. 고려군정회의 총사령관은 레스토르 칼란다리시빌리였고, 오하묵은 부사령관이 되었다. 군정위원으로는 이르쿠츠크파의 일원인 김하석과 채성룡이 임명됐다. 칼란다리시빌리는 자신이 고려군정회의 총사령관이라고 주장하며 러시아에 주둔한 모든 한인 부대는 자유시로 출두할 것을 명령했다. 대세가 뒤집혔음을 직감한 대한독립군단의 홍범도는 자유시로 집결했지만, 상하이파 부대를 이끌던 바일리아는 응하지 않았다. 칼린다리시빌리는 그리고리예프의 군대를 포위하여 압박했고, 그리고리예프는 투항했다. 그러나 박일리야는 끝까지 투항하지 않다가 총격전이 벌어졌다. 결국 1000여 명에 이르던 박일리야의 부대원 중 864명이 무장해제되어 체포되었고, 나머지는 사살되었다.

박일리야의 부대는 물론이고, 홍범도, 안무, 지청천 등이 이끌던 대한독립군단 소속의 대원들은 적군에 편입되어 이르쿠츠크로 이동했고, 후에 무장해제되고 말았다. 이렇듯 수천 명의 한국인 독립군단이 러시아군에 의해 와해된 사건을 자유시참변이라고 하는 것이다. 자유시참변으로 수천 명의 항일 독립부대가 사라지고, 홍범도와 같은 뛰어난 무장들을 잃은 것은 한국 독립운동사의 가장 뼈아픈 사건 중 하나라고 할 수 있었다. 독립 무장의 대표적인 인물 중 하나인 지청천은 포로로 잡혔다가 가까스로 탈출했으며, 러시아로 가는 것을 꺼림칙하게 여겼던 김좌진, 김규식, 이범석, 김홍일 등은 이만에서 발길을 돌린 덕분에 참변의 화를 당하지 않았다.

대한독립군단의 병력이 적군에 편입되어 이르쿠츠크로 끌려가는 바람에 대한독립군단은 완전히 와해되었다. 이 소식을 들은 대한독립군단 총재 서일은 책임을 통감하고 미산에서 스스로 목숨을 끊고 말았다. 대한독립군단 소속 부대 중 이만에서 발길을 돌렸던 이범석, 김홍일 등이 이끌던 부대원들이 참변을 당하지 않은 것을 다행으로 여겨야 할 형편이었다.

2. 7000명 동포를 불귀의 혼으로 만든 간토대학살

1923년 9월 1일 오전 열한시경에 일본 간토(關東) 지역에 대지진이 일어났다. 피해 규모는 당시 돈으로 약 10억 엔에 이르렀고, 사상자는 30만 명이었다. 일본의 수도 도쿄는 지진으로 인해 도시 내 건물 중 약 70퍼센트가 무너졌으며, 전신, 전화, 철도는 물론이고 전기와 수도 등 도시 기반 시설이 모두 파괴되었다.

일본 정부는 대지진을 반체제 인사나 일본에 거류하는 한국인을 제거하는 수단으로 활용했다. 당시 일본은 심한 불황으로 실업자가 증가하고 식료품 값이 폭등한 상태였고, 국민들의 불만이 고조되어 있었다. 자유민권운동, 공산주의운동 등으로 제국주의 정권은 위기의식을 느끼고 있었다. 설상가상으로 일본 정국은 과도기 상황에 있었다. 1922년 6월 12일에 총리가 된 가토 도모사부로가 1923년 8월 24일로 퇴임했지만, 다음 총리가 결정되지 못한 때였다. 가토에 이어 총리에 오른 인물은 야마모토 곤노효에였는데, 그가 총리가 된 것은 간토대지진 다음 날인 9월 2일이었다.

야마모토 곤노효에는 정권을 잡자마자, 대지진을 반체제 세력 척결에 이용하려는 계획을 세웠다. 그는 전국에 계엄령을 선포하고 과격사회운동체법을 만들어 사회주의자와 한국인들을 잡아들이기 시작했다. 한국인들을 잡아들인 것은 2·8독립선언과 삼일운동에 대한 보복이었고, 사회주의자들은 정권을 위협하는 암적 존재로 여긴 까닭이다. 야마모토 내각은 각 경찰청에 다음과 같은 전화 통지문을 내렸다. '도쿄 부근의 재해를 이용해 한국인들이 각지에 방화를 하여 불령한 목적을 이루려고 하니, 이들을 발본색원하라.'

야마모토 내각은 이후 경찰과 관변 단체를 동원하여 한국인들이 폭동을 일으키고 방화와 강간을 일삼고 있으며, 우물에 독약을 풀어 일본들을 죽이려고 한다는 유언비어를 퍼뜨렸다. 유언비어는 곧 일본인들의 경각심을 유발했고, 일본인들은 자경단을 조직하여 한국인을 색출하고 검거하여 무자비하게 학살하기 시작했다. 그들의 검문에 걸린 한국인들은 칼과 창, 죽창, 곤봉에 맞아 죽기 일쑤였고, 살기 위해 경무서로 피신했다가 경찰들이 보는 앞에서 맞아 죽는 경우도 허다했다. 경찰들이 한국인들을 체포하고 구금해두면 자경단이 경무서로 와서 그들을 살해했다. 말하자면 경찰은 한국인들을 체포하여 구금하고, 자경단은 그들을 인계받아 학살하는 형태였다. 한국인 학살에는 군부도 가담했다. 군대 소속 기병들이 경찰서에 수용되어 있던 한국인들을 연병장으로 불러내 총이나 칼로 죽였다는 증언들이 숱하게 남아 있다. 한국인 학살 과정에서 일본인 사회주의자들도 상당수 학살되었다. 야마모토 내각은 군대와 경찰, 관리들을 조직적으로 동원하여 사회주의자들을 색출하고 그들을 민간인들과 함께 처참하게 죽였다.

당시 한국인 피해 상황에 대한 대한민국 임시정부 산하의 〈독립신문〉의 조사 내용을 보면 학살은 전국적으로 자행되었음을 알 수 있다. 도쿄에서 752명, 가나가와현에서 1052명, 사이타마현에서 239명 지바현에서 293명 등 피해자 총수는 6661명으로 기록되어 있다. 기록되지 못한 희생자들도 많을 것으로 추측되기 때문에 실제 희생자는 훨씬 많았을 것이다.

가나가와현 근처에서 학살되어 철길에 버려진 시체가 찍힌 당시 사진을 분석해보면, 학살은 남녀노소를 가리지 않고 이뤄졌으며, 옷을 벗기고 나체로 죽인 경우도 있었다. 당시 도시 곳곳에 버려진 한국인들의 시체는 무덤도 마련되지 못한 채 산기슭에 묻히거나 바다에 던져지거나 불태워졌다. 이에 대한 언론 보도는 철저히 금지되어 있었다. 학살 상황에 대한 군대와 관청, 경찰서의 모든 기록은 은폐되었으며, 모든 책임은 자경단에 넘겨졌다. 이후 자경단 간부 몇 명은 재판에 회부되었지만 형식적인 행위였을 뿐 모두 증거 불충분으로 석방되었다. 이제까지 일본 정부는 간토대학살에 대한 어떤 사과도 보상도 진상 규명 노력도 하지 않았다.

3. 농민운동을 불붙인 암태도 소작쟁의

1923년 8월, 전라남도 무안군(현재의 신안군) 암태도에서 암태소작인회가 조직되었다. 조직을 주도한 인물은 암태도 농민 서태석이었다. 소작인회는 대지주 문재철을 상대로 소작료를 4할로 내려줄 것을 요구했다. 당시 암태도 농민들이 내던 소작료는 7~8할에 이르렀다. 따라서 소작인들은 수확량의 20~30퍼센트밖에 가지지 못했는데, 이 정도의 식량으로는 생계가 꾸려지지 않았다. 소작인들은 농사를 짓고도 하루 두 끼도 제대로 먹지 못하는 신세였지만, 농민들의 요구에 문재철은 눈도 꿈쩍하지 않았다.

친일 지주였던 문재철은 암태도 수곡리 출신으로 암태도 내에 논밭 140정보를 소유하고 있었다. 1정보가 3000평이니 암태도에 있는 문재철의 농지는 42만 평, 즉 138만 6000제곱미터였다. 암태도의 농지 대부분이 그의 소유였던 셈인데, 문재철의 땅은 암태도에만 있던 것은 아니었다. 전라도 일대에 소유하고 있던 농지는 총 755정보, 즉 226만 5000평으로 747만 4500제곱미터다. 문재철은 총독부의 비호 아래 이 엄청난 땅을 소유하면서 소작인들의 고혈을 짜내고 있었다. 1910년 한일합병 당시만 해도 소작인들은 반분타조제에 따라 5할을 소작료로 냈는데, 1920년대 들어 총독부가 쌀값을 저가로 유지하는 정책을 쓰자, 지주의 수익이 감소했다는 이유로 소작료를 8할까지 상승시켰던 것이다.

암태소작인회는 문재철이 자신들의 요구를 묵살하자 추수를 거부하고 소작료불납동맹을 전개했다. 1924년 3월에 면민대회를 개최하며 항의하고, 4월로 예정된 전국노동대회에 대표자를 파견하여 전국적인 관심을 유발하고자 했다. 그러나 문재철의 사주를 받은 일본 경찰들의 방해로 암태도 대표자들은 이 대회에 참석하지 못했다. 분개한 암태도 주민들은 문재철 아버지의 송덕비를 무너뜨려 문씨 문중과 충돌했다.

문씨 문중은 송덕비를 무너뜨린 암태소작인회의 대표들을 고발했고, 소작인 간부 열세 명이 목포형무소에 감금되는 사태가 벌어졌다. 그러자 암태도청년회장 박복영이 중심이 되어 쟁의를 주도했고, 암태도부인회도 가세하면서 암태도 전 주민이 항거하는 사태로 확대되었다. 암태도의 남녀 농민 600여 명과 그들의 자녀들까지 목포경찰서와 재판소로 몰려가 아사동맹을 맺고 단식투쟁을 전개했다. 지주 문재철의 집 앞에서도 농성이 벌어졌는데, 그 농성으로 스물여섯 명의 주민들이 체포되었다.

암태도 소작농민 항쟁 소식은 순식간에 전국으로 퍼져나갔다.

전국 각처의 지식인과 변호사들이 주민들을 옹호하기 시작했고, 무료 변론에 나서는 변호사도 생겨났다. 서울과 평양에서도 지원 강연회와 지원금 모금 활동이 전개되었고, 목포에서는 시민대회가 열리기까지 했다.

사태가 걷잡을 수 없이 커지자, 일제 당국은 쟁의 확산을 염려하여 중재에 나섰다. 1924년 8월 30일, 목포경찰서에서 문재철과 소작인 대표 박복영 사이에 타협안이 마련되었다.

1. 지주 문재철과 소작인회 간의 소작료는 4할로 약정하고, 지주는 소작인회에 일금 2000원을 기부한다.
2. 1923년의 미납 소작료는 향후 3년간 분할 상환한다.
3. 구금 중인 쌍방의 인사에 대해서는 9월 1일 공판정에서 쌍방이 고소를 취하한다.
4. 도괴된 비석은 소작인회의 부담으로 복구한다.

타협안은 소작인회의 요구를 거의 전적으로 수용한 것이었다. 1년의 항쟁이 소작인들의 승리로 끝난 것이다. 암태도 소작쟁의가 소작인들의 승리로 끝나자, 이 여파는 전국으로 확대되었다. 소작인 착취가 가장 심했던 서해안의 도초도, 자은도, 지도를 시발점으로 소작쟁의운동이 들불처럼 번져갔다. 1940년까지 매년 7000건 이상의 소작쟁의가 발생했는데, 이는 암태도 소작쟁의가 한국농민운동의 발전에 획기적인 전환점이 되었다는 것을 의미한다.

4. 또다시 일어난 독립의 열망, 6·10만세운동

1926년 4월 25일, 조선의 마지막 황제 순종이 사망했다. 고종이 강제 퇴위된 탓에 억지로 황제 자리에 올라 망국을 경험하고, 일본까지 가서 일왕 요시히토를 알현하는 치욕을 맛보며 굴종의 세월을 살다가 53세로 생을 마감했던 것이다.

순종이 생을 마감했던 1926년, 당시 한국 사회는 여러 면에서 어려움에 봉착해 있었다. 1917년 11월에 러시아의 볼셰비키혁명이 성공하여 전 세계적으로 공산주의운동이 확산되었고, 이 여파는 한국 사회에도 파고들었다. 한국의 독립 세력은 민족주의와 사회주의 계열로 분열되었고, 무장 독립운동도 청산리대첩을 정점으로 내리막길을 걷고 있었다. 임시정부 내에서도 민족주의 세력과 사회주의 세력 간의 정치적 대립이 심각해졌으며, 물산장려운동, 민립대학설립운동과 같은 민족자립운동도 일제의 문화 정책이라는 복병에 밀려 자리를 잃어가고 있었다. 이 때문에 민족운동의 지도층에서는 분열을 극복하고 항일 전선을 통일하여 민족의 힘을 하나로 결집해야 한다는 각성의 목소리가 커지고 있었다. 민족 지도자들에게 순종의 사망은 이런 여망을 일궈낼 수 있는 호재로 인식되었다.

그해 4월 28일에 송학선 의거가 발생했다. 송학선은 일본인 밑에서 고용살이를 하던 인물이었는데, 스스로 안중근과 같은 인물이 되길 갈망하며 안중근이 이토를 사살했듯 자신도 사이토 총독을 죽일 계획을 세웠다. 1926년 3월에 이 계획을 세웠고, 순종이 죽자 사이토가 조문할 때 거사를 결행하기로 계획했다. 4월 28일에 과자 행상으로 가장한 채 창덕궁으로 이어지는 금호문 앞에 있다가 오후 한시가 넘은 시간에 일본인이 탄 자동차가 금호문으로 들어오는 것을 보고 차에 탄 인물이 사이토 총독이라는 판단, 바로 차로 뛰어올라 그들을 칼로 찔렀다. 하지만 안타깝게도 차동차에 탄 인물은 사이토가 아니라 경성부회 평의원인 다카야마와 사토, 이케다 등이었다. 송학선은 현장에서 체포되어 구속되었고, 결국 사형을 언도받아 순국했다.

송학선이 사이토 총독 암살에는 실패했지만, 송학선 의거는 한국인들의 투쟁 의지를 고조했다. 순종의 장례식은 삼일운동처럼 대대적인 민족 저항운동의 기반이 되었다.

시위운동을 먼저 기획한 쪽은 공산당 진영이었다. 조선공산당 상하이 임시부는 순종이 죽기 전에 이미 대중 시위를 일으킬 계획을 세우고 그해 5월 1일 노동절을 기다렸다. 그러나 순종이 죽자 계획을 수정하여 삼일운동과 같은 만세 운동으로 전환하고자 했다. 천도교 세력과 민족주의자, 학생, 청년을 총망라하여 '대한독립당'이라는 중립적 단체를 결성하여 순종의 인산일을 기해 만세 시위를 벌일 계획이었다.

총독부 또한 이러한 움직임을 감지하고 있었다. 고종의 인산일에 삼일운동이라는 홍역을 치른 경험이 있던 터라 총독부와 일본 경찰, 헌병대는 천도교와 공산당의 움직임에 신경을 곤두세우고 있었다. 일본 경찰에 먼저 꼬리가 잡힌 것은 공산당 쪽이었다. 6월 초까지 상하이에서 격문도 자금도 오지 않았고, 자금을 기다리고 있던 박래원이 결국 체포되고 말았다. 이로 인해 조선공산당과 천도교의 합동 만세 운동은 실패로 돌아갔다.

다행히 학생 조직은 일본 경찰에게 발각되지 않았고, 덕분에 각 지역에 격문을 운송하는 데 성공했다. 인산 당일인 6월 10일엔 학생들을 중심으로 서울에서 만세 운동이 일어났다. 만세 운동에 참여한 학생은 약 500~600명 정도였다. 학생들은 격렬한 시위를 전개했고, 그 과정에서 체포된 학생만 해도 200명이 넘었다. 서울 외에도 지방에서도 산발적인 시위가 벌어졌다. 전라북도 고창보통학교에서도 어린 학생들이 만세 시위를 일으켰고, 인천 만국공원에서 수십 명의 청년들이 만세 시위를 일으켰다.

하지만 학생들의 시위는 시민들의 호응을 받지 못했다. 학생운동이 한계에 봉착한 것을 안타깝게 여긴 다른 학생 조직이 또 다른 계획을 세웠다. 이번 계획은 배재고보생 문창모을 비롯한 기독교 계통의 학생들에 의해 이뤄졌다. 그러나 격문을 인쇄하는 가운데 일경에게 발각되어 문창모를 비롯한 핵심 인물들이 모두 체포되었다. 이렇듯 6·10만세운동은 총독부와 일본 경찰, 헌병 등의 철저한 감시 때문에 제대로 이뤄지지 못했다. 다만 운동의 준비 과정에서 사회주의 세력과 민족주의 세력이 결합했고, 그것은 다시 사상에 관계 없이 독립을 위해 하나의 세력으로 결집하자는 민족유일당운동의 촉매제가 되었다. 민족유일당운동은 민족주의 진영과 사회주의 진영의 결합체로 탄생된 신간회 결성이라는 결실을 얻게 된다.

5. 독립 의지를 재확인한 광주학생항일운동

1929년 11월 3일, 음력으로 10월 3일인 이날은 단군이 조선을 처음 세운 개천절이었다. 또한 이날은 일본의 4대 명절 중 하나인 명치절이었다. 그러나 전국적으로 명치절 기념식이 거행되었고, 신사참배가 이어졌다. 그러나 전라남도 광주의 광주고등보통학교(광주고보) 학생들은 신사참배를 거부하고, 대대적인 항일 시위를 벌였다. 이른바 광주학생항일운동의 서막이었다.

광주에서는 한국 학생들의 시위가 산발적으로 벌어지곤 했다. 그 직접적인 원인은 10월 30일에 벌어진 사건 때문이다. 그날 오후 다섯시 30분경, 나주역에서 한국과 일본 학생들 간에 충돌이 벌어졌다. 충돌을 야기한 쪽은 일본인 중학생들이었다. 그들은 광주여자고등보통학교(광주여고보) 학생들인 박기옥, 이금자, 이광춘 등에게 모욕적인 말들을 쏟아내며 댕기머리를 잡아당기는 등 폭력적인 행위를 했다. 이에 격분한 박기옥의 사촌동생 박준채가 그들과 싸웠다. 박준채는 광주고보 2학년이었다. 한일 학생 사이에 싸움이 벌어졌다는 소식을 듣고 달려온 경찰이 일본 학생들과 함께 박준채를 구타했고, 이를 지켜보던 학생 10여 명이 가세하여 싸움판이 커졌다.

이틀 뒤인 11월 1일 일본인 중학생 네댓 명이 광주고보 정세면 학생에게 도전장을 던지면서 싸움은 한층 거세졌다. 일본인 중학생들과 광주고보 학생들의 싸움이 점차 치열한 양상을 띠자, 양쪽 학교 교사들이 중재를 위해 나섰다가 교사들까지 갈등 양상을 보였다. 사태의 심각성을 인식한 양쪽 교사와 경찰이 통학 열차에 동행했으며, 전라남도 도지사까지 나서서 양쪽 교장에게 통학생들을 엄격하게 감독할 것을 지시하는 상황이 되었다.

광주의 학생들은 일본인들의 오만하고 차별적인 행동들을 더 이상 지켜볼 수 없다고 판단하고 조직적인 저항을 결심한 상태였다. 11월 3일 오전 열한시, 광주우편국 앞에서 10여 명의 일본인 광주중학생과 광주고보 한국 학생들 사이에 패싸움이 벌어졌다. 그 과정에서 한국 학생 최쌍현이 단도에 찔려 안면에 부상을 입었다. 그 소식을 전해 들은 광주고보 학생들이 일본인 중학생들을 쫓아가 구타했고, 이 소식을 들은 광주중학생 100여 명이 유도 교사의 인솔 아래 목도와 단도를 들고 싸움판에 가세했다. 이에 광주고보는 물론이고 광주농업학교 학생들까지 가세하여 대대적인 패싸움이 벌어졌다. 이 사건으로 양쪽 모두 10여 명씩 부상자가 발생했다. 학교로 돌아온 광주고보 학생들은 더 이상 차별과 모욕을 참을 수 없다는 결론을 내리고 집회를 통해 가두시위를 결행하기로 결정했다. 가두시위에 참여한 학생 수는 300여 명이었다. 학생들 중 일부는 경찰의 진압에 대비해 목봉이나 목검을 준비하기도 했다.

당시 시위를 주도한 학생들은 대다수가 독서회 회원들이었다. 광주 학생들 사이에 1926년에 조직된 성진회라는 항일 비밀결사가 있었는데, 일본 경찰에 의해 조직이 발각될 것을 염려하여 스스로 성진회를 해체하고 각 학교마다 독서회 형태로 비밀결사를 유지했다. 이들은 1928년에 광주고보와 광주농업학교 등에서 동맹휴업을 이끌기도 했다.

가두시위에 나선 광주고보 학생들은 "조선 독립 만세"를 외치며 시가지를 누볐고, 그 광경을 지켜보던 광주농업학교 학생들도 일부 대열에 합류했다. 시위대는 광주중학교를 습격할 계획을 가지고 있었으나, 이미 광주중학교는 소방대와 경찰, 재향군인들이 방어선을 형성하고 있던 터였다. 이 때문에 시위 학생들의 시가행진이 계속되었는데, 이를 지켜보던 광주사범학교 학생들이 가세했고, 다시 광주여고보 학생들까지 합세했다. 광주 시민들은 거리로 나와 학생들을 지지하며 박수를 보냈고, 사태의 심각성을 인식한 경찰은 시위대에 해산명령을 내렸다. 그러나 이에 아랑곳 않고 시위를 이어가던 광주고보 학생들은 학교 강당에 집결하여 이후 행동 계획을 세웠다.

시위 과정에서 광주고보 학생 39명과 광주농업학교 학생 한 명이 구속된 상태였고, 전라남도 당국은 우선 3일간의 임시휴교령을 내려 학생들에게 압력을 행사하며 시위를 중단할 것을 요구했다. 하지만 학생들의 투쟁 의지는 더욱 강화되었다. 광주 청년 조직이 가세하여 학생들의 투쟁을 보다 조직적이고 치밀하게 전개시켰다.

학생 시위는 단순히 학생들만의 항일 투쟁 차원을 넘어 민족적인 저항운동으로 변화되기 시작했다. 광주고보 학생들은 11월 12일에 재차 가두시위에 나섰고, 광주여고보와 광주사범학교 학생들의 참여를 촉구하기도 했다. 그러나 두 학교 학생들은 이미 학교에 감금된 상태라 움직일 수 없었다. 다행히 광주농업학교 학생들 중 학교를 뚫고 나온 100여 명이 시위대에 가세하여 한층 맹렬한 저항이 지속되었다. 경찰은 시위대의 선두에 있던 학생들을 무차별로 구타하여 체포한 뒤 모두 구속해버렸다. 체포된 학생 수는 광주고보 학생 190여 명과 광주농업학교 학생 60여 명을 합하여 250여 명이었다. 광주고보 학생 300여 명이 무기정학을 당했고, 광주여고보 학생 17명도 무기정학 처분을 당했다. 광주여고보 학생들은 무기정학 조치의 부당함을 항의하며 동맹휴교를 결정했고, 이에 학교 당국은 무기정학생을 64명으로 늘렸다. 또 광주사범학교에서도 38명이 퇴학 조치되었다.

일제의 탄압은 거기서 그치지 않았다. 광주고보 170여 명이 광주형무소에 갇혔다가 재판을 받았는데, 55명은 구속되었다. 학생들은 1930년 1월 9일, 2학기 시험에 대해 백지동맹으로 항거했고, 17명이 퇴학되었다. 백지동맹이 계속되자, 학교 당국은 48명을 퇴학시켰다. 퇴학 사태는 계속 이어졌고, 광주여고보에서도 백지동맹이 계획되었다가 발각되었다. 이로 인해 두 명이 퇴학되었다.

이제 광주 이외의 지역에서도 학생들의 궐기가 시작되었다. 광주 인근인 목포, 나주, 함평에서는 1929년 11월부터 궐기가 시작되었고, 서울에서도 12월부터 궐기가 시작되었다. 민족 대표자들의 비밀결사체인 신간회에서도 민중 궐기를 계획했으나 사전에 발각되어 중심인물들이 대거 체포되는 바람에 무산되고 말았다. 서울에서의 학생 시위는 12월 2일과 3일 격문이 유포된 후, 12월 5일부터 본격화되었다. 5일에 경성제이고보 학생들이 교내 시위를 시작했고, 7일에는 제일고보 학생들이 교내 시위를 시작했다. 서울 시내의 대다수 학교들이 가두시위에 가담했다. 1월 15일에 약 5000여 명의 학생들이 서울 시가지를 행진하며 "독립 만세"를 외쳤다. 일제는 경찰 700여 명을 동원하여 학생들을 무자비하게 진압했지만 학생 시위는 점점 전국으로 번져갔다. 개성, 대전, 부산, 진주, 신의주, 함흥, 간도에서도 대대적인 학생 시위가 전개되었다. 전국적으로 시위에 참가한 학교는 194개교였으며, 참가 학생 수는 5만 4000여 명이었고, 퇴학 처분자가 582명, 무기정학 2330명, 경찰에 의해 연행된 학생이 1642명이었다. 이 학생운동은 비록 학생들이 주도한 항일운동이었지만, 삼일운동 후 10년 만에 다시금 대대적인 항일운동이 전개됨으로써 한국인들의 독립 의지를 새롭게 확인하는 일대 사건이었다.

5

1920년대를 풍미한 인물들

1. 민족운동의 중심에 선 천도교 교주 손병희

천도교 3대 교주이자 독립선언 33인의 한 사람인 손병희는 충청 북도 청주 출신이며, 본관은 밀양이고, 아버지는 청주목의 향리였던 손의조다. 손병희는 1861년에 태어나 1882년에 동학에 가입했다. 이후 그는 2대 교주 최시형을 만나 수제자가 되었으며, 1894년 동 학혁명 때 북접에 가담하여 활동했고, 1895년에 무너진 동학 조직 재건에 주력했다. 1897년에 최시형의 뒤를 이어 3대 교주가 되었 다. 1898년에 최시형이 처형된 뒤로 손병희는 동학을 독립운동과 근대화 운동의 구심체로 삼기 위해 매진했다. 독립협회 인사들이 나 개화파 인사들과도 친밀한 관계를 유지했고, 그들 중 일부를 동 학에 입교시키기도 했다.

이런 상황에서 동학에 대한 탄압이 거세지고 자신을 동학에 입교시킨 조카 손천민이 체포되어 처형당하는 사태가 일어났다. 이에 손병희는 중국으로 피신했다가 다시 일본으로 망명했다. 그는 일본의 변화상을 보고 근대화가 시급함을 깨닫는다. 동학교도 중 청년 20여 명을 선발하여 일본에 유학시키고 새로운 시대를 준비하기 위해 동학 내에 진보회를 결성했다. 이후 동학의 교명을 천도교(天道敎)로 바꾼 뒤, 한국으로 돌아왔다.

하지만 진보회를 이끌고 있던 이용구가 변절하여 친일주의자가 되고 진보회 회원 중 상당수가 이용구에 동조하자, 그들을 출교시키고 조직을 정비했다. 1908년에 교령 자리를 박인호에게 넘기고 자신은 교육 사업에 매진하여 보성학교, 합동소학교, 광명소학교, 석촌동소학교에 도움을 주었다. 또 보성학원과 동덕여자의숙을 인수하여 경영하기도 했다. 그는 출판업에도 종사하여 보문관을 설립하기도 했다.

1910년 일제가 대한제국을 합병하면서 일진회가 해체되자, 이용구가 이끌던 시천교의 세력이 크게 위축되었다. 반면 천도교의 교세는 나날이 확장되자, 일제는 천도교의 교세 확장을 막기 위해 손병희를 감시하고 헌병대에 소환하기도 했다. 하지만 이러한 탄압 속에서도 천도교의 교세는 더욱 확장되었고, 1919년 삼일운동 때에는 민족운동의 중심 세력으로 성장했다.

삼일운동을 이끈 손병희는 1920년 10월에 징역 3년 형을 선고받고 시대문형무소에서 복역하다 1년 8개월 만에 병보석으로 풀려났다. 이후 상춘원에서 치료했으나 병마를 이기지 못하고 1922

년에 생을 마감했다.

2. 민족사를 정립한 독립운동의 큰 별 박은식

1925년 11월 1일, 중국 상하이에서 대한민국 임시정부의 큰 별 하나가 떨어졌다. 2대 대통령 박은식이 생을 마감한 것이다. 사망 원인은 인후염이었다. 그는 학자이자 언론인이었고, 독립운동가이 자 교육자였으며, 계몽운동가이자 정치가였다.

1859년에 황해도 황주군에서 아버지 박용호와 어머니 노씨 사 이에서 태어난 박은식은 어릴 땐 유학을 공부하고 과거를 준비했 다. 당시 황해도 일대에선 안중근의 아버지 안태훈과 함께 양대 신 동으로 불렸다. 그러나 과거 준비에 회의를 느껴 포기하고 전국 을 떠돌아다녔는데, 그 과정에서 1880년에 정약용의 제자 신기용 과 정관섭을 찾아가 정약용의 학문을 접하게 된다. 1882년에 한양 으로 상경하여 임오군란을 경험하고, 고종에게 시무책을 올리지만 받아들여지지 않았다. 이후 실망한 나머지 낙향하여 성리학에 매진 했고, 어머니의 뜻에 따라 향시에 응시해서 특선으로 뽑혀 1888년 부터 1894년까지 능참봉 생활을 했다.

비록 종9품 한직인 능참봉에 불과했지만 학문적 명성은 황해도 는 물론이고 한양에까지 알려졌다. 그는 성리학에 머물지 않고 새 로운 변신을 시도한다. 그를 자극한 것은 독립협회의 사상이었다. 그는 그때까지 고수하던 위정척사 사상을 버리고 개화사상가로 전환했다. 1898년에 독립협회에 가입하고 만민공동회 간부로 활동했다. 또 장지연과 함께 〈황성신문〉의 공동주필로 활동하기도 했고, 독립협회가 해산된 후에는 한성사범학교 교수로 지냈다.

그가 애국계몽운동에 적극적으로 나선 것은 을사늑약 이후였다. 〈황성신문〉의 주필로 활동하며 위정척사 사상과 유림을 신랄하게 비판했다. 개화사상과 신학문이 국권 회복의 기반이 될 수 있다는 믿음 때문이었다. 1907년 신민회에도 가입했다. 신민회는 애국계몽운동가들의 총체적인 비밀결사였다. 그는 신민회 서북지회의 중심인물이었고, 서북지회에서 발행하던 〈서북학회월보〉의 주필로 활동했다. 그런 가운데 한일합병이 이뤄졌고, 그의 저서 『겸곡문고』, 『학규신론』, 『왕양명실기』는 모두 금서가 되었다. 〈황성신문〉과 〈서북학회월보〉도 폐간되었다. 박은식은 망명을 결심하고 1911년 4월에 만주 환인현으로 탈출했다. 그곳에서 대종교 신도 윤세복의 집에 기거하면서 대종교 신도가 되었고, 본격적으로 역사서 집필에 매진했다. 그가 쓴 책은 『동명성왕실기』, 『발해태조건국기』, 『몽배금태조』, 『명림답부전』, 『천개소문전』, 『대동고대사론』 등이다.

1912년에는 상하이로 가서 신규식 등과 동제사를 조직한 후, 박달학원 설립에 참여했다. 1914년에는 홍콩으로 가서 중국어 잡지 〈향강〉의 주간으로 활동했다. 그러나 〈향강〉은 중국의 실력자 위안스카이의 정치를 비판하다가 폐간되고 말았다. 상하이로 돌아와 역작 『한국통사(韓國通史)』를 집필하여 완성했으며 또 『안중근전』과 『이순신전』을 저술하기도 했다. 박은식의 『한국통사』는 중국은 물론 미국, 러시아에 흩어져 있던 동포들에게 널리 퍼졌다. 또한 비밀리에 국내에도 대량으로 보급되어 당대 지식인들에게 많은 사랑을 받았다. 일제가 『한국통사』에 대응하기 위해 수많은 인력을 동원하여 『조선사』 37책을 편찬할 정도였다.

박은식은 저술 활동뿐 아니라 정치 활동도 활발히 전개했다. 이상설, 신규식 등과 신한혁명단을 조직했고, 신규식과 대동보국단을 조직해 단장으로 활약했다. 삼일운동 소식을 접하고 대한국민노인동맹단을 결성하여 지도자가 되었으며, 강우규를 국내로 잠입시켜 사이토 총독에게 폭탄을 투척했다. 대한민국 임시정부 수립 당시에는 원로로서 지원을 아끼지 않았고, 또 하나의 역작인 『한국독립운동지혈사』를 집필하여 간행했다.

『한국독립운동지혈사』는 갑신정변이 있던 1884년부터 책이 간행된 1920년까지의 항일 무장투쟁사를 정리하고 있는데, 특히 삼일운동을 그 중심에 두고 서술되었다. 박은식은 이 책을 통해 삼일운동이 1884년 이후 지속된 독립운동의 총체적 봉기이며, 이는 결국 일제의 패망과 한국의 독립 쟁취의 밑거름이 될 것이라 주장한다.

그러나 독립운동 상황은 희망대로 흘러가지 않았다. 상하이 임시정부는 갈등과 분열에 시달렸고, 독립운동계 전체가 극도의 혼란을 겪었다. 그는 이 사태를 수습하기 위해 부단히 애를 썼고, 그 과정에서 임시정부의 기관지 〈독립신문〉의 사장을 맡았다. 1924년에는 임시정부 의정원이 이승만 대통령의 유고안을 통과시키자, 임시정부 국무총리 겸 대통령 대리를 맡기도 했다. 대통령제를 폐지하고 국무령 중심의 내각책임제 개헌을 실시한 다음 대통령에서 물러났다.

이 무렵, 그는 이미 병색이 완연한 상태였다. 임종이 다가오자, 그는 독립 쟁취의 목적 달성을 위해 모든 동포가 단결하라는 유언을 남기고 생을 마감했다.

3. 공군 독립군단 양성을 꿈꾸었던 노백린

1926년 1월 22일, 대한민국 임시정부 국장이 치러졌다. 임시정부 참모총장을 하며 독립군 육성에 모든 힘을 아끼지 않던 노백린이 죽은 것이다. 대개는 지병으로 사망했다고 하지만 일부에선 임시정부의 처참한 현실을 비관한 나머지 절망을 이기지 못하고 스스로 목숨을 끊었다는 말도 있다.

1875년에 태어난 그는 대한제국의 군인이었고, 계몽사상가였으며, 비행사이기도 했다. 황해도에서 유학자 노병균의 3남으로 태어난 그는 1895년에 관비 유학생으로 뽑혀 일본 육군사관학교를 졸업하고 1900년에 일본군 소위로 임관했다. 한국 무관학교 보병과 교관을 지냈고, 육군연성학교에서 교관을 맡기도 했으며, 러일전쟁 때는 일본군으로 종군하기도 했다. 일본이 을사늑약 이후 군대를 해산하자, 이를 반대하고 신민회에 가담하여 독립운동에 투신했다. 1910년에는 미국으로 건너가 박용만과 함께 국민군단을 창설하여 독립군을 양성했으며, 한일합병 이후에는 고향에서 계몽운동을 하며 학교 설립을 추진했다. 금광, 피혁 사업에 뛰어들었으나 실패했고, 1914년에는 다시 미국으로 건너가 항공학교를 설립했고, 하와이 국민군단의 비행사 훈련을 담당했다.

삼일운동이 일어나자 노백린은 크게 고무되어 상하이로 건너가 임시정부 창설에 참여하고 군무부 총장이 되었다. 미국으로 건너가 하와이, 샌프란시스코에서 공군 독립군 양성에 투신했고, 그가 설립한 비행사 양성소에서는 1923년까지 77명의 졸업생을 배출하기도 했다. 하지만 당시 임시정부의 상황은 그다지 좋지 않았다. 상하이 내부의 독립운동 단체는 우익과 좌익, 아나키스트로 분열되어 있었고, 이승만과 안창호 등 지도부도 갈등을 겪고 있었다. 그는 1923년 1월에 국무총리로 추대되었고, 이듬해 박은식 내각에서는 군무총장과 교통총장을 겸임했다.

당시 임시정부의 재정 형편은 엉망이었다. 임시정부 요원들은 하루 한 끼의 식사도 해결하기 힘든 형편이었고, 싸구려 호떡으로 허기를 해결하는 일이 다반사였다. 그런 상하이의 현실을 안타까워하며 미국으로 건너간 그는 구미위원회 외교위원이 되어 러시아로 건너가 돌파구를 찾고자 했지만 성과 없이 돌아와야만 했다. 1926년 1월 22일, 그는 상하이의 허름한 골방에서 죽음을 맞이했다.

4. 사회 계몽운동의 주춧돌이 된 이상재

1927년 4월 7일 우리 역사상 최초로 사회장이 치러졌다. 월남 이상재의 장례식이었다. 청년 시절엔 개화파 인물이었고, 갑신정변 실패 이후에는 낙향하여 농사를 짓다가 1887년 박정양이 내각으로 돌아오면서 다시 관직에 몸담았다. 그는 박정양이 미국 전권 대사로 갈 때 2등 서기관으로 수행했고, 귀국 후에는 관직에서 물러나 외교관들의 친목 단체인 정동구락부에서 활동했다. 법부 참사관과 학부아문 참의를 지냈으며, 학부 참의 시절인 1894년에는 신교육령을 반포하여 소학교, 중학교, 사범학교, 외국어학교 등의 신교육제도를 마련하는 데 공헌했다.

1896년에 고종이 러시아 공사관으로 피신하는 사태가 일어나 친일정권이 힘을 잃게 된 후에는 의정부 총무국장으로 활동하며 탐관오리 척결에 앞장섰고, 서재필, 윤치호와 함께 독립협회 창설에 가담했다. 만민공동회를 이끌며 의장과 사회를 맡았고, 이 일로 탄핵되어 경무청에 구금되기도 했다. 이후 황국협회의 방해로 독립협회가 해산되자 다시 낙향했다. 낙향 이후 1902년에는 개혁당 사건이 일어나 아들 이승인과 함께 체포되어 투옥되었으며, 감옥에서 이승만의 권유로 기독교를 접한 뒤 개신교인이 되었다. 출옥 후에는 초갓집교회를 설립했다.

1905년 을사늑약 체결 이후 이상재는 고종의 부탁으로 의정부 참찬을 지냈으나 2년 뒤에 군대가 해산되자 관직에서 물러났다. 한일합병 후 일본은 작위와 관직을 주고자 했으나 그는 거부했고, 언론과 기독교 단체에서 활동했다. 당시 대표적인 기독교 단체였던 YMCA에서 활동하던 그는 조선기독교청년회 전국연합회를 조직했고, 1920년에는 이 단체의 회장을 맡으면서 사회 계몽 운동에 앞장섰다.

그는 민립대학 설립 운동에도 적극 가담했고, 민립대학 기성회 출범을 주도했지만 일제의 방해로 민립대학 설립 운동은 실패하고 말았다. 그는 좌절하지 않고, 사회운동을 지속했으며, 1925년 4월에는 전국기자대회 의장이 되었고, 2년 뒤에는 총체적 민족운동 단체인 신간회 회장에 추대되었다. 그러나 그로부터 얼마 되지 않아 서울의 한 전세방에서 병사하고 말았다. 그의 임종은 넷째 아들 승준이 지켰는데, 네 명의 아들 중 세 명은 그보다 먼저 저 세상으로 갔기 때문이었다. 차남 승인은 개혁당사건 당시 그와 함께 체포되어 고문을 받다 후유증으로 사망했다.

그가 남긴 일화 중에 이런 이야기가 있다. 한일합병 후 이상재는 총독부가 개최한 미술 전람회에서 을사오적인 이완용, 박제순 등과 마주 앉게 되었다. 이 자리에서 이상재는 그들에게 이렇게 말했다.

"대감들은 동경으로 이사 가셔야겠습니다."

이 말에 이완용과 박제순은 무슨 뜻인지 영문을 몰라 했다. 그러자 이상재가 이렇게 덧붙였다.

"대감들은 나라 망하게 하는 데 선수 아니십니까? 그러니 대감들이 일본으로 이사 가면 일본이 망할 것 아닙니까?"

이 말에 두 사람은 아무 말도 하지 못했다고 한다. 이상재는 풍자와 재치가 뛰어나고 민족의식도 분명한 인물이었다.

5. 민족운동의 요람 오산학교를 설립한 남강 이승훈

1907년 도산 안창호가 평양에서 민중의 자각을 호소하는 연설했는데, 이 연설에 감동한 한 사업가가 그해 11월 24일에 오산학교라는 이름의 중등교육기관을 세운다. 어린 시절 부모를 여의고 상점의 사환으로 시작하여 행상 생활을 거쳐 유기 상점과 공장을 세워 갑부의 반열에 오른 이승훈이었다.

이승훈의 어린 시절은 불우했다. 1864년에 태어난 그는 생후 8개월 되었을 때 어머니를 잃었고, 열 살에 아버지를 여의었다. 이후 그는 유기점의 사환으로 들어가 장사를 배웠고, 열여섯 살 때부터는 평안도와 황해도를 떠돌며 행상을 했다. 스물네 살 때인 1887년에 철산에 살던 오희순에게 돈을 빌려 유기 공장을 세우고 유기 상점도 운영했다. 사업은 제법 번창했으나 청일전쟁으로 인해 공장과 상점이 모두 파괴되는 불운을 겪었다. 그러나 굴하지 않고 다시 오희순에게 돈을 빌려 공장과 상점을 일으키고 사업을 확장했다. 그의 사업은 유기 공장뿐 아니라 무역업, 운송업으로 확대되었고, 석유와 종이, 양약 등을 거래하여 큰 수익을 얻었다. 덕분에 전국적인 부자로 성장했는데, 1904년에 일어난 러일전쟁을 겨냥하여 군수 사업에 돈을 댔다가 전쟁이 예상보다 너무 빨리 끝나는 바람에 큰 손해를 보고 낙향했다.

몇 년간 활동을 중지하고 은둔 생활을 하고 있던 그는 헤이그 특사 사건이 터진 후, 평양에서 안창호의 연설을 듣고 민족운동에 뛰어들었는데, 첫 번째 사업이 교육운동이었다. 그는 한국 민중을 자각시키기 위해서는 무엇보다 교육이 우선이라고 생각하고 강명의 숙이라는 학교를 세웠고, 오산학교를 설립했다. 오산학교에는 이광수, 조만식 등이 교사 또는 교장으로 재직하며 많은 인재를 양성했다. 독립운동 비밀결사인 신민회에 참여하여 평안북도 총관이 되었고, 항일 청년 단체인 청년학우회의 발기인이 되기도 했다. 그런 가운데 한일합병이 이뤄졌고, 1911년엔 안중근의 사촌동생 안명근이 무관학교 설립을 위해 자금을 모집하다가 발각되어 황해도 신천 지방에서 160여 명이 검거된 안악사건이 일어났는데 이 사건에 연루되어 제주도에 유배되었으며, 다시 105인 사건이 일어나 징역 10년 형을 선고받았으나 1915년에 가석방되었다.

그는 감옥 생활 중에 기독교를 받아들여 출옥한 뒤에는 오십이 넘은 나이로 평양신학교에 진학했다. 기독교 장로가 되어 기독교의 지도자로 성장했으며, 삼일운동 때는 기독교 측 대표로 33인의 한 사람이 되었다. 그 후 삼일운동의 주모자로 지목되어 3년 동안 마포형무소에서 복역했다. 1922년 출옥한 후에는 이상재 등과 조선교육협회를 만들고 민립대학 설립 운동에 앞장섰으며, 조만식과 함께 물산장려운동을 이끌기도 했다. 자신의 마을인 용동을 중심으로 이상촌을 건설하기 위해 자면회라는 조직도 만들었다. 자면회는 근면, 청결, 책임 등의 정신을 내세우며 농지 개량, 연료 개량, 협동 생산, 협동 노동, 소득 증대를 목표로 삼고 있었다. 용동 주변의 일곱 개 마을과 연계하여 협동조합과 소비조합을 결성하기도 했다.

삼일운동에 연루되어 감옥에 갇힐 당시 오산학교도 일제에 의해 폐교되었다. 그러나 1920년 9월 오산학교는 200여 명의 학생들을 받아들이며 다시 개교했고, 이승훈은 1925년에 오산학교를 재단법인으로 인가받아 초대 이사장이 되었다. 이승훈은 민족운동과 교육운동에 투신하며 지내다가 1930년에 생을 마감했다. 죽기 전 자신의 유골을 해부해서 학생들의 학습에 이용할 수 있도록 생리학 표본으로 만들어 달라는 유언을 남겼지만 일제의 방해로 실현되지 못했다.

6. 항일 무장투쟁의 대명사 백야 김좌진

1930년 1월 24일, 고려공산청년회 소속 청년 두 사람이 한족총연합회 주석에게 총격을 가했고, 총을 맞은 그는 사망했다. 간도에서 정미소를 운영하고 있던 그는 놀랍게도 청산리전투를 승리로 이끈 독립군의 영웅, 백야 김좌진이었다. 김좌진은 총을 맞고 쓰러진 뒤에 "아직도 할 일이 많은데, 내가 죽어야 하다니, 그게 한스럽다"라는 말을 남겼다고 한다.

그를 죽인 두 사람 중 한 명은 박상실이라고 알려진 청년이었다. 하지만 그는 여러 개의 다른 이름으로도 불리고 있었기 때문에 정확한 신원은 확인할 수 없다. 다만 김좌진에게 총을 쏜 두 청년은 한때 김좌진 휘하의 부하들이었다고 전한다. 그들은 항간에 떠돌던 소문들을 믿고 김좌진을 암살했을지도 모른다. 당시 간도의 한인 사회에는 김좌진이 일제와 타협하여 간첩 활동을 하고 있으며,

공금을 유용하여 사익을 챙기고 있다는 헛소문이 돌았다. 뿐만 아니라 사회주의 계열과 민족주의 계열의 갈등도 심화된 상태였다. 김좌진은 양 진영을 하나로 규합하는 데 주력했다. 이것이 사회주의 계열의 청년들에겐 자신들에 대한 배신으로 비쳤는지도 모른다. 김좌진이 40대의 창창한 나이로 망명지에서 허망하게 죽자, 만주의 한인 사회는 위대한 지도자를 잃은 슬픔에 잠겼다. 한인 사회는 그의 장례를 사회장으로 치렀고, 장례에 참석한 중국인들은 고려의 왕이 죽었다고 애도했다고 한다.

한국인들의 가슴에 영웅으로 남은 김좌진은 어릴 때부터 남다른 데가 있었다. 1889년에 충청남도 홍성군 갈산면 행산리에서 김형규의 아들로 태어났다. 세 살 때에 아버지를 잃었지만, 살림이 넉넉해 교육을 받는 데 어려움이 없었다. 1905년에 대한제국 육군무관학교에 입학했고, 열일곱 살이던 이해에 자신의 집 노비들을 모두 해방시켜 재산을 떼어주는 혁신적인 면모를 보이기도 했다. 이후 1907년에 90여 칸으로 된 자신의 집에 호명학교라는 학교를 세웠고, 1909년에 기호흥학회라는 장학재단을 설립했다. 안창호 등과 서북학회를 세우고 오성학교를 설립하여 교감 생활을 했고, 한성순보 이사를 지내기도 했다. 1911년엔 북간도에 독립군 사관학교를 세우려는 계획까지 세웠다. 이를 위해 자금을 모금하다가 일제에 발각되어 2년 반 동안 옥살이를 했다. 옥살이 동안 그는 서대문형무소에서 김구를 만나 서로 평생을 독립운동에 헌신할 것을 다짐하기도 했다. 1913년에 출소한 뒤에는 대한광복단을 조직하여 활동하다 간도로 떠났다.

이 모든 일들이 김좌진이 10대와 20대에 한 일이다. 서른한 살이 되던 1919년에는 북로군정서 사단장과 사관연성소 소장을 겸했다. 북로군정서는 서일을 총재로 김좌진, 이장녕, 김규식, 이범석 등을 주축으로 형성된 북간도 최대 무장 독립단체였다. 북로군정서를 이끌던 김좌진은 청산리대첩 이후 일본군은 간도참변을 일으켜 독립군을 궁지로 몰았고, 김좌진은 북로군정서를 이끌고 러시아 지역으로 도주한다. 이 과정에서 다른 무장 독립단체들과 결합하여 대한독립군단을 결성하지만 자유시참변으로 엄청난 타격을 입었다. 그동안 그를 이끌어주고 정신적 지주 역할을 하던 서일마저 목숨을 끊었다.

그는 한동안 자유시참변의 후유증에 시달렸지만 다시 일어나 독립군 재건에 나섰다. 1925년에 신민부 창설에 가담하여 군사위원장과 사령관을 겸했고, 성동사관학교를 열어 부교장에 취임했다. 대한민국 임시정부는 그를 국무위원으로 임명했지만, 그는 오로지 독립군 양성에만 몰두했다. 마흔이 되던 1928년엔 조소앙, 조봉암, 홍진, 장건상 등과 함께 한국유일독립당 조직에 가담했으며, 이어 한족총연합회 주석이 되었다.

김좌진은 10대부터 30대까지 오직 독립운동에 투신하며 자신의 일을 묵묵히 해왔다. 하지만 당시 독립운동 세력 속에선 좌익과 우익의 치열한 사상투쟁이 전개되고 있었다. 김좌진은 그들을 하나로 규합하여 독립군의 역량을 결집하는 데 주력했다. 하지만 그 과정에서 오해와 갈등이 지속되었고, 그것은 결국 김좌진의 죽음을 낳고 말았다. 김좌진의 사망 소식은 이내 서울에 남아 있던 아내 오숙근에게 전해졌다. 오숙근은 일본 경찰의 감시망을 피해 은밀히 간도로 가서 남편의 유해를 모셔 왔다.

김좌진은 9척 장신이라고 할 정도로 키가 크고 거구였다고 알려져 있다. 또한 대단한 대식가였다고 한다. 철기 이범석은 회고록에 이런 기록을 남기고 있다. "김좌진 장군은 7척 거구에 만인을 위압하는 태산과 같은 위엄과 형형한 안광, 그리고 도도한 웅변력을 가진 진정한 영웅호걸이었다." 김좌진의 사망 소식을 듣고, 김구는 또한 추도사를 통해 이런 한탄을 남겼다. "당신도 총에 맞고, 나도 총에 맞았는데, 왜 나 혼자 살아서 오늘날 이 꼴을 본단 말이오. 당신은 영혼이 되시어 동포를 이끌어가는 나를 보호해주시오. 그리고 땅 밑에서 당신과 만날 때, 우리 둘이서 그 옛날 서대문감옥에서 하던 말을 다시 말해봅시다."

김좌진은 당시 암담한 현실에 대한 자신의 심정을 다음 시를 통해 남기기도 했다.

적막한 달밤에 칼머리의 바람은 세찬데
칼끝에 찬서리가 고국 생각을 돋우누나
삼천리 금수강산에 왜놈이 웬 말인가
단장의 아픈 마음 쓸어버릴 길 없구나

6

1920년대의
세계 주요 사건

1921년의 국제 정세는 다급하게 전개되었다. 1차 대전이 끝난 직후라 유럽과 중동 각국들은 자신들의 안위를 위해 서로 조약을 맺기에 바빴다. 프랑스는 폴란드와 동맹을 맺었고, 폴란드는 루마니아와 공수동맹을 맺었으며 루마니아는 체코와 동맹을 맺었다. 북구의 맹주 러시아는 이슬람의 맹주 터키와는 수호조약을 맺는 한편, 영국과는 통상조약을 맺었고, 페르시아와는 우호조약을 맺었다. 터키는 러시아와 수호조약을 맺는 동시에 아프가니스탄과 공수동맹을 맺었고, 아프가니스탄은 페르시아와 불가침조약을 맺었다. 2차 대전으로 세계의 맹주로 떠오른 미국은 독일과 오스트리아를 상대로 강하조약을 맺어 1차 대전의 상황들을 매듭짓고 있었다. 독일 나치당의 당수로 히틀러가 취임한 상태였기에 유럽에 다시 검은 그림자가 드리우기 시작했다.

중국에서는 쑨원이 비상대통령에 취임하여 광둥 신정부를 성립시켰고, 상하이에서는 중국공산당이 창당대회를 열었다. 일본에서는 총리를 맡은 하라 다카시가 암살되는 사태가 일어났다. 중국에선 대표적인 작가 루쉰이 『아큐정전』을 발표하고, 중국 저우커우덴에서는 스웨덴의 지질학자 요한 안데르손과 미국의 고생물학자 월터 그레인저에 의해 베이징원인이 발굴된다.

1922년 러시아에서는 스탈린이 소비에트 공산당 서기장에 취임하여 소비에트 사회주의 공화국 연방, 즉 소련을 성립시키고, 이탈리아에서는 무솔리니가 파시스트를 이끌고 로마로 진군하여 독재권을 확립했다. 중국에서는 장쭤린과 우페이푸 군대 사이에 제1차 펑즈전쟁이 일어났다가 화의를 맺고 전쟁을 종결한다.

1923년 독일에서 아돌프 히틀러가 뮌헨 반란을 일으켰으나 실패했다. 이 사건으로 히틀러와 루덴도르프는 대역죄로 고소되어 특별법정에 섰다. 중국과 일본의 관계도 심상치 않게 돌아갔다. 쑨원이 대원수에 취임하여 일본에 21개 조약 폐기를 통고하자, 일본은 창사에 상륙하여 창사사건을 일으켰다. 중국 국민당은 공산당과의 대립을 멈추고 제1차 국공합작을 결정했다. 일본에서는 간토 대지진이 일어나 엄청난 혼란이 야기되자 수천 명의 한국인들이 학살되었다.

1924년 소련에서 레닌이 사망했다. 중국은 소련과 외교 협정을 조인하고, 제1차 국공합작을 성립시킨다. 쑨원은 우페이푸를 타도하기 위해 제2차 펑즈전쟁을 일으킨다. 펑위샹이 쿠데타를 일으켜 자금성에서 마지막 황제 푸이를 추방한다. 한편, 이해에 미국에서는 부통령이었던 공화당의 존 쿨리지가 제30대 대통령에 당선된다.

1925년의 주요 쟁점은 모두 중국에서 만들어졌다. 이해에 중국에서 일어난 최대 사건은 중국을 이끌고 있던 쑨원의 죽음이었다. 이후 중국은 엄청난 격변기를 맞이한다. 칭다오학살사건, 5·30사건 등이 발생하여 서양 열국은 공동조계에 계엄령을 선포했다. 일본은 만주 지역의 조선 독립군을 탄압하기 위해 만주 군벌 장쭤린과 미쓰야협정을 맺는다. 모스크바에서 독일과 소련 간에 통상조약이 조인되었다.

1926년 그리스에선 팡갈로스가 공화국 헌법을 폐지하고 독재자가 되었다. 중국에서는 장제스가 국민당의 중앙집행위원장에 선출되었다. 장제스는 계엄령을 선포하고 군대 내부의 공산당원을 체포했다. 일본에선 천황 요시히토가 죽고 히로히토가 계승하여 쇼와 시대를 열었다.

1927년에는 중국에서 가장 많은 뉴스거리를 제공했다. 국민혁명군이 난징을 점령하자, 영국과 미국이 난징 시내를 포격한 난징사건을 일으켰다. 장제스는 상하이에서 반공 쿠데타를 감행했다. 중국공산당은 광저우에서 무장봉기하여 광저우코뮌을 수립했다. 이해에 독일의 하이데거는 『존재와 시간』을 발표했다.

1928년에 토지소유금지법을 발표함으로써 사회주의 체제를 강화했다. 모스크바에서 제6회 코민테른대회를 열고 파시즘에 반대하고 사회 파쇼를 배격할 것을 토의했다. 중국에서는 장세스가 국민정부 주석에 취임했고, 영국은 국민정부를 승인했다.

1929년의 핫뉴스는 인도가 제공했다. 인도국민회의가 자치를 결정한 것이다. 이탈리아의 독재자 무솔리니는 로마 교황과 라테라노 조약을 맺고 바티칸시국의 독립을 승인했다. 예루살렘에서는 아랍인들이 유대인을 습격하는 '통곡의 벽' 사건이 일어났다. 미국과 유럽에서는 주가가 대폭락하는 이른바 '암흑의 목요일'이 발생하며 세계 대공황이 시작되었다.

　1930년 인도의 지도자 간디가 제2차 비폭력 무저항 운동을 개시했다. 중국에서는 펑더화이가 지휘하는 중국 홍군이 창사를 점령하여 소비에트 정부를 수립했다. 남아프리카연방에서는 백인 여성에게 보통선거권이 주어졌다.

제4장

1930년대
실록

(1931~1940년)

1

요동치는 세계정세와
제2차 세계대전의 발발

    1930년대에 이르면 국제정세는 다시 한번 요동을 친다. 국제 사회를 뒤흔든 주범은 독일과 일본이었다. 독일은 1차 세계대전 패전 이후 맺은 모든 조약에서 불리한 처지가 되었고, 이에 불만을 품은 독일 국민은 나치와 히틀러를 선택하여 과거의 영화를 되찾고자 했다. 히틀러는 민주 헌법을 폐기하고 스스로 총통에 올라 독재 정권을 수립한 후 주변 약소국들을 침략했다. 독일은 오스트리아를 병합하고 폴란드를 침공하여 유럽전쟁을 유발한 뒤, 노르웨이, 네덜란드, 벨기에를 장악했다. 독일은 침략 전쟁에 박차를 가하여 프랑스로 진주했고, 파리에 무혈입성하여 허수아비 정권인 비시정권을 수립하기에 이른다. 이에 나라를 빼앗긴 유럽 각국들은 영국으로 건너가 망명정부를 형성하고 독일에 대항한다.

    유럽 전역이 독일의 침략으로 전쟁터로 전락하고 있었지만, 대공황의 후유증에서 완전히 벗어나지 못한 미국은 유럽전쟁에 대해 중립을 선언하고 일단 방관하는 자세를 취했다.

일본 역시 전쟁광이 되어 중국 대륙으로 전선을 확대하고 있었다. 특히 일본 군부는 1931년에 만주사변을 일으켜 만주를 장악하고, 청나라의 허수아비 황제 푸이를 앞세워 만주국을 세웠다. 일본은 여러 차례 중국 침략의 기회를 엿보다 상하이를 점령하는 데 성공한다. 그리고 홍커우에서 일어난 윤봉길의 폭탄 투척 사건을 빌미로 중국에 대한 본격적인 침략 전쟁을 계획한다. 그러나 일본 내부에서 전쟁 확대를 반대하는 온건 세력 때문에 일본 군부는 쉽게 목적을 달성하지 못한다. 그러자 급진 세력이 총리를 암살하는 사태가 벌어지고, 일본 군부는 더욱 전쟁에 집착하여 결국 중일전쟁을 일으키기에 이른다.

일본의 호전적 양상은 강경파 군부의 입김이 강해지면서 본격화되었다. 일본 군부는 군국주의적 발상에 따른 팽창정책을 지속하여 정치적 영향력을 확대하고 주변 국가에 대한 식민 지배를 강화함으로써 영토의 확장과 경제적 강탈을 가속화하고자 했다.

중일전쟁 이후 일본은 베이징을 점령하고 이어 난징을 점령한 뒤 민간인 30만 명을 죽이는 대학살을 자행한다. 심지어 731부대 같은 살인 부대를 운영하며 생체 실험을 감행하는 지경에 이른 상태였다. 하지만 2년이면 끝날 줄 알았던 중일전쟁은 쉽게 종결되지 않았고, 그사이에 유럽에서는 독일이 제2차 세계대전을 일으킨다. 이에 일본은 독일, 이탈리아와 삼국동맹을 맺고 전 세계를 전쟁의 소용돌이 속으로 몰아넣는다.

2

전쟁광이 된 일제와
총독부의 민족말살정책

　일본이 전쟁광이 되어 날뛰고 있을 때, 한국은 우가키 가즈시게
와 미나미 지로 두 총독에 의해 지배되었다. 우가키는 이미 1927
년에 잠시 임시로 조선 총독을 대리한 적이 있는 인물이며, 육군대
신을 지낸 후 육군 대장으로 예편하여 1931년에 다시 제6대 조선
총독으로 부임했다. 미나미는 한국 주둔군 사령관 출신으로 1936
년에 제7대 총독으로 부임했다. 이들은 군벌 출신의 총독이었으나
정책 방향엔 다소 차이가 있었다. 우가키가 사이토 총독의 문화정
치 기조를 유지하면서 유화적인 성향을 보인 것에 반해 미나미는
창씨개명을 강요하는 등 민족말살정책을 본격화한 인물이다.

　이 시기 독립운동 단체의 활동은 대단한 어려움에 처해 있었다.
일본이 만주를 장악하면서 더 이상 만주에서 독립운동을 제대로
전개할 수 없었고, 상하이 또한 일본군의 손아귀에 들어가면서 임

시정부는 피란을 떠나지 않을 수 없었다. 그럼에도 독립군의 저항은 계속되었다. 1932년 1월 한국애국단 소속 이봉창이 도쿄 사쿠라다몬 앞에서 일본 천황 히로히토에게 수류탄을 투척하여 일본 내각의 간담을 서늘하게 했으며, 그해 3월 조신혁명군 총사령 양세봉이 중국 의용군과 합작하여 만주 신빈현에서 일본군을 대파하기도 했다. 한인애국단 최흥식과 유상근은 다롄으로 들어가 만주의 일본대사관을 공격하려다 실패했다. 며칠 뒤, 역시 한인애국단 소속 윤봉길이 상하이 홍커우공원에서 열린 상하이사변 승리 축하연 행사장에서 폭탄을 던져 일본군 장성과 주요인사 10여 명을 죽거나 다치게 했다.

이 사건은 엄청난 파장을 불러일으켰다. 중국 국민당 당수 장제스는 중국군 백만 대군이 하지 못한 일을 윤봉길이 했다며 임시정부에 대한 지원을 아끼지 않겠다고 공언했으며, 프랑스는 자신들의 조차지에 머물고 있던 임시정부 요인들을 체포하여 일본 경찰에 넘기기에 혈안이 되었다. 안창호가 미처 피신하지 못하고 붙잡혀 일본 경찰에 넘겨지는 상황이 전개되기도 했다. 더 이상 상하이에 머물 수 없게 된 임시정부는 이곳저곳을 옮겨 다니며 피란 생활을 해야 했다.

윤봉길의 의거는 독립군들에게 역경을 안겨다주기도 했지만, 새로운 활로를 열어주기도 했다. 윤봉길 의거에 고무된 조선혁명당의 한중연합군은 만주에서 일본군과 만주군 연합군을 공격하여 홍경현성을 점령했고, 백정기와 이강훈, 이원훈 등은 주중 일본공사 아리요시 아키라를 암살하려다 실패하여 검거되기도 했다. 임시정부를 이끌고 있던 김구는 장제스에게서 뤄양군관학교에 한인훈련반 설치를 약속받고 5000원의 지원금을 받는 등 중국의 지원을 이끌어내기도 했다. 그러나 일본군의 대대적인 공략으로 임시정부와 독립군은 궁지에 몰리고 있었다. 1934년에 조선혁명군 총사령 양세봉이 일본군에 피살되는 사태가 벌어지는가 하면, 임시정부는 항저우로 옮겨 갔다가 후난성 창사와 광저우를 거쳐 중국 국민당 본부가 있던 충칭으로 가야했다.

피란살이가 지속되는 가운데, 임시정부 요인들은 뿔뿔이 흩어지기 일쑤였고, 파벌 싸움은 격화되어 주요 인사들이 임시정부를 등지기도 했으며, 설상가상으로 내부에서 반란이 일어나 임정 요인 현익철이 죽고, 김구와 유동열이 중상을 입는 사태가 벌어지기도 했다. 임시정부의 피란살이는 1940년 9월 충칭에 정식으로 대한민국 임시정부의 간판을 내걸기까지 계속되었다. 중국 국민정부는 충칭 교외에 한인촌을 건설할 수 있도록 배려했고, 그곳에 임시정부 요인들과 구성원, 가족들의 거주지를 확보할 수 있었다.

한편 임시정부가 피란살이를 하며 옮겨 다니던 그 기간에 독립운동 1세대 거목들이 차례로 숨졌다. 이회영, 이동휘, 신채호, 김동삼, 안창호, 양기탁, 이동녕 등 그 이름만으로도 독립이라는 두 글자를 연상케 하는 1세대 독립 지도자들이 명을 달리했던 것이다. 그들은 독립운동의 주춧돌이었고, 조국 독립을 갈망하는 젊은 열사들의 별이었으며, 암흑 속에 갇힌 조선 민중의 촛불이있다. 하지만 세월의 풍파와 일제의 탄압과 총칼에 육신을 내주고 차가운 이역이나 감옥에서 생을 마감해만 했다.

임정 요인들이 어려움을 겪는 동안 국내 지식인들에게도 일제의 압박이 강화되었다. 이때 독립운동가로 활동하던 인물들 중에 변절의 길을 택한 지식인들이 다수 나타났다. 독립운동에 가담하거나 계몽운동가로 활동했던 지식인들이 변절의 길을 걷기 시작한 것은 주로 미나미 총독이 부임한 뒤부터였다. 미나미는 1937년에 중일전쟁이 발발하자, 내선일체(일본과 조선은 하나라는 뜻)를 강조하면서 조선민족말살정책을 강력하게 밀어붙였다. 미나미는 국민총력운동과 국민정신총동원운동을 전개하면서 한국 청년들을 전쟁터로 내몰았다. 또 모든 행사에서 '황국신민서사'를 제창하도록 강요했다.

미나미의 민족말살정책은 1940년 2월에 이르러 절정에 이른다. 이른바 창씨개명, 즉 일본식으로 성씨를 만들고 이름을 바꾸는 정책을 실시하여 한국인의 고유한 이름을 빼앗는 작업을 시작했던 것이다. 미나미는 창씨개명을 한국인과 일본인을 동등하게 만들기 위한 것이라고 했지만, 실제로는 한국인의 민족의식을 없애버리기 위한 술책이었다. 이름을 일본식으로 바꾸더라도 한국인과 일본인은 명확하게 구분되었고, 호적상으로도 한국인과 일본인의 근본적 차별이 있었다. 따라서 창씨개명의 목적은 한국인의 뿌리를 없애버리고 일본인의 종노릇을 하도록 만들기 위함이었다.

그러나 대다수의 한국인은 미나미의 술책에 넘어가지 않았다. 자발적으로 창씨개명을 한 한국인은 7.6퍼센트에 불과했다. 이렇듯 대다수 한국인이 거부하자, 학생과 직장인에 대해 강제로 창씨개명을 하도록 하고, 유명 인사와 권력을 앞세워 강력한 압박과 회유를 통해 전 국민의 80퍼센트가 창씨개명을 하게 만들었다. 미나미는 창씨개명을 하지 않은 사람들은 강제적으로 호주의 성씨를 바꿨다. 형식적으론 모든 한국인이 창씨개명을 한 꼴이 되었던 것이다.

1. 유명 인사들의 잇따른 변절과 친일

1930년대 중반에 접어들면서 사회 계몽운동을 주도하던 지식인 계층의 인사들이 변절하여 친일 분자로 전향하는 일이 속출했다. 1920년대에 친일 행각을 보이기 시작한 최남선을 필두로 학자와 작가, 화가, 음악가, 언론인, 종교인, 경제인, 교육자를 망라한 지식인 집단의 변절이 본격화되었다. 일제는 이들을 때론 협박하고 때론 회유해, 민족말살정책과 전쟁 동원의 정당성을 역설하도록 만들었다.

우선 학자 집단의 변절자 중 가장 두드러진 인물은 최남선이었다. 최남선은 3·1독립선언문을 작성했던 인물로, 한때 일제에 의해 2년 8개월간 감옥 생활을 했던 선각이었다. 또한 출옥 이후에도 〈시대일보〉를 창간하고 민족운동에 심혈을 기울인 인물이었다. 그러나 1928년 조선사편수회 위원으로 활동하면서부터 친일 성향을 드러내다가 1933년부터 총독부의 정책을 옹호하고 중추원 참의로 활동하기도 했다.

문단의 변절자 중 대표자는 이광수, 김동인, 주요한, 김동환, 모윤숙, 박영희 등을 꼽을 수 있다. 이광수는 독립운동과 사회 계몽에 헌신하던 인물인데, 1938년을 기점으로 친일로 전향했다. 당시 한국의 지식인 사회는 중일전쟁과 미나미의 민족말살정책으로 대단한 압박감에 시달리고 있었다. 안창호가 중국에서 체포되어 본국으로 소환된 뒤 감옥에서 죽음을 맞이했고, 이광수는 수양동우회 사건으로 체포되어 투옥되었다가 병보석으로 풀려난 상태였다. 이때 이광수는 수양동우회 사건으로 재판을 받는 중이었는데, 그 와중에 전향을 선언했다. 이후 본격적인 친일 노선을 견지했다. 황민화운동을 지지하고, 창씨개명을 선동하고, 지원병 제도를 예찬하는 글들을 쏟아냈다. 이광수와 함께 대중적인 작가였던 김동인 역시 1938년부터 친일 행위를 시작했다. 그는 문학과 언론에 투신하며 지냈는데, 이때부터 내선일체와 황민화를 찬양하는 글들을 쓰기 시작했다. 또 훗날엔 태평양전쟁을 지지하는 글을 쓰기도 했다. 이후 친일 소설과 친일 산문들을 써내곤 했다.

연극계의 대표적인 변절자로는 유치진을 꼽을 수 있다. 그의 친일 시점은 미나미 총독의 민족말살정책이 극에 달한 1941년부터다. 그는 총독부의 지시에 따른 어용 희곡들을 썼고, 어용 연극을 만들기도 했다.

여성계를 대표하는 변절자로는 김활란과 박인덕을 들 수 있다. 김활란은 주로 YMCA를 중심으로 활동하던 여성 계몽가였는데, 1937년 중일전쟁 발발 시점부터 친일 행각을 본격화했다. 친일 단체인 이화애국자녀단을 만들어 단장을 맡는가 하면 국민정신총동원조선연맹 평의원을 했고, 조선임전보국단 발기인으로 활동하기도 했다. 박인덕 역시 기독교인으로 농촌 계몽운동가로 활동했는데, 1939년부터 친일 성향을 드러내며 여성들의 전쟁 참여를 독려하기도 했다.

음악가 중 대표적인 변절자로는 홍난파와 현제명을 들 수 있다. 홍난파는 원래 음악에만 몰두하던 인물이었으나 중일전쟁 이후 일제의 회유를 이기지 못하고 친일 성향의 곡들을 만들기 시작했다. 「지나사변과 음악」, 「희망의 아침」은 대표적인 친일 성향의 작품이다. 현제명 역시 중일전쟁 이후 일제에 협력했다. 「일본 육군」 등 일본 군대를 찬양하는 노래를 만들고 징병제를 축하하기 위해 연주회를 개최하기도 했다.

미술계에서는 김은호와 김기창이 친일 행위자의 대표라고 할 수 있다. 김은호는 〈독립신문〉을 배포하다 체포되어 감옥에 갇힌 일도 있을 정도로 민족주의 성향을 가진 인물이었다. 그러나 중일전쟁이 시작된 1937년부터 친일 성향을 드러내고 귀족과 관료들의 부인들로 이뤄진 애국금차회의 일화를 다룬 「금차봉납도」를 그리기도 했다. 또 일본화부 평의원으로 활동하기도 했다. 김기창은 김은호의 제자인데, 김은호의 후원 아래 성장하여 총독부에 협조했다. 1940년대에 이르러 일본 군국주의를 찬양하는 작품들을 다수 그렸다. 강제 징집을 찬양하는 시화 연재물 「님의 부르심을 받고」의 삽화를 그리기도 했다.

종교계에서는 최린과 이회광, 권상로, 박희도, 김길창 등이 대표적인 변절자들이다. 최린은 삼일운동 33인 중 한 사람이었으며, 대표적인 천도교 인사 중 한 사람이었다. 1919년엔 천도교 교령이 되었는데, 1930년대에 접어들면서부터 친일 활동을 시작했다.

1936년에는 조선인 징병제 요망 운동의 발기인으로 참여했으며, 천도교의 전쟁 협력을 주장하기도 하고 중일전쟁의 정당성을 역설하기도 했다.

불교계의 대표적인 친일 인사로는 이회광을 들 수 있다. 이회광은 조선 불교를 일본 불교에 편입시켜야 한다는 주장을 펼친 것으로 유명했다. 한일합병 후 일본 조동종과 조선 불교의 연합조약을 몰래 체결하기도 했다. 해인사 주지, 조선선교양종 각본산주지회의원 원장을 하면서 친일 행각을 일삼은 인물이다. 이회광에 이어 불교계의 대표적인 친일 인사가 된 인물은 권상로였다. 이회광처럼 승려 생활을 한 인물인데, 대승사의 주지를 했고, 동국대학교의 전신인 중앙불교전문학교 교수를 지내기도 했다. 교수로 있던 1935년부터 본격적인 친일 활동을 했으며「종교계의 임전체제」를 연재하여 종교계의 전쟁 협조를 주장하기도 했다. 「대동아전쟁과 대승불교」라는 글을 발표하여 일본의 전쟁 행위를 정당화하기도 했다.

기독교계의 변절 친일 인사로는 박희도와 김길창이 대표적이다. 박희도는 삼일운동 33인의 한 사람으로 2년간의 옥고를 치르기도 한 인물이다. 〈신생활〉을 창간하여 독립계몽운동을 하다 다시 감옥에 갇히기도 했다. 그러나 중일전쟁 이후 일제의 회유에 넘어가 총독부의 내선일체 정책의 선전지 〈동양지광〉을 발행하고 조선임전보국단의 일원으로 활동했다. 김길창은 목사로 주로 기독교 선교 활동에 투신했다가 1933년 조선기독교연합회장을 하면서부터 친일 행각을 드러냈다. 이후 신사참배, 황민화운동 등에 주도적

으로 협조하고, 후에는 일본기독교 조선교단 경남교구장을 맡기도
했다.

이들 외에도 경제계에서는 현준호와 김연수, 언론계에서는 장덕
수와 진학문이 변절의 대표자라 할 수 있다.

2. 대공황과 전쟁으로 신음하는 민중

1930년대에 접어들면서 세계 대공황과 일본의 전선 확대 영향
으로 엄청난 불경기가 닥쳤다. 1931년 9월 집계에 따르면 관공립·
사립보통학교에서 중퇴자만 8만 4000여 명에 이를 정도였다. 설
상가상으로 자연재해와 전염병마저 기승을 부렸다.

자연재해는 폭우와 혹한, 혹서가 원인이었다. 폭우로 인한 피해
를 살펴보면, 1931년 8월에 내린 폭우로 경상도를 제외한 전국에
500여 명의 사상자가 발생하고 1만 1500여 호의 가옥이 피해를
입었으며, 유실된 선박이 542척이었다. 5년 뒤 1936년 8월에는
엄청난 수해가 닥쳐 인명 피해만 5618명이 되고 가옥 피해도 12
만 8280호나 되었다. 다음으로 혹서, 즉 엄청난 더위에 의한 피해
도 있었다. 1932년 7월 영상 42도의 혹서가 닥쳐 경북 등지에서
일사병으로 죽은 사람들이 속출했고, 이듬해 1월에는 혹한이 닥쳐
평북 중강진이 영하 44도까지 내려가기도 했다. 1932년엔 전염병
도 창궐했다. 이해 1월에 전국적으로 천연두가 창궐하여 276명이
죽는 사태가 벌어졌다.

이렇듯 불경기와 자연재해, 전염병 등으로 엄청난 고통을 겪고 있는 상황에서도 일본은 전쟁을 더욱 확대하며 민중들의 고통을 가중시켰다. 소작쟁의와 노동쟁의 건수는 나날이 늘어났다. 1935년 1월부터 6월까지 반년 동안 일어난 소작쟁의 건수만 무려 6836건에 달했고, 노동쟁의도 보고된 것만 90건이 넘었다. 이듬해인 1936년 7월 일본 나고야에서 교포 노동자 3000여 명이 총파업을 일으켜 임금 인상과 처우 개선을 부르짖기도 했다. 하지만 중일전쟁이 이어지고, 전선이 점점 확대되면서 불경기는 심화되었다.

3. 젊은 천재들, 하늘의 별이 되다

1930년대엔 유난히 젊은 천재들이 서둘러 명이 달리했다. 1920년대에 스물다섯의 유망한 청년 작가 나도향의 죽음을 안타깝게 여겼던 한국 문단은 1930년대에 이르러서는 김소월, 이상, 김유정이라는 걸출한 세 천재를 잃었다. 한국 문단의 대들보라고 할 수 있는 세 사람의 죽음은 예술계와 문화계는 물론이고 일제 치하 한국 사회 전체의 크나큰 손실이 아닐 수 없었다.

세 사람 중에 가장 먼저 떠난 사람은 김소월이었다. 「진달래꽃」, 「엄마야 누나야」, 「산유화」, 「초혼」, 「금잔디」 등 주옥같은 시들을 발표하여 일제 치하에서 고통받던 민중들의 가슴을 달랬던 그는 사업 실패의 아픔을 이기지 못하고 술로 세월을 보내다 서른셋의 젊은 나이로 죽음을 맞이했다. 류머티즘 관절염을 지병으로 앓던 그가 통증을 달래기 위해 아편 치료를 받다가 아편 음독으로 죽었다는 소문이 자자했다.

1934년에 김소월을 잃은 한국 문단은 3년 뒤인 1937년엔 이상과 김유정을 한꺼번에 보내야 했다. 두 사람 중 먼저 생을 마감한 쪽은 김유정이었다. 「봄봄」, 「동백꽃」 등 빼어난 단편으로 이름을 날렸던 김유정은 서른 살 나이였던 1937년 3월 29일에 죽었는데, 이때 이상도 일본 도쿄에서 사경을 헤매고 있었다. 「날개」, 「오감도」로 엄청난 반향을 불러일으켰던 이상은 1936년 6월에 젊은 예술가 변동림과 결혼하여 도쿄로 갔다. 도쿄에서 그의 생활은 순탄치 않았다. 1937년 초에 사상 불온 혐의로 일본 경찰에게 붙잡혀 감옥에 갇혀야 했고, 감옥 생활 도중 지병인 폐병이 악화되어 병보석으로 풀려났으나 그해 4월에 스물여덟 살의 나이로 생을 마감해야 했다.

문단의 천재들을 잇달아 잃은 지 불과 4개월 남짓 된 1937년 8월 영화계에서도 안타까운 부고가 전해졌다. 한국 영화계의 선구자로 불리던 춘사 나운규의 죽음이었다. 「아리랑」, 「벙어리 삼룡이」를 감독하고 배우로 출연하여 한국 영화계의 새 장을 열었던 그는 결국 폐결핵을 이기지 못하고 36세의 젊은 나이로 생을 마감했다.

3

1930년대의
총독들

1. 제6대 총독 우가키 가즈시게(宇垣一成)

　제6대 조선 총독 우가키 가즈시게는 일본군벌 출신이기는 하나, 온건 계열에 속한 인물이다. 육군사관학교와 육군대학을 졸업한 그는 육군본부 참모장교, 육군대학 교장 등을 역임했으며, 육군대신에 올랐다. 육군상 시절 그는 1930년의 런던군축회의에서 결정된 무기 감축안을 수용하여 군부의 강한 반발에 부딪히기도 했다. 우가키는 군대개편위원회까지 조직하여 군축에 따른 군 조직 개편을 시도했다. 우가키가 군축 협상안을 받아들이고 군대 조직을 축소하기 위한 위원회를 발족하려 했던 것은 1929년부터 시작된 대공황의 여파로 일본 경제가 어려움에 처해 있었기 때문이다. 그런데 이러한 우가키의 정책이 민간인 정치인들의 지시에 따른 것이라고 판단한 청년 장교들이 우가키를 총리에 올리기 위해 쿠데타를 벌였다. 쿠데타는 실패로 돌아갔고, 우가키는 쿠데타에 가담하지 않았지만 도의적인 책임을 지고 육군대신에서 물러나야만 했다.

육군대신에서 물러난 우가키는 3개월 뒤인 1931년 6월에 조선 총독으로 부임했다. 총독으로 부임한 후에는 전임 총독 사이토의 문화정치 성향을 그대로 이어받았다. 문치를 앞세우고 내선일체를 강조하면서 황국신민화 정책을 실시했으며, 농촌진흥운동을 지원했다. 또 최남선, 윤치호, 이광수 등 당대 명망가들을 회유하여 친일분자로 만들기도 했다. 군수 사업에 관심이 많아 만주사변을 비롯한 중국 대륙 침략 전쟁을 위해 한국인을 동원하고 한반도에서 생산된 쌀로 군량미를 충당하기도 했다. 임시정부는 우가키의 술책을 무너뜨리기 위해 그에 대한 암살 계획을 세우고 유진만, 이덕주 등 한인애국단원을 파견했지만, 대원들이 일본 경찰에 체포되는 바람에 실패하기도 했다.

우가키는 5년 동안의 조선 총독 생활을 마친 후, 일본으로 돌아갔다. 귀국한 그는 한때 총리에 지명되기도 했지만 군부의 반발로 내각을 조직하는 데 실패했다. 이후 외무대신이 되어 영국과 중국, 미국을 상대로 전쟁 중단 협약을 이끌어내려 했으나 역시 군부의 반대로 실패했다. 심지어 그를 죽이기 위해 쿠데타 미수 사건이 벌어지기도 했다. 나중엔 공직에서 물러나 다쿠쇼쿠대학 학장을 지내기도 했고, 패전 후에는 전범 재판에 회부되었으나 군부 내 평화주의자라는 평결을 받아 가벼운 처벌만 받고 무사했다. 이후 참의원 선거에 나가 당선되었으며, 임기 중인 1956년에 사망했다.

2. 제7대 총독 미나미 지로(南次郎)

미나미 지로는 우가키에 이어 제7대 조선 총독으로 온 인물로서 규슈의 오이현 출신이다. 이전의 총독들과 마찬가지로 군벌 출신이다. 육군사관학교와 육군대학을 졸업했고, 러일전쟁에 참가했으며, 육군대학 교관과 육군성 군무국 기병과장을 지내고 중국 주둔군 사령관을 지냈다. 육사 교장, 사단장, 참모차장, 조선군 사령관을 거쳐 대장으로 승진했고, 육군대신과 만주국 일본대사 겸 관동군 사령관을 지낸 후 1936년에 예편했다. 예편한 그해에 조선 총독으로 부임했다.

그가 조선 총독으로 부임할 당시 일본은 침략주의를 강화하여 중국 전역으로 세력을 확대하기 위해 안간힘을 쓰고 있었다. 미나미는 그 같은 일제의 정책에 부응하여 사이토 총독 이후에 지속되고 있던 문화통치를 버리고 민족말살정책과 무단통치로 전환했다. 그 일환으로 중일전쟁에 한국인을 참전시키기 위해 지원병 제도를 실시했으며, 창씨개명을 강제하고 조선어 사용을 금지시켰다. 또한 모든 행사에서 '황국신민서사'를 제창하게 했고, 국민징용법을 이용하여 많은 한국인들을 강제징용했다.

미나미의 탄압 정책은 한국 지식인 사회에 엄청난 압박감으로 다가왔다. 그 때문에 한때 독립운동가이자 계몽가였던 여러 인물들이 창씨개명을 하고 변절자로 전락하는 결과를 낳기도 했다. 그는 1942년까지 조선 총독으로 머물다 일본으로 돌아갔으며, 2차대전 후에는 전범이 되어 국제군사재판에서 종신금고형을 받고 복역했다. 그는 복역 중이었던 1954년에 병에 걸려 보석으로 풀려났으나, 1955년에 죽었다.

4

1930년대의
주요 사건

1. 오보에서 비롯된 중국인 대학살

1931년 7월 2일 밤, 〈조선일보〉는 갑작스러운 호외를 발행했다. 호외의 내용을 요약하자면 만주의 완바오산(만보산) 근처의 싼싱바오라는 곳에 한국 농민 200여 명이 폭 10미터, 길이 8킬로미터의 수로를 만들었는데, 중국 당국과 농민 4000여 명이 피땀 흘려 만든 이 수로를 파괴하여 매립해버렸다는 것이다. 〈조선일보〉는 이런 내용의 호외를 다음 날에도 계속 발행했다.

〈조선일보〉 호외의 파장은 엄청났다. 호외의 내용이 소문나자, 사람들이 중국인들을 습격하여 폭행을 가하고 죽이는 사태가 벌어졌다. 이런 사태는 인천에서부터 시작하여 서울, 평양, 부산 등 큰 도시는 물론이고 전국의 지방까지 퍼져나갔다. 일대 학살극이 벌어졌던 것이다. 그런 상황에서 엉뚱한 유언비어까지 퍼져 학살 양상은 더욱 심해졌다. 유언비어의 내용은 대개 중국인들이 한국인들을 칼로 찔러 죽였다거나 수십 명의 한국인이 중국인들에게 몰살당했다는 내용이었다. 한국 군중들은 한국 땅에서 중국인의 씨를 말리자며 중국 상점과 중국 식당을 습격하고 중국인 마을에 불을 질러 마을 전체를 초토화시켰다. 중국인들은 도망 다니기에 바빴고, 피란 행렬이 줄을 이었다. 서울의 중국영사관에는 피란민이 4000명이 몰려 발 디딜 틈도 없는 지경이 되었다.

그런 사태는 일주일 정도 지속되었다. 그 일주일 사이에 중국인 사망자와 실종자만 243명이나 되었고, 부상자는 546명으로 집계되었다. 당시 한국 땅에 살던 7만여 명의 중국인 중에 1만 7000여 명이 영사관으로 피신했고, 평양역을 비롯한 각 지역의 역마다 중국인의 피란 행렬이 줄을 이었다. 중국인들의 재산 피해액만 해도 400만 원으로 지금 돈으로 환산하면 약 2000억 원에 해당하는 수치였다.

천문학적인 재산 피해와 인명 피해의 원인이 된 〈조선일보〉의 호외는 사실 오보였다. 기사를 쓴 사람은 김이삼 기자였다. 그는 7월 14일자 신문에 자신의 7월 2일자 호외 기사는 오보였다는 정정 기사를 내보냈다. 그렇다면 도대체 〈조선일보〉의 호외는 어떻게 만들어진 것일까? 호외의 내용 중 일부는 사실이었다. 싼싱바오에 건설한 한국인들의 수로를 중국인들이 파괴한 것은 맞는 내용이었다. 하지만 그 내막은 전혀 달랐다.

이른바 '완바오산 사건'으로 불리는 이 사태의 내막은 이랬다.

1931년 4월에 한국인 200여 명이 완바오산 싼싱바오로 이주했는데, 이들은 중국인 하오융더로부터 황무지를 임차했다. 그런데 문제는 한국인들에게 땅을 임차해준 하오융더가 그 땅의 주인이 아니라는 것이었다. 하오융더 역시 그 땅을 임차한 처지였다. 지주와 하오융더의 계약서에는 임차 계약을 지방정부에서 허가하지 않으면 계약은 무효가 된다는 내용이 있었다. 하오융더는 지방정부의 허가가 떨어지기도 전에 한국인들에게 땅을 빌려준 것이다. 따라서 하오융더와 한국인들 간의 계약은 무효였다.

한국인들은 이런 사실을 까맣게 모르고 농토 개간을 시작했다. 임차한 황무지 근처엔 강이 없었다. 그래서 한국 농민들은 10킬로미터나 떨어진 이퉁허(이퉁하)에서 물을 끌어들이기로 하고 수로를 파기 시작했다. 그런데 한국 농민들이 판 수로의 땅은 사유지였다. 그럼에도 그들은 땅 주인의 허락이나 양해를 구하지 않고 막무가내로 수로를 만들었다. 수로가 지나가는 10킬로미터의 땅엔 여러 주인이 있었고, 그들의 농토는 수로 때문에 훼손될 수밖에 없었다. 어떤 논은 수로로 인해 양분되기도 했다. 수로의 양쪽 둑 때문에 많은 농지가 침수될 염려도 있었고, 일부 천변에서는 뱃길이 끊기는 사태도 일어났다. 막무가내로 만든 수로 때문에 중국인들의 피해가 이만저만한 것이 아니었다.

중국 지방정부는 한국 농민들에게 수로 공사를 중단할 것을 명령했다. 그러나 한국 농민들은 들은 척도 하지 않고 공사를 강행했다. 이후 중국 지방정부와 한국농민 사이에 갈등이 빚어졌고, 이 소식을 들은 창춘 주재 일본 경찰은 한국인들이 자국민이므로 자국민을 보호한다는 구실로 기관총으로 무장한 병력 60여 명을 수로 현장에 급파했다. 이후 일본 경찰의 보호 아래 수로는 결국 완성되었다.

수로가 완성됐다는 소식을 들은 중국인들은 분통을 터뜨리며 결집했고, 결국 400여 명의 중국 농민들이 농기구를 들고 가서 수로를 막아버렸다. 일본 경찰이 중국 농민들에게 위협사격을 가했지만 피해자는 없었다. 이 사태는 중국과 일본 사이의 외교 문제로 비화되어 서로 잘잘못을 따졌지만, 충돌 사태는 일어나지 않았다. 〈조선일보〉의 김이삼 기자는 이런 상황을 제대로 파악하지 못하고 일본영사관을 통해 들은 허위 정보만으로 기사를 작성하여 본사로 보냈고, 〈조선일보〉는 엄청난 사건인 양 호외를 내보내 죄 없는 중국 사람들의 목숨과 재산을 뺏게 했던 것이다. 김이삼 기자는 정정기사를 내보낸 다음 날인 7월 15일에 지린에서 피살된 채로 발견되었다. 세간에는 일본 당국이 사건을 무마하기 위해 그를 죽였다는 소문이 돌았다.

2. 〈조선일보〉, 〈동아일보〉의 문맹퇴치운동과 브나로드운동

동아일보사는 1931년부터 브나로드운동이라는 이름으로 문맹퇴치운동을 전개했다. 브나로드라는 말은 러시아어로 '민중 속으로'라는 뜻인데, 19세기 후반에 러시아의 지식층과 학생들이 펼친 농촌계몽운동의 이름이다. 1873년에 시작된 이 브나로드운동에

참여한 지식인과 학생 수는 무려 2000명에 이르렀지만, 실효성을 거두지는 못했다. 이 운동의 목적이 농민 공동체를 기반으로 사회주의를 실현하는 데 있었기 때문에 차르 정부는 이들을 내버려두지 않았다. 차르 정부는 수백 명의 학생과 지식인을 체포하여 법정에 세웠고, 결국 러시아의 브나로드운동은 중단되었다.

동아일보사가 1931년부터 매년 전국적인 문맹퇴치운동을 전개할 때, 이 운동의 이름을 브나로드운동이라고 명명했다. 말하자면 러시아의 농촌계몽운동에서 이름을 빌려온 셈인데, 정작 민중들은 이 말뜻을 잘 이해하지 못했다. 동아일보사는 1933년 3회까지 브나로드운동이라는 명칭을 사용하다가 1934년에 4회 대회를 개최하면서 계몽운동으로 이름을 바꿨다. 하지만 그것이 마지막 행사였다. 총독부가 브나로드운동 금지령을 내렸던 것이다. 사실 동아일보사는 이미 1928년에도 문맹퇴치운동을 계획한 바 있었다. 창간 8주년 기념행사의 일환으로 문맹퇴치운동을 전개하고자 했으나 총독부의 방해로 좌절됐던 것인데, 또다시 총독부에 의해서 좌절을 맛봐야만 했다.

동아일보사가 브나로드운동으로 문맹퇴치에 나서고 있었을 때, 조선일보사는 이미 1929년부터 귀향남녀학생문자보급운동이라는 이름으로 문맹퇴치운동을 전개하고 있었다. 조선일보사는 '아는 것이 힘이다, 배워서 산다'라는 슬로건을 내걸고 4주 만에 완성하는 『한글원본』이라는 책자도 발간했다. 그런데 이 운동 역시 브나로드운동과 함께 총독부에 의해 중지되었다.

동아일보사와 조선일보사가 문맹퇴치운동에 나서게 된 배경엔

1920년 초반부터 유행했던 농촌계몽운동이 있었다. 당시 유학생들은 방학을 이용해 귀향계몽운동을 전개했는데, 전국 학생들에게 영향을 끼쳐 농촌계몽운동으로 확대되었던 것이다. 농촌계몽운동을 위해 몇몇 학교에서는 은밀한 조직이 만들어지기도 했는데, 그 대표적인 것이 수원고등농림학교에 재학 중이던 한국 학생들이 만든 건아단이었다. 건아단은 1926년에 조직되어 농민 계몽과 야학운동을 전개했는데, 1928년 일본 경찰에 발각되어 와해되고 말았다. 하지만 이후에도 이 학교 학생들의 야학운동과 문맹퇴치운동은 은밀히 지속되었다. 이들은 방학이 되면 전국으로 퍼져 농촌운동을 전개했는데, 이를 상록수운동이라고 불렀다. 이 상록수운동은 전국 학생층에 널리 퍼져 있었다.

3. 제주 해녀들, 경찰주재소를 습격하다

1932년 1월 24일 새벽, 차가운 칼바람을 안고 제주도 구좌면의 해녀단 500여 명이 세화리의 경찰주재소를 습격했다. 주재소의 철창 안엔 100여 명의 해녀들이 가득 들어차 있었다. 해녀단의 주재소 습격은 이 동료들을 구하기 위한 극단적 조치였다. 해녀들이 손에 든 무기는 전복을 딸 때 쓰는 빗창과 호미였다. 그들은 돌과 호미와 빗창으로 주재소 유리창을 깨고 문을 박차고 함성을 지르며 들어갔다. 갑작스러운 해녀들의 공격에 놀란 주재소 경찰관들은 당황하여 우왕좌왕했고, 그 사이 발 빠른 해녀들이 유치장 속의 동료들을 해방시켰다. 정신을 수습한 경찰관들이 칼을 휘두르며 저항했고, 몇몇은 총을 쏘아대며 해녀들을 위협했다. 그 바람에 선봉에 섰던 해녀들이 다시 붙잡혀 철창에 갇히고 말았다.

해녀들이 주재소를 습격하던 그때, 제주 전역엔 비상경계령이 내려져 있었다. 비상경계령이 내려질 정도로 일본 경찰들을 긴장시킨 존재는 독립군도 폭도도 아닌 해녀조합원들이었다. 그들은 습격 사건이 있기 보름 전인 1월 7일에 세화리 장터에서 시위대를 형성했다. 시위대의 선봉에 선 사람은 스물두 살의 해녀 부춘화였다. 그녀는 해녀들을 앞에 놓고 일장 연설을 했다. 그녀의 주장을 요약하자면 해녀들이 따는 해산물들을 해녀조합이 너무 헐값에 사간다는 것이었다. 당시 해녀들이 채취한 해산물들은 해녀조합의 명령에 의해 특정 일본인들에게만 판매할 수 있었다. 해녀들은 시세의 반값도 못 되는 가격에 해산물을 넘겨야 했고, 결국 이를 참지 못한 해녀들은 해산물을 사들이고 있던 일본인 니노미야를 찾아가 값을 제대로 쳐달라고 요구했다. 그러나 니노미야는 일거에 거절하며 해녀들의 전복을 사지 않겠다고 버텼다. 해녀들은 해녀조합에 중재 요청을 했는데, 해녀조합의 서기 마쓰다는 오히려 니노미야 편만 들었다. 사실, 조합 역시 일본인들이 장악하고 있었기에 일본 상인들과 한통속이었다.

니노미야가 전복을 사지 않겠다고 버텼던 것은, 전복은 시일이 지나면 어차피 썩어서 버려야 했기 때문에 자신에게 팔지 않으면 안 된다고 판단했기 때문이다. 니노미야의 예상대로 전복은 며칠 되지 않아 창고에서 썩어났다. 이에 해녀들은 분통이 터져 견딜 수 없다며 시위를 감행하고 일본인에게만 지정된 해산물 매수 방식을 바꿀 것을 요구했다. 해녀들의 시위에 놀란 해녀조합 구좌면 지부장은 자신이 중재에 나서겠다는 약속을 하며 시위대를 진정시켰다. 그 말을 믿고 시위대가 일단 물러나자, 오히려 해녀조합은 지정 판매를 그대로 유지하겠다는 광고문까지 붙여가며 해녀들의 요구를 묵살했다.

해녀들은 1월 12일에 다시 시위를 예고했다. 그날 도지사 다구치 데이키가 세화리 장터를 순시하기로 예정되어 있었다. 해녀들은 다구치가 장터를 순시할 때 그를 만나 담판을 지으려는 계획이었다. 그리고 마침 다구치가 자동차를 타고 장터로 들어오자, 해녀들은 순식간에 다구치의 자동차를 에워쌌다. 다구치를 경호하던 경찰들이 해녀들을 저지하려 했지만 워낙 순식간에 벌어진 일인데다 해녀 시위대 1000여 명에 구경꾼까지 잔뜩 모인 터라 어떻게 해볼 도리가 없었다.

해녀들은 다구치를 에워싸고 함성을 지르며 만세를 불러댔고, 이어 20여 명의 해녀 대표들이 일본의 수탈 정책에 항의하는 구호를 외치기 시작했다. 한편, 갑작스러운 해녀 시위대 출현에 놀란 다구치는 차에서 내려 달아났고, 그 소식을 접한 해녀들이 구름처럼 몰려가 다구치를 둘러쌌다. 그러자 경관들이 허공에 총을 쏘아대고 해녀들의 목에 칼을 겨누며 위협했다. 하지만 해녀들은 물러서지 않고 외쳤다. "우리들의 요구에 칼로써 대하면 우리는 죽음으로써 대하겠다!"

그런 일촉즉발의 상황이 전개되고 있는 가운데, 우도의 해녀들과 시흥리 해녀 수백 명이 배를 타고 와 시위대에 가세했다. 다구치는 해녀 대표와 마주 앉아 협상을 벌일 수밖에 없었다. 해녀 대표는 다구치에게 여덟 가지의 요구 사항을 제시했다. 우선 모든 지정 판매에 반대하는 것과 계약보증금을 생산자가 보관할 것, 미성년과 마흔 살 넘은 해녀와 병으로 물질을 하지 못하는 사람에게 조합비를 면제할 것, 출가증은 돈을 받지 않고 발급해줄 것, 총대의원은 동네별로 뽑을 것, 조합의 재정을 공개할 것, 상인들을 옹호한 마쓰다 서기를 즉시 면직할 것이었다.

다구치 도지사는 해녀들의 요구를 들어주겠다고 약속을 했지만 그것은 우선 그 자리를 피하기 위한 거짓말이었다. 다구치는 다음 날 형사들을 동원하여 시위 주동자들을 잡아들이고 배후를 캘 것을 명령했다. 명령을 받은 일본 형사들은 제주민으로 변장하여 탐문을 시작했고, 그 결과 시위대의 배후에 하도리 야학당과 우도 영명의숙 교사들이 있음을 파악했다. 1월 23일, 다구치는 제주 전역에 비상경계령을 선포하고 야학당과 영명의숙 교사들을 체포하기 시작했다.

일본 경찰들이 수십 명의 교사들을 체포하여 호송하자, 그 소식을 듣고 달려온 세화리 해녀 1500여 명이 빗창과 돌을 들고 경찰들의 호송 행렬을 막아섰다. 그러고는 호송차량의 유리창을 깨고 40여 명의 교사들을 모두 구출하여 빼돌렸다. 제주경찰서는 무장대를 세화리로 급파했고, 해녀들 또한 각 마을에서 세화리로 모여들었다. 세화리는 수천 명의 해녀와 경찰들의 대치장이 되었고, 금세라도 전쟁이 날 듯한 위기 상황이 조성되었다. 무장 경찰대와 해녀들의 대치는 밤까지 이어졌고, 100여 명의 해녀들이 경찰에게 연행되기도 했다. 그러나 해녀들의 시위는 멈추지 않았다. 경찰은 폭동이 일어날 것을 염려하여 붙잡은 해녀들을 조사만 하고 내보 겠다고 약속했고, 시위대는 일단 물러났다.

하지만 그것은 물러난 것이 아니었다. 바로 다음 날 새벽 500여 명의 해녀들이 세화리의 경찰주재소를 습격하여 잡혀 갔던 동료들을 구출해냈던 것이다. 해녀 시위대가 구출한 40여 명의 교사들은 그 후 우도에 숨어 있었는데, 일본 경찰들이 그 정보를 입수하고 1월 26일 새벽에 우도로 잠입했다. 그리고 40여 명의 교사와 교사들을 돌보고 있던 수십 명의 해녀들을 체포하여 배에 태웠다. 그 소식을 듣고 우도 해녀 800여 명이 배를 붙잡았지만 일본 경찰들이 총질을 해대는 통에 저지에 실패했다. 경찰들에게 붙잡혀 간 문부현, 부대현, 김태륜 등의 야학당 교사와 강관순, 신재홍, 김성오 등의 우도 영명의숙 교사들, 해녀 시위를 주도했던 부춘화, 김옥련, 부덕량 등의 해녀들은 모두 재판에 회부됐다. 그들은 치안유지법 위반, 가택침입, 보안법 위반, 협박, 폭력, 예배 방해 등의 혐의로 실형을 살아야 했다.

4. 이봉창과 윤봉길, 일제의 심장을 뒤흔들다

1932년 1월 8일 열한시, 일본의 심장부 에도성 내부의 사쿠라다몬 앞에서 폭발 굉음이 울려 퍼졌다. 폭탄이 터진 그 자리는

1860년 미토번의 낭인 무사들이 히코네번의 대로 이이 나오스케를 습격하여 암살한 곳이었다. 폭탄은 만주 괴뢰국의 황제 푸이와 함께 관병식을 마치고 돌아가던 일본 천황 히로히토를 향했다. 하지만 안타깝게도 히로히토에게 미치지 못하고 궁내대신이 탄 마차 옆에 떨어져 터졌다. 순식간에 일어난 암살 시도에 놀란 호위병들은 허겁지겁 범인을 색출하려 했고, 그런 상황에서 군중을 비집고 태극기를 흔들며 "조선 독립 만세"를 부르짖는 한 청년을 발견했다. 그는 스스로 체포되어 자신이 한인애국단원이며 이름은 이봉창이라고 당당하게 밝혔다.

이 사건은 순식간에 일본 열도를 뒤흔들었고, 중국 언론에 대서특필되었다. 중국 국민당의 기관지 〈국민일보〉는 '한국인 이봉창이 일황을 저격했으나 불행히도 명중시키지 못했다'고 보도했다. 이 보도는 일본 정가를 자극했고, 결국 일본은 푸저우(복주)에 주둔한 군대와 경찰을 동원, 〈국민일보〉를 습격하여 파괴했고 이어 중국 정부에 공식적으로 항의했다. 하지만 그것으로도 성이 차지 않았던지 급기야 상하이를 공격했고, 이에 중국군이 대응하면서 상하이사변이 터졌다. 이 상하이사변은 훗날 중일전쟁의 원인이 되었는데, 그만큼 이봉창의 의거는 엄청난 파급 효과를 일으켰던 것이다.

이봉창 의거 이후 일본 경찰은 한인애국단을 운영하며 임시정부를 이끌고 있던 김구를 잡기에 혈안이 되었다. 사쿠라다몬 사건이 있은 지 채 4개월도 되지 않은 그해 4월 29일, 또 하나의 폭음이 상하이를 뒤흔들었다. 그날 상하이 홍커우공원에서는 일왕 히로히토의 생일축하연(천장절)과 상하이 점령 전승 기념행사를 동시에 진행하고 있었다. 열한시에 시작된 행사의 막바지 무렵, 물통 모양의 폭탄 하나가 행사장 안으로 날아들었다. 천장절 행사는 끝나고 상하이교민회가 준비한 축하연만 남겨두고 있었으므로 다른 나라의 외교관과 손님들은 빠져나가고 일본인만 남은 터였다. 열한시 50분쯤 상하이 점령을 기념하는 식이 진행되고 일본 국가인 기미가요가 울려 퍼지고 있을 때, 요란한 폭음과 함께 폭탄이 터졌다. 폭탄은 단상의 경축대 위에 명중했다.

폭탄의 파편에 의해 상하이 파견군 총사령관 시라카와 요시노리와 일본 거류민단장 가와바타 데이지가 즉사하고, 중국 총영사 무라이 구라마쓰는 중상을 입었으며, 제3함대 사령관 노무라 기치사부로 중장은 실명했다. 제9사단장 우에다 겐키치 중장은 다리에 중상을 입은 끝에 다리를 절단해야 했고, 중국공사 시게미쓰 마모루도 다리에 중상을 입어 한 다리는 절고 다녀야 하는 처지가 되었다.

그들에게 폭탄을 던진 인물은 한인애국단 소속 윤봉길이었다. 윤봉길은 물통 폭탄이 명중하는 것을 보고 자살용으로 마련한 도시락 폭탄을 자신의 발아래에 던졌으나 불발되고 말았다. 그 바람에 일본 헌병들에게 체포되었다. 윤봉길은 그들에게 구타를 당하며 끌려가면서도 "일본 제국주의를 타도하자", "대한민국 만세" 등의 구호를 외쳐댔다.

윤봉길의 의거는 세계 신문들의 톱뉴스가 되었다. 중국 국민정부 주석 장제스는 중국의 백만 군대가 해내지 못한 일을 해냈다며 찬사를 아끼지 않았다. 장제스는 대한민국 임시정부의 가치와 역할을 인정하고 이때부터 본격적인 지원을 시작했다. 중국에 얹혀 살던 임시정부로서는 천군만마를 얻은 격이었다. 의거 소식을 들은 한인 교민들도 임시정부를 적극 지원하기 시작했다. 세계를 떠들썩하게 하고 대한민국 임시정부의 위상을 격상시키며 일본인들의 심장부에 폭탄을 던졌던 이봉창과 윤봉길은 혹독한 고문을 당한 뒤에 가혹하게 처형되었다.

이봉창은 재판정에서 자신을 심문하던 대심원에서 "나는 너희 임금을 상대하는 사람이거늘, 어찌 감히 나에게 무례하게 구느냐"라고 호통을 치기도 했다. 또 윤봉길은 사형 직전에 마지막으로 남길 말이 없느냐는 질문을 받고 "사형은 이미 각오했으므로 하등 말할 바가 없다"라며 담담한 태도를 보였다.

이봉창은 체포된 후 비밀재판에서 1932년 9월 30일 사형선고를 받았으며, 이치가야형무소에서 교수형에 처해졌다. 윤봉길은 1932년 12월 18일에 상하이 파견 일본군법회의에서 사형선고를 받고 가나자와육군구금소로 이송되었다가 아침 일곱시 27분에 이시카와현 가나자와시 미쓰코지야마 서북 골짜기에서 형틀에 묶인 채로 총살당했다.

일제는 두 의사를 사형한 뒤 봉분도 없이 매장해 그 위를 사람들이 밟고 다니도록 했다. 이후 두 사람의 유해는 암흑 속에 갇혀 있다가 1946년에야 김구, 이광훈, 박열 등 독립투사들과 재일 동포 수백 명의 노력으로 환국하여 효창공원 삼의사 묘소에 백정기 의사와 함께 안장될 수 있었다.

이봉창은 1900년 지금의 서울 용산인 한성부 용산방에서 건축업과 운수업을 하던 이진규의 아들로 태어났다. 아버지 이진규의 사업이 그런대로 잘됐기 때문에 어린 시절에 어렵지 않게 살았다. 서당을 다닌 후엔 용산의 문창소학교에 다닐 수 있었다. 그러나 곧 아버지가 첩을 얻어 생활하는 바람에 제대로 학비 지원을 받을 수 없어 소학교 졸업 후에는 일본인이 경영하는 과자 가게 점원 생활을 했다. 열아홉 살 때에는 남만철도회사 용산정차장 고용원으로 취직했다. 그리고 삼일운동 이후 친형 용태와 함께 일본으로 건너가 막노동을 했다.

그는 고된 막노동 생활을 하면서 각기병에 걸려 고생하기도 했는데, 그 때문에 일을 할 수 없는 처지가 되었다. 그때 친구의 도움으로 1년 동안 쉬면서 요양을 할 수 있었고, 그 시절에 독서를 하며 독립운동에 참여할 의지를 키웠다. 그리고 마침내 여비를 마련하여 1931년 1월 상하이로 가서 안중근의 동생 안공근의 주선으로 김구를 만났다. 김구는 이봉창을 여러 차례 시험한 끝에 한인애국단 단원으로 받아들였고, 히로히토 암살 계획을 세운 뒤 이봉창을 일본으로 보내 거사를 진행했다.

이봉창의 거사가 실패한 후 김구가 선택한 또 한 사람 윤봉길, 그는 1908년 충청남도 덕산군 현내면 시량리에서 윤황의 아들로 태어났다. 비교적 유복한 가정에서 태어났기에 열한 살이던 1918년에 덕산보통학교에 입학했다. 이듬해 삼일운동이 일어나자 식민지 노예 교육을 받지 않겠다며 학교를 자퇴하고 한학을 공부했으며, 1921년에는 유학자 성주록이 세운 서당 오치서숙에 들어가 8

년간 공부한 후 졸업했다. 그는 오치서숙 시절에 『오추』, 『옥수』, 『임추』 등의 시집을 발간하며 문학에 열정을 쏟기도 했다.

오치서숙 졸업 후 그는 농촌운동에 뛰어들어 농촌계몽운동, 농촌부흥운동, 야학, 독서회 등에 투신하며 『농민독본』을 저술했다. 그러다 1930년에 "장부가 뜻을 품고 집을 나서면 살아 돌아오지 않는다"라는 글귀를 남기고 중국으로 떠났다. 하지만 그 뒤를 따라붙은 일본 경찰에게 체포되어 45일간 투옥되었다가 풀려난다. 감옥에서 풀려나자 만주로 망명한 후 다시 상하이로 갔다. 그는 상하이에서 채소 장사를 하며 1931년 겨울에 김구를 만나 한인애국단에 가입하고, 이듬해 거사를 감행했다.

5. 일장기 말소 사건과 〈조선중앙일보〉의 안타까운 폐간

1936년 제11회 베를린 올림픽에서 한국인 손기정이 마라톤 부분 일본 대표로 출전하여 세계기록을 경신하며 우승하여 금메달을 목에 걸었다. 손기정은 세계 스포츠계에는 알려지지 않은 신인이었지만 당시 한국과 일본에서는 우승에 대한 기대감이 고조되어 있었다.

1936년 8월 9일 새벽 손기정의 우승이 확정되었다. 당시로서는 마라톤에서 마의 벽으로 여겨지던 두 시간 30분의 벽을 깬 대단한 우승이었다. 그 소식이 전해지자 한반도는 물론이고 일본열도와 중국 대륙까지 들썩였다. 그러나 손기정 본인은 물론이고 한국인들에게 그 기쁨은 슬픔이기도 했다. 한국인이지만 일장기를 달고 일본 대표로 출전해야 했고, 그가 딴 금메달도 일본의 금메달로 집계되었던 까닭이다. 그런 한국인들의 아픈 가슴을 대변하듯 당시 조선의 3대 언론인 〈동아일보〉, 〈조선중앙일보〉, 〈조선일보〉 중 〈조선일보〉를 제외한 두 곳이 손기정이 월계관을 쓴 사진에서 일장기를 지워버렸다. 이른바 '일장기 말소 사건'이 터진 것이다.

　손기정의 우승 소식이 전해지자 언론에서는 연일 대서특필했다. 8월 13일, 신문사에 손기정이 월계관을 쓴 사진이 전해졌고, 모든 신문이 그 사진을 실었다. 그러나 사진을 실으면서 〈동아일보〉와 〈조선중앙일보〉는 손기정이 입고 있던 유니폼의 일장기 위에 시커먼 먹칠을 해서 일장기가 보이지 않도록 했다. 이날의 사진 게재에 대해 총독부는 별로 문제 삼지 않았는데, 조악한 인쇄술 때문이라고 판단했던 까닭이다. 그 후 12일이 지난 8월 25일에 〈동아일보〉는 다시 손기정의 사진을 실었는데, 이때 일본 관리가 일장기 위에 먹칠이 되어 있음을 발견했다. 총독부는 〈동아일보〉를 무기 정간시켰다. 송진우 사장과 김준연 주필, 설의식 편집국장 등이 자리에서 쫓겨났으며, 사회부장 현진건과 사회부 기자 이길용과 장용서를 비롯하여 조사부의 이상범 화백과 사진부의 신낙균, 백운서, 서영호 등이 구속되었다. 또 〈동아일보〉에서 발행하던 월간지 〈신동아〉에도 사진이 게재됐다는 이유로 잡지부장 최승만도 구속되었다. 또 〈동아일보〉는 9개월간 정간되었으며, 구속되었던 기자들은 40일이 넘도록 고초를 겪다가 언론사에 일절 참여하지 않겠다는 서약서를 쓰고 겨우 풀려났다.

〈조선중앙일보〉의 상황은 더욱 심각했다. 〈동아일보〉와 마찬가지로 무기 정간을 당하고 사장 여운형이 쫓겨났으며, 여러 기자들이 고초를 겪었다. 이렇게 되자, 원래부터 재정적인 어려움을 겪고 있던 〈조선중앙일보〉는 9월 5일의 무기 정간 사태 후 재기하지 못하고 1937년 11월 5일에 발행 허가 효력의 상실로 폐간되고 말았다. 〈조선중앙일보〉의 폐간은 크나큰 손실이었다. 〈조선중앙일보〉의 뿌리는 1924년 3월에 최남선이 창간한 〈시대일보〉였다. 창간 이후 〈시대일보〉는 〈조선일보〉, 〈동아일보〉와 함께 3대 민간 신문으로 자리 잡았다. 이 신문사의 핵심 인물은 사장 겸 주간을 맡았던 최남선을 비롯하여 안재홍, 염상섭 등 명망가들이었다. 처음엔 경영난이 발생하여 보천교에서 3만 원을 받은 것이 화근이 되어 1924년 7월에 경영권이 보천교에 넘어가는 사태도 겪게 된다. 그러자 직원들이 대거 반발하여 보천교를 비판, 이후 휴간되었다가 이듬해 4월에 홍명희, 한기악 등이 주축이 되어 다시 발행하게 되었다. 그러나 경영난으로 인해 다시 폐간되었는데, 이를 당시 만능 신문인으로 통하던 이상협이 인수하여 1926년 11월에 〈중외일보〉로 제호를 바꾸고 〈시대일보〉의 호수를 그대로 이어갔다.

　이상협은 1933년 이후 친일 신문 〈매일신보사〉에 입사하여 친일 행위자로 전락하지만 이때까지만 하더라도 민족 언론에 투신하던 인물이었다. 〈동아일보〉 초대 편집국장을 지냈고, 간토대지진 때 단독으로 일본으로 건너가 한인 학살 현장을 보도하는 개가를 올리기도 했다. 이후 〈조선일보〉로 옮겨 최은희 등 여기자를 채용하는 혁신적인 면모도 보였다. 1924년에 〈조선일보〉가 무기 정간

당하자, 1926년에 〈시대일보〉의 판권을 인수하여 〈중외일보〉라는 이름으로 계승했던 것이다. 그러나 〈중외일보〉 역시 출범 5년 만인 1931년 9월에 다시 경영난으로 폐간되었다. 폐간될 당시 상하이 임시정부의 자금책을 맡았던 백산상회의 안희제가 출자하여 사장을 맡았다. 그는 일본의 총독정치를 맹렬히 공격하며 경영 정상화에 주력했지만 성공하지 못했다.

〈중외일보〉는 김찬성, 노정일, 최선익 등이 〈중앙일보〉로 제호를 바꾸고 호수를 계승하여 발행했지만 자금 문제로 몇 번 휴간 사태를 겪다가 1933년 3월 6일에 폐간되었다. 폐간 당시 사장은 여운형이었는데, 최선익과 증자를 단행하여 폐간 다음 날인 3월 7일에 제호를 〈조선중앙일보〉로 바꾸고 〈중앙일보〉의 호수를 계승하여 새 출발을 했다. 새 출발 자금은 지금 돈으로 약 250억 원에 해당되는 50만 원이었으며, 경비행기를 도입하여 백두산 탐험 비행을 하기도 했다. 이후 경영 정상화를 이뤄 다시 조선의 3대 신문으로 자리매김했다. 〈조선중앙일보〉는 민족 반역자들의 반역 행각들을 폭로하고 '조선민란사화'와 같은 민중사를 집중 조명하기도 했다. 그 때문에 여러 번에 걸쳐 기사를 삭제당하기도 했고, 신문을 차압당하기도 했다. 그런 가운데 일장기 말소 사건이 발생하여 정간되는 사태가 벌어졌는데, 정간 중에 경영진 내부의 불화와 투자 실수까지 겹쳐 결국 폐간되고 말았다.

6. 희대의 살인 사건으로 기록된 백백교 사건

1937년 6월 8일, 경기도 양평군 일대에서 무려 380여 구의 암매장된 시체가 발견되었다. 신흥종교인 백백교의 교주 전용해와 그 측근들에 의해 살해된 시신들이었다. 일본 경찰은 백백교에서 살인이 자행되었다는 첩보를 입수하고 주범 전용해를 쫓던 중이었고, 그 과정에서 시신들을 무더기로 발굴했다. 이 사건으로 백백교의 간부들이 대거 검거되어 간부 열두 명은 사형에 처해지고 나머지 간부들도 무기징역 또는 실형을 선고받고 감옥으로 보내졌다. 하지만 주범 전용해는 시체로 발견되면서 사건은 일단락되었다.

백백교의 전신은 동학에서 파생된 백도교였다. 이 종교의 교주는 전정예였는데, 그는 60여 명의 여인을 거느리고 교인들의 재산을 빼앗는 등 방탕하고 간악한 생활을 했다. 1919년에 그가 사망하자, 백도교 간부 우광현이 전정예의 아들 전용해와 함께 전정예를 암매장했다. 이후 백도교는 우광현에 의해 운영되었는데, 1920년에 평안남도 강서군의 정성희라는 사람이 자신의 아버지 정근일이 백도교에 빠져 재산을 탕진하고 있다며 경찰에 고발하는 사건이 벌어졌다. 그래서 경찰이 수사에 착수했고, 그 과정에서 전정예가 죽었다는 사실이 밝혀지자, 많은 교인들이 이탈하여 백도교의 교세는 급격히 줄어들었다.

그 뒤 우광현은 교명을 백백교로 바꾸고 자신이 교주가 되었다. 이후 우광현이 교주를 그만두자 다른 간부였던 차병간이 교주가 되었다. 하지만 실질적으로 백백교를 운영하던 인물은 전정예의 둘째 아들 전용해였다. 전용해와 교단 간부들은 세상 물정 모르는 농민들을 끌어들여 다음과 같은 말들로 돈을 내게 했다. "이제 곧 심판의 날이 온다. 너희가 전국 53곳의 피난처에 가 있으면 난 금 강산에 은거한다. 천부님이 내려오셔서 난 임금이 되고 너희는 헌금을 바치는 순서대로 벼슬을 받아 날 모시게 된다." 이런 허무맹랑한 말들로 신자들의 돈을 받아 챙긴 교단의 간부들은 자신들을 의심하거나 비판하는 사람이 있으면 가차 없이 죽여 암매장했다.

백백교 사건을 두고 당시 〈동아일보〉는 1940년 3월 20일자 기사에서 이렇게 표현하고 있다. "세계 역사상 가장 무서운 범죄라는 기록으로, 다른 자랑할 것이 없는 우리는 후세에 가서도 이 부끄러움을 무엇으로도 씻을 수 없게 되었다." 경찰은 이 사건을 조사하면서 무려 3만 장이 넘는 조서를 작성했다고 한다. 각 읍면에서는 시체 처리 비용을 감당하지 못해 조선총독부에 자금 지원을 요청할 정도였다. 이 사건의 피해자들을 조사해보니 하나같이 일자무식이었다고 하는데, 그나마 가장 학력이 높은 사람이 소학교를 졸업한 정도였다고 한다.

7. 몰락을 향해 달려가는 일본 제국주의

만주사변은 흔히 9·18사변이라고도 부르는데, 1931년 9월 18일에 촉발된 사건 때문에 일어난 사태이기 때문이다. 이날 펑톈(지금의 선양)의 류타오후에서 일본군들이 지키고 있던 만주철도 노선이 폭파된다. 〈동아일보〉는 1931년 9월 20일자 기사에 도쿄 19일발 전화 통지문과 펑텐 19일발 전화 통지문의 내용을 그대로 실었다.

[동경 19일발 전통] 외무성 18일 오후 11시 반 착전: 만철본선 유성구의 철교를 18일 오후 10시 반 폭파한 자 있어 중국병의 처리라 알고 일본 수비대가 출동하여 북대영 부근에서 일중 교전 중이라는 경찰 보고에 접했다.

[봉천 19일발 전통지급보] 18일 오후 10시 중국병이 봉천의 북방 북대영에서 만철선을 폭파하고 일본의 ○○수비대를 습격했으므로 일본병은 곧 이에 응전하여 대포로써 북대영의 중국 병영을 포격하고 오후 11시 20분에 그 일부를 점령했는데 격전은 아직도 계속 중이다.

관동군 사령부를 급거 봉천에 이전, 요양사단과 안동부대도 출동, 관성자와 봉황성과 안동현을 점령, 여순 주차대와 평양비행대도 출동, 봉천군을 전멸할 계획, 민국(중국) 측 군인 경관 전부를 무장해제, 북대영 파괴로 장사는 다 이산, 하졸 사상만 수백 명, 일본군 행동의 여하를 불구 중 측은 무저항, 19일 야 오전 0시 봉천 당국 일본 과장 포화의 봉천성내 파급 방지를 전화로써 임 총영사에 요청, 공격 중지를 총영관에 교섭, 민국 측 간부 대책 협의.

이렇듯 만주는 불과 하루 만에 일본 관동군에 의해 점령되었다. 일본군이 만주를 점령한 명분은 중국군이 만주철도를 폭파했다는 것이었다. 만주철도를 폭파한 장본인은 관동군 장교 이타가키 세이시로와 이시와라 간지였다. 자작극을 벌인 뒤, 중국군에게 혐의를 씌워 불법적으로 만주를 장악한 것이다. 만주 공략에는 관동군 뿐 아니라 조선군 사령부 소속 4000명 병력도 합류했다. 단 며칠 만에 중국 동북 지역의 펑톈성, 지린성, 헤이룽장성을 완전히 장악 해버렸다. 만주사변을 통해 만주 전역을 장악한 일본은 이듬해인 1932년 1월엔 상하이를 공격했다. 두 달 뒤인 3월엔 청나라 마지 막 황제 푸이를 앞세워 친일 괴뢰국인 만주국을 세웠다.

일본의 침략이 계속되자, 중국은 국제연맹에 일본을 제소했고, 미국과 영국 등 열강은 일본 정부에 만주에서 군대를 철수할 것을 종용했다. 그러나 일본은 국제연맹에서 탈퇴하면서까지 열강의 요 구를 거부했다. 일본은 중국에 대한 공략을 강화하여 1933년 1월 에는 산하이관 사건을 일으키고 러허성을 공격했다. 탕구정전협정 으로 전쟁이 중지되지만, 일본은 1937년에 중일전쟁을 일으켜 중 국 대륙 장악에 대한 야욕을 노골화한다.

중일전쟁은 1937년 7월 7일에 발생한 루거우차오(노구교)사건에 서 비롯됐다. 야간 전투 훈련 중인 일본군의 머리 위로 10여 발의 총알이 날아갔다. 일본군 사병 하나가 행방불명되었다는 소문이 돌았다. 그 사병은 용변을 보고 있는 중이었고, 20분 뒤에 대오에 합류했다. 일본군 위로 날아간 총알도 자작극이었다. 일본군은 자 신들 머리 위로 날아간 총탄은 중국군이 쏜 것이며 사라진 병사는 중국군에 의해 납치되었다고 주장했다. 부대를 이끌고 있던 일본 군 지휘관 무타구치 렌야는 다음 날 아침에 보병 연대 병력을 출동 시켜 루거우차오를 점령해버렸다. 이 싸움은 전면전으로 확대되진 않았다. 중일 양국은 몇 차례 국지전을 치른 끝에 7월 11일에 협정을 맺고 싸움을 중단했다.

그러나 일본 내각을 이끌고 있던 고노에 후미마로는 그대로 전쟁을 끝내지 않았다. 일본 본토와 만주, 조선에서 총 6개 사단을 모아 중국 대륙을 공격했다. 고노에는 속전속결로 공격을 전개하면 일시에 중국 대륙을 장악할 수 있을 것이라고 판단했다. 일본이 전면전을 벌이자, 중국의 장제스는 공산당과 합작하여 공산군의 홍군을 국민당 휘하 군대로 흡수하여 국민혁명군 제8로군으로 명명했다.

중국 군대는 일본 군대의 전력에 현격하게 밀렸다. 당시 일본은 정예 병력만 30만을 보유하고 있었고, 일본 장교 지휘 아래 만주인 및 몽골인으로 구성된 부대 15만, 비상시 언제나 출동 가능한 200만의 예비군, 거기다 막강한 해군력과 육군 항공대 및 해군 항공대로 구성된 공군력까지 겸비하고 있었다. 중국군의 주력부대는 장제스 휘하의 10만 병력뿐이었다. 수치상으로는 400만 병력 운운하고 있었으나 대부분은 오합지졸이었고, 무기도 현대화되어 있지 않았다. 또한 공산당 소속의 팔로군은 장제스에겐 언제나 위협적인 존재였다.

중일전쟁 초기의 전쟁 양상은 일본군의 일방적인 공격뿐이었다. 일본군은 전쟁 개시일인 7월 28일부터 이틀 만에 베이징과 톈진을 점령했고 이후 화베이평야 지대로 남하했다. 전쟁 개시 보름 뒤인 8월 13일엔 함선을 동원하여 상하이 상륙작전을 감행했다. 파죽지세로 중국 대륙을 장악해갔기 때문에 일본은 세 달이면 중국 전역을 장악할 것으로 믿었다. 하지만 시간이 흐르면서 중국군의 저항이 격한 양상을 보였고, 그로 인한 일본군의 피해도 날로 증가했다. 상하이를 차지하는 데 3개월을 소비했고, 산시 지역에서는 1개 여단이 중국군에게 섬멸되는 상황도 발생했다. 일본군은 12월에 중화민국 수도 난징을 공격하여 민간인들을 대거 학살하는 난징대학살을 자행했다.

전쟁 상황은 점점 교착상태로 빠져들고 있었다. 중국군은 지연술을 통해 장기전을 꾀했고, 일본군은 중국군의 전략에 말려들었다. 일본은 해안 지역을 장악하고 봉쇄 작전을 감행했으나 중국군은 넓은 국토에 의지하여 지구전과 게릴라전으로 맞섰다. 그 바람에 전쟁은 점차 장기화되었고, 그 과정에서 중국군의 숫자는 점점 늘어났다. 3년이 훌쩍 지나 1940년이 되었을 땐, 중국 대륙은 해안을 중심으로 한 일본군 점령 지구, 충칭을 거점으로 한 중화민국 직할 지구, 옌안을 중심으로 한 공산당 점령 지구 등으로 삼분되어 있었다.

일본의 예상대로라면 적어도 1939년에는 전쟁이 끝나고 중국 대륙은 일본의 손아귀에 있어야 했다. 하지만 중국군의 저항은 끈질겼고, 그런 상황에서 2차 세계 대전이 발발했으며, 일본은 독일, 이탈리아와 삼국동맹을 맺고 미국의 하와이 진주만을 습격하여 몰락을 재촉하게 된다. 중일전쟁은 태평양전쟁과 맞물린 채 1945년 일본의 항복 선언이 나올 때까지 지속된다.

5

1930년대를 풍미한 인물들

1. 독립운동의 주춧돌이 된 무정부주의자 이회영

1932년 11월 18일, 〈만주일보〉에 거동이 수상한 노인이 중국 다롄의 수상경찰서에 목을 매어 사망했다는 기사가 실렸다. 세간에서는 그 노인이 이회영이라는 소문이 돌았다. 이 기사를 접한 〈동아일보〉와 〈조선일보〉는 노인을 이회영으로 추측하고 독립운동의 중대 인물이라고 보도했다. 다롄 수상경찰서는 그 노인이 이회영이 아니라고 부인하며, 떠돌이 노인이 빨랫줄로 자살한 사건이라고 해명했다. 그러나 신문들의 추측대로 수상경찰서에서 사망한 그 노인은 바로 이회영이었다. 하지만 그는 자살한 것이 아니라 일본 경찰의 고문에 희생된 것이었다. 일본 경찰은 그 사실을 숨기기 위해 이회영의 시신을 돌려주지 않고 화장을 하여 유골만 내주었다.

우당 이회영, 독립운동의 대부였고, 독립운동의 주춧돌을 놓았던 그는 이항복의 후손으로 조선 선비의 기개를 널리 떨친 선각이었다. 1867년에 태어난 그는 일찍부터 나라의 독립과 계몽에 앞장섰다. 청년 시절에 독립협회와 만민공동회에 참여했고, 을사늑약이 체결된 후에는 독립운동 기지를 건설하기 위해 만주에 서전서숙을 세워 무력 항쟁의 기반을 다지기도 했다. 1907년에는 을사늑약의 부당성을 알리기 위한 헤이그 밀사 파견을 고종에게 건의해 성사시키기도 했다. 신민회에 가담해 김구, 이동녕, 양기탁, 이동휘 등과 상의한 후 만주에 독립운동 기지를 건설할 계획을 세웠다. 1910년 한일합병이 이뤄지자, 가족 60여 명과 함께 만주로 망명하여 무장 독립운동의 중심이 된 신흥무관학교를 설립했다. 신흥무관학교의 졸업생들은 김좌진과 홍범도 휘하에서 활동하며 봉오동전투와 청산리전투를 승리로 이끈 주역들이었다.

이회영은 임시정부 수립 때부터 동생 이시영과 동지 이동녕 등과 다른 길을 택했다. 삼일운동 이후 이동녕, 이시영, 김구, 안창호 등이 주축이 되어 상하이에 대한민국 임시정부를 세우고자 했을 때, 이회영은 정부를 세우면 권력투쟁 때문에 정부가 제대로 꾸려지지 않을 것을 염려하며 반대했다. 그의 예견대로 임시정부는 계파 간의 알력과 갈등으로 인한 권력투쟁으로 몸살을 앓았다. 이회영은 자신과 뜻을 같이했던 신채호와 함께 양쪽 진영의 화합을 위해 임시정부의 조정자 역할을 자처하기도 했다.

이회영은 일본의 아나키스트 오스기 사카에의 영향을 받고 무정부주의자로 변해가고 있었다. 임시정부의 내부 갈등이 치열해지고 조직이 사분오열되자, 결국 임시정부와 결별했다. 그는 조선무정부주의자연맹을 결성하고 한중일 아나키스트 연합단체인 항일구국연맹을 조직하여 의장으로 활동했다. 무력 저항 조직인 흑색공포단을 만들어 일제의 요인을 암살하고 주요 시설을 파괴했다. 무력 저항 조직의 대표적인 인물로는 백정기, 정화암, 정규 등이 있었다.

이회영의 아나키스트 활동은 시간이 지나면서 더욱 가속화되었는데, 1928년엔 아시아 각국 아나키스트들의 연합체인 동방무정부주의자연맹에 한국의 독립과 무정부주의운동을 지원해줄 것을 호소했다. 1931년에는 남화한인청년연맹을 이끌며 독립운동을 전개했으며, 상하이사변 이후 일본과 전쟁을 벌이던 중국 국민당을 상대로 자금과 무기 지원을 약속받기도 했다.

그의 활동은 비교적 안전 지대였던 상하이 조계지에서 이뤄졌다. 하지만 1932년 11월, 60대의 노구를 이끌고 만주행을 감행했다. 당시 만주는 이미 일본군에게 완전히 장악당한 뒤, 일본의 지휘를 받는 괴뢰정부인 만주국이 들어선 상태였다. 이회영은 만주 지역에 거점을 확보하기 위해 위험천만한 만주행을 선택했다. 만주 잠입의 또 다른 목표는 관동군 사령관 무토 노부요시 암살을 위한 구체적인 작전을 짜는 것이었다. 그러나 만주 잠입은 상하이에서 일본의 밀정 노릇을 하고 있던 연충렬과 이규서에 의해 다롄 경찰에 보고된 상태였다. 그 사실을 까맣게 모르고 다롄행 여객선 4등 칸에 탔던 이회영은 다롄 수상경찰들에게 체포되어 모진 고문 끝에 죽음에 이르고 말았다.

이회영은 민족주의자이자 동시에 인본주의자였다. 스스로 집안의 노비들을 해방하여 동등하게 대우했고, 독립을 이루되 만인이 평등하고 폭력적인 정부의 지배를 받지 않는 세상을 꿈꾸었다. 그가 택한 무정부주의자의 삶은 그 무엇으로부터도 개인의 자유가 억압받지 않는 세상을 꿈꾼 염원의 표현이었던 것이다.

2. 민족 혁명을 통해 사회주의 독립국가를 염원했던 이동휘

1931년 1월 31일, 연해주 블라디보스토크 신한촌에서 거센 눈보라를 헤치고 다니다 독감에 걸려 사망한 60대 노인 주변에 신한촌 주민들이 모여 곡을 했다. 노인은 가쁜 숨을 몰아쉬며 안타까운 얼굴로 이런 말을 남겼다고 한다. "비록 나는 조선의 혁명이 성공하는 것을 보지 못하고 죽지만, 동무들은 반드시 고려소비에트공화국을 성립하시오."

한반도에 소비에트공화국 건설을 열망했던 인물, 바로 성재 이동휘다. 1873년 함경남도 단천에서 출생한 그는 아전의 아들이었으며, 청년 시절엔 한성무관학교를 졸업한 장교였다. 을사늑약 이전에는 강화도에서 진위대장으로 근무했고, 을사늑약 이후부터 애국계몽운동과 독립운동에 투신했다. 이동녕, 안창호, 양기탁 등과 신민회 활동을 하기도 했고, 105인 사건에 연루되어 황해도 무의도에서 유배 생활을 하다가 3년의 유배형을 다 채우지 않고 탈출하여 북간도로 향했다. 거기서 김립 등과 광성학교를 세워 계몽운동을 펼치고, 기독교를 신봉하며 선교 사업을 펼치기도 했다.

그의 삶은 1913년 러시아 연해주로 가면서 전환기를 맞이한다. 그곳에서 이상설, 이갑, 신채호 등을 만나 민족 해방 투쟁에 적극 가담했고, 1917년에는 볼셰비키혁명에 가담하며 공산주의자의 길을 걷기 시작했다. 연해주에서 한인사회당을 조직하고 사회주의 독립국가 건설을 위해 매진한다. 삼일운동 후 임시정부가 수립되자 초대 국무총리가 되었으나 초대 대통령이 된 이승만은 미국식 자본주의를 주장하던 반공주의자였기에 그와 대립할 수밖에 없었다. 김구, 안창호, 이동녕 등도 민족주의 노선을 추구했기에 그들과도 대립했다. 그런 상황에서 러시아 정부가 40만 루블의 원조금을 보내왔는데, 자금을 받아오던 김립 등이 이 돈을 임시정부에 전하지 않고 한인사회당에 넘겨버렸다. 김구는 김립을 처단했고, 이에 이동휘는 임시정부를 탈퇴하고 고려공산당을 조직하여 임시정부와 다른 독자 노선을 택한다.

한편 소련 이르쿠츠크에서도 또 하나의 고려공산당이 조직되었다. 핵심은 또 다른 사회주의 세력의 중심인물인 김만겸과 여운형, 문창범, 한명서 등이었다. 이동휘의 고려공산당을 상하이파라고 하고 여운형 등의 고려공산당을 이르쿠츠크파라고 불렀다. 이르쿠츠크파와 상하이파는 사회주의 국가를 건설하는 목표는 같았지만 견해가 달랐다. 상하이파는 우선 민족혁명을 이룬 후에 사회혁명을 이뤄야 한다고 주장했으나 이르쿠츠크파는 사회주의혁명만이 목표였다. 이러한 양측의 견해 차이로 인한 갈등은 심화되었고, 독립운동 세력을 결합하는 과정에서 지휘권 다툼으로 이어져 자유시 참변을 낳기에 이른다.

자유시참변 이후 이동휘는 이르쿠츠파와의 결합을 시도하지만 조선공산당 창당 문제로 양 파벌이 대립하면서 결합은 실패로 돌아갔다. 이르쿠츠파는 조선공산당을 조직하여 사회주의국가 건설에 매진해야 한다고 주장한 반면, 이동휘는 민족당을 먼저 조직하여 독립을 이룬 다음에 조선공산당을 조직해야 한다고 했다. 이동휘는 사회주의를 민족의 독립에 이용하려는 경향이 강했지만 이르쿠츠파의 이론가인 한명서는 민족의 독립보다는 사회주의국가 건설에 역점을 두었다. 결국 사회주의 세력 결합에 실패한 이동휘는 만주로 돌아와 무장투쟁 단체인 적기단을 조직하여 독립운동을 전개했다. 적기단은 민족혁명과 공산혁명을 동시에 실현하겠다는 목표를 가진 집단으로 단원은 400여 명이었다.

그 무렵 국내에서는 조선공산당이 결성되지만, 이동휘는 참여하지 않았다. 그렇다고 정치 활동이 없었던 것은 아니었다. 이동휘는 1927년부터 국제혁명가후원회에서 활동했는데, 이 단체의 블라디보스토크시 조직지도원을 맡고 있었다. 이동휘의 국제혁명가후원회 활동은 매우 열성적이어서, 1932년에는 이 단체에서 훈장을 받기도 했다. 그는 죽음이 닥쳐왔을 때도 여전히 이 단체의 일원으로 활동하며 자신의 임무를 수행하던 중이었다. 하지만 그토록 염원하던 민족혁명과 사회혁명을 보지 못하고 영면하고 말았다.

이동휘는 조국의 독립을 목표로 삼았으나 그것이 단순한 독립이 아닌 민중이 중심이 되는 민족혁명 자원의 독립이긴 염원했고, 또 그것이 사회주의혁명으로 이어지길 바랐다. 그는 사회주의혁명보다는 민족혁명을 우선시한 민족주의자였으며, 사회주의혁명을 꿈꾸는 이상주의자였다.

3. 글과 행동으로 민중주의를 실천한 단재 신채호

『조선상고사』의 저자로 널리 알려진 단재 신채호는 신숙주의 후
손으로 1880년 충청남노 대덕군에서 출생하여 충청북도 청원에
서 성장했다. 조부 신성우로부터 학문을 익혔고, 20대 초반까지 한
학에 매진했다. 독립협회에 가담했고, 청원 향촌에서 신규식과 함
께 계몽운동을 펼치기도 했다.

을사늑약이 맺어지던 1905년엔 성균관 박사가 되었지만, 관리
의 길로 나가지 않고 〈황성신문〉의 기자가 되었다. 〈황성신문〉이
무기 정간된 후에는 〈대한매일신보〉 주필로 활동했고, 이때부터 역
사 관련 사론을 쓰기 시작했다. 그는 〈대한매일신보〉에 「수군제일
이순신전」, 「동국거걸 최도통전」 등의 역사 인물전을 연재하기도
했고, 〈대한협회회보〉에 「역사와 애국심의 관계」, 〈소년〉에 「국사
시론」을 발표하기도 했으며, 『을지문덕전』을 책으로 내기도 했다.

그는 당시 선각자들이 거의 대부분 참여했던 신민회에도 가담했
고, 국채보상운동에도 뛰어들었다. 1910년 한일합병이 되자 중국
으로 망명한 후 러시아령 블라디보스토크로 가서 이동휘, 윤세복,
이갑 등과 광복회를 조직하여 부회장으로 활동하며 독립운동 에
투신했다. 거기서 2년쯤 머무른 그는 1913년에 다시 만주로 돌아
가서 독립운동 기금을 대던 동제사에 참여했고, 박은식과 문일평,

정인보 등이 세운 박달학원에서 학생들을 가르쳤다. 또 펑텐성 화이런현의 동창학교 교사로 지내며 『조선상고사』 집필을 위한 자료들을 모았다. 이후, 베이징으로 가서 〈베이징일보〉에 글을 기고하고, 중편소설 『몽천』을 집필했으며 대한독립청년단을 조직하여 단장으로 활동했다.

삼일운동이 일어나고 1919년 4월에 상하이 임시정부가 수립되자 임시의정원 의원이 되었다. 그러나 대통령 이승만과 뜻이 맞지 않아 임시정부를 탈퇴하고 임시정부 기관지 〈독립신문〉에 맞서기 위해 〈신대한〉을 창간하고 주필이 되었다. 〈신대한〉을 통해 이승만의 외교 중심의 독립운동 노선을 매우 강하게 비판하며, 자주적 정치 역량을 강화하고 병력을 양성하여 적극적으로 독립운동을 전개해야 함을 역설했다.

1922년에는 의열단 단장 약산 김원봉의 권유로 조선혁명선언으로 명명된 의열단 선언문을 집필하여 발표했다. 이 선언문에서 무력과 폭력에 의한 항쟁을 주장했다. 그는 민중 혁명을 주장하면서 외부 세력에 의한 통치뿐 아니라 세계에 만연한 제국주의를 청산해야 하며 그 혁명의 주체는 민중이어야 한다고 역설했다. 이때 임시정부의 조직이 사분오열되자 국민대표회의를 열어 조직을 재편하려는 움직임이 있었는데, 그는 국민대표회의에서 임시정부를 대체할 새로운 조직 건설을 목표로 삼았던 창조파의 수장 노릇을 했다. 그러나 임시정부를 유지한 채 개조하는 수준에서 조직을 정비해야 한다고 주장하던 개조파와 대립하면서 국민대표회의가 결렬되자, 상하이를 떠났다.

이후 베이징의 석등암에 머물면서 〈동아일보〉와 〈조선일보〉에 논문을 발표하고, 『조선상고사』와 『조선상고문화사』 등을 집필했다. 또한 무정부주의자동방연맹에 가입하여 무정부주의 활동에 투신했다. 그 과정에서 1928년엔 타이완에서 개최된 무정부주의동방연맹대회에 참석했다가 외국위체위조사건에 연루되어 체포되었다. 그리고 다롄으로 이송되어 심한 고문을 받고 재판에 회부되어 10년 형을 선고받았다. 그 후 뤼순감옥에서 복역하던 중 1936년 2월 18일 고문 후유증과 영양실조 등이 원인이 되어 뇌일혈로 생을 마감했다.

신채호는 독립운동가로서의 활약도 빛나지만 저술가로서의 역할도 대단했다. 특히 역사 저술이 두드러지는데, 그는 역사를 '아(我)와 비아(非我)의 투쟁의 기록', 즉 '나와 나 아닌 것의 대립에 대한 기록'으로 이해했다. 역사의 주체를 지배 세력이 아닌 민중으로 설정하는 민중사관을 주창했으며, 실증적인 것을 추구하되 식민주의적 사학을 극복할 것을 역설했다.

4. 남만주 독립운동 조직의 기둥 일송 김동삼

1920년 봉오동전투와 청산리전투 이후, 만주 일대에서 일본군에 의해 한국인들이 무차별적으로 학살된 경신참변이 벌어지자 간도의 동포 사회는 완전히 붕괴 일로에 놓이게 되었다. 그때 독립군들을 통합하여 남만통일회를 주도하고 통군부를 탄생시킨 인물이 있었다. 통군부의 세를 불려 통의부로 확대하고 통의부의 교육부장과 총장을 맡았던 인물, 일송 김동삼이다.

김동삼은 1878년 경북 안동에서 태어났으며 청년 시절까지 서산 김흥락의 문하인 김주병에게 한학을 배웠다. 본명은 긍식, 자는 한경인데, 독립운동의 뜻을 품고 만주로 망명한 후 중국 동삼성의 호칭을 따서 이름을 동삼으로 고치고 호를 일송으로 지었다.

김동삼이 독립운동에 본격적으로 뛰어든 것은 1907년에 근대식 학교인 협동학교 교감이 되면서였다. 신민회와 대동청년단에서도 활동하면서 독립운동에 열정을 쏟았는데, 1910년 한일합병이 되자, 독립군 양성과 독립 기지 건설을 위해 간도로 망명했다. 망명 후 이상룡, 이회영을 도와 경학사와 신흥강습소 설립에 관여했고, 1914년에는 신흥학교 야학 졸업생들과 함께 백서농장을 건립하여 독립 기지의 기반을 닦았다. 삼일운동 이후에는 경학사의 후신 부민단을 확대하여 한족회를 설립하기도 했으며, 독립군 조직인 군정부를 만들었다. 이후 군정부는 임시정부와 연계되면서 서로군정서를 탄생시켰고 이때 참모장이 되었다. 군정서는 일본경찰 주재소나 면사무소 등의 일제 식민 통치 기관을 공격하거나 친일파 척결 활동을 했다. 만주의 친일 단체인 보민회를 토벌하여 해체하기도 했고, 함경북도 삼수군과 강계의 경찰주재소를 습격하기도 했다. 또한 일제가 운영하던 광산을 공격하는가 하면 만주의 일본 거류민회를 습격했다. 그 때문에 산도 일대의 친일 기관과 단체는 거의 소탕되었다. 하지만 1920년에 봉오동전투와 청산리전투에서 크게 패배한 일제는 그에 대한 보복으로 1922년 6월 경신참변을

일으켜 간도 지역의 한국인들을 무자비하게 학살하고 마을을 초
토화한다. 이후 간도의 한인 사회가 붕괴 직전에 놓이자, 김동삼은
남만통일회를 조직하고 전만한족통일회 결성에 주도적 역할을 했
다. 그 결과 통의부가 탄생했고, 그는 통의부 교육부장에 이어 조
직을 총괄하는 총장직을 수행했다.

임시정부는 좌우 논쟁과 파벌 싸움으로 사분오열되어 있었다.
임시정부를 혁신하기 위해 국민대표회의가 열렸는데, 김동삼은 서
로군정서와 남만주 한인 대표로 참석하여 의장이 되었다. 하지만
국민대표회의가 개조론파와 창조론파로 갈라져 갈등을 빚는 바람
에 독립 세력 통합은 실패로 돌아간다.

국민대표회의 이후에도 여러 차례에 걸쳐 독립군통합운동이 있
었는데, 여기서 김동삼은 의장으로 활동했다. 1924년 7월에 개최
된 전만한족통일회 주비회를 통해 만주 지역에서 활동하던 대한통
의부, 군정서, 광정단, 의우단, 길림주민회, 노동친목회, 변론자치
회, 고본계 등 10여 개 단체를 통합해 정의부가 탄생되었는데, 김
동삼은 그 주역으로 활동했다. 정의부 탄생 이후에는 중앙행정위
원과 외교위원장을 겸하기도 했다.

당시 독립운동 단체에서는 좌우 대립이 매우 심각한 양상으로
전개되었다. 1927년에 유일당촉성대회가 개최되었는데, 김동삼도
이 대회에 참석하여 좌우합작을 시도했다. 1928년 5월에는 정의
부, 참의부, 신민부 등 3부 통합운동을 벌이기도 했다. 그러나 통합
운동은 모두 무산되었다. 1929년에는 좌우합작을 도모하기 위해
민족유일당재만책진회가 조직되고, 이 조직의 중앙집행위원장으

로 선출되었다. 하지만 끝내 좌우합작은 이뤄지지 못했다.

좌우합작 실패 이후, 김동삼은 임시정부의 우파 조직인 한국독립당 고문이 되었다. 당시는 만주사변이 발발하여 남만주 일대에서의 독립운동은 거의 불가능한 지경이었다. 그 때문에 김동삼은 활동 지역을 북만주로 옮기려 했고, 그 과정에서 밀정들의 밀고로 일본 경찰에게 체포되고 말았다. 체포된 이후 그는 국내로 압송되었고, 온갖 고문을 당한 후에 평양지방법원 법정에 서야 했다. 그는 법정에서 10년 형을 선고받고 복역하던 중 1937년 4월 13일 서대문형무소에서 생을 마감했다. 죽기 전 유언으로 자신의 유해를 매장하지 말고 화장하여 강산에 뿌려달라고 했는데, 만해 한용운이 그의 유언을 받들어 시신을 화장한 후 한강에 뿌렸다고 한다.

5. 독립운동의 기초를 설계한 도산 안창호

한국과 중국, 일본과 미국을 종횡무진하며 거의 모든 독립운동 단체에서 활동한 전방위적 독립운동가, 바로 도산 안창호다. 그는 교육과 사업, 망명과 환국의 모든 목적이 독립운동으로 점철된 삶을 살았다.

1878년 평안남도 강서에서 태어난 안창호는 어린 시절엔 한학을 배웠으며, 18세 이후에는 선교사 언더우드가 세운 구세학당에서 공부하고 기독교인이 되었다. 독립협회에서 활동하며 관서지부장을 맡았는데, 평양 쾌재정에서 군중들을 앞에 놓고 시국 연설을 펼쳐 명성을 얻었다. 이후 만민공동회 개최에 참여하고 스물두 살 때인 1899년 평안도 최초의 근대 학교인 점진학교를 세웠다. 또한 탄포리교회를 세워 선교 활동을 겸했고, 간척 사업을 추진하여 황무지를 농지로 개간했다. 교육 사업과 계몽 활동에 주력하던 그는 시야를 넓히고 지식을 확대하기 위해 1902년에 미국으로 유학을 떠났다. 미국으로 가던 선상에서 수평선 위에 우뚝 솟은 하와이의 산을 바라보며 자신의 호를 '도산(島山)', 즉 망망대해에 우뚝 솟은 '섬산'이라고 지었다고 한다.

안창호는 미국 유학 기간 동안 한인친목회를 결성하고 신학강습소에서 영어와 신학을 가르쳤다. 이후 한인공립협회를 창립하여 초대 회장이 되었으며 〈공립신보〉를 발행하여 교민 사회에 배포했다. 그 과정에서 을사늑약 소식을 접했는데, 울분을 참지 못하고 서재필, 윤치호 등과 함께 을사조약 반대 항의성명서를 발표했다. 그리고 조국의 망국 상황을 지켜만 볼 수 없다는 판단 아래 1907년 귀국을 단행했다. 귀국길에 일본에 들른 그는 재일 유학생 단체인 태극학회에서 유학생들에게 실력 양성을 위해 교육운동에 투신할 것을 역설했다.

안창호는 귀국하자 독립운동 세력 규합과 실력 양성을 위해 대단한 활약을 펼치기 시작했다. 평양과 서울에서 여러 차례에 걸쳐 대중 연설을 했는데, 탁월한 웅변력으로 수천 명의 인파를 끌어모았고 구름 떼처럼 모인 군중들이 한결같이 감탄을 금치 못했다고 한다. 그의 탁월한 언변은 조만식, 여운형, 여운홍, 이승훈을 감동시켜 독립운동에 투신하게 만들기도 했다.

안창호 연설의 핵심은 민족이 바로 서기 위해서는 실력을 양성해야 하며, 실력 양성을 위해서는 무엇보다도 나라의 선각들이 교육에 투신해야 한다는 것이었다. 이러한 신념을 실천하기 위해 안창호는 양기탁, 윤치호, 전덕기, 김구, 유길준, 이동휘, 이회영, 이승훈 등 선각들을 소집하여 민중을 계몽하고 구습을 타파하여 실력을 양성할 수 있는 방법을 설명한 후, 이를 구체화할 비밀결사 조직을 제안한다. 안창호의 이 제안은 마침내 신민회 결성으로 이어졌고, 신민회는 지방의 지사들을 규합하여 전국에 지부를 두고 대대적인 계몽운동을 전개한다.

안창호는 자신의 말을 실천하기 위해 1908년에 평양에 대성학교를 설립하고, 장학 재단인 서북학회를 만들었다. 이듬해 최남선, 김좌진, 이동녕과 함께 청년학우회를 조직하여 계몽운동의 지도자를 양성하기 시작했다. 안중근이 하얼빈에서 이토 히로부미를 저격하자, 일본 경찰은 안창호가 이 사건의 배후 인물 중 하나라며 그를 체포했지만, 3개월 만에 증거 부족으로 풀려났다. 그 후 안창호는 곧장 중국으로 망명하여 칭다오에서 청도회의를 만들어 독립운동의 방향을 모색한다. 청도회의를 통해 북만주에 독립군 근거지를 마련할 생각이었으나 자금 부족과 반대 세력과의 갈등으로 성사되지 못했다.

중국에서 독립군 기지 마련에 실패하자, 그는 시베리아를 거쳐 미국으로 돌아갔다. 미국에 노착한 후 다시 대한인국민회 중앙총회를 조직하여 초대 총회장이 되었고, 한인회에서 발간하던 〈공립신보〉의 제호를 〈신한민보〉로 바꾸고 취재 영역을 확대했다. 또한 흥사단을 창단하여 신민회가 추구하던 실력 양성과 민족 독립을 위한 기반 마련에 박차를 가했다.

안창호가 미국에서 분주한 활동을 하는 동안 1918년 미국 대통령 우드로 윌슨이 민족자결주의를 천명했고, 안창호는 윌슨의 선언에 자극받아 한국의 독립에 대한 희망을 강화했다. 이후 삼일운동이 전개되자, 임시정부 수립에 참여하여 내무부 총장이 되었고, 서재필이 필라델피아에서 주도한 한인자유대회에도 참석했다. 임시정부는 수립 이후 좌우 대립과 내부 분열로 갈등을 겪었다. 이를 극복하기 위해 국민대표회의가 열렸지만 결렬되었다. 그러나 안창호는 좌절하지 않고 서울에 있던 이광수, 주요한 등으로 하여금 수양동맹회와 동우구락부를 설립토록 했다. 두 단체의 이름은 안창호가 직접 지었고, 단체 설립에 필요한 자금도 보냈다.

한편 미국의 한인 단체도 사분오열 찢어지고 있었다. 미국 내 한인 사회는 안창호, 이승만, 박용만을 지지하는 세력으로 갈렸다. 대한인국민회는 안창호 세력이, 대한인동지회는 이승만 세력이 주류였고, 박용만과 이승만은 하와이에서 노선 갈등을 겪으며 서로 고발하는 사태가 벌어지기도 했다.

중국에 머물고 있던 안창호는 난징에 동경학원을 설립하고, 베이징 교민들에게 편지를 보내 민족독립운동을 위해 실력 배양에 나서줄 것을 호소했다. 그는 다시 미국으로 가서 대한인국민회와 흥사단의 조직력 강화에 노력했으며, 1926년 중국으로 가서 지린 성 일대에 이상촌 건립 계획을 추진했다. 그는 무력 독립군 단체들을 결합하고, 대독립당의 이름 아래 하나가 될 것을 촉구했으나 뜻을 이루지 못했다. 안창호는 다시 임시정부가 있는 상하이로 가서 김구, 이시영 등과 한국독립당을 결성하는 한편, 만주의 이상촌 건설에 주력했다. 그러나 1931년에 만주사변이 발발하면서 이상촌 건설의 꿈은 물거품이 되었고, 난징에 토지를 마련하여 새로운 방향을 모색하기에 이르렀다.

그런 가운데 윤봉길 의사가 홍커우공원에서 폭탄을 투척했고, 안창호는 이에 연루되어 프랑스영사관 관헌에게 체포된 후 일본 경찰에 이양되었다. 이후 4년의 실형을 받아 서대문형무소에서 복역하다 대전형무소로 이감된 후 지병으로 인해 2년 6개월 만에 병보석으로 가출옥했다. 출옥 후 그는 열차를 타고 전국 각지를 순회하며 다시 강연을 시작했다. 이후 병으로 인해 평안남도 대동군의 송태산장에 은거했다. 그는 다시 주변에 이상촌을 만들고자 했다. 그런 상황에서 수양동우회 사건이 벌어졌다. 수양동우회는 안창호가 이광수와 주요한을 통해 설립한 수양동맹회와 동구구락부를 합쳐서 만든 단체였다. 이 단체는 흥사단의 국내 지부 성격을 가졌는데, 이상촌 건설을 목표로 농촌운동을 전개하고, 기관지 〈동광〉을 통해 계몽운동을 펼쳐나갔다. 동우회의 활동에 주목하던 일본 경찰은 1937년 중일전쟁이 발발하자, 동우회를 표적 수사하여 핵심 간부들을 모두 체포하고 41명을 기소했다. 동우회의 핵심 운영자는 이광수였고, 안창호는 그 배후 인물로 체포되었으며, 이후 동우회는 해체되었다.

1937년 6월 28일, 안창호는 다시 서대문형무소에 수감되었고, 일본 경찰의 모진 고문을 받아야 했다. 윤치호와 김성수 등이 구명운동을 전개했고, 보석금을 마련하여 보석 신청을 했다. 그런 가운데 안창호의 병은 점점 깊어졌고, 그해 12월에 보석 신청이 받아들여져 출감했다. 하지만 출감과 함께 경성제국대학 부속병원에 입원했으며, 1938년 3월 10일에 생을 마감하고 말았다.

안창호는 자신의 모든 재산을 독립운동을 위해 사용했고, 자신의 가정을 위해서는 한 푼도 쓴 적이 없는 것으로 유명했다. 병원에 입원했을 당시에도 입원비조차 없어 김성수와 윤치호, 이광수 등이 돈을 마련해야 했다. 일생을 오직 조국의 독립을 위해서 불철주야 뛰어다니던 그는 만신창이가 된 몸으로 영면의 시간을 맞았다.

6. 사랑방을 독립운동의 산실로 내준 우강 양기탁

우강 양기탁은 안창호와 더불어 독립운동을 하는 곳이라면 빠지지 않았던 인물이다. 독립운동을 위해 자신의 사랑방을 제공하는 것도 마다하지 않은 인물이었다.

그는 1871년에 평안남도 강서군에 태어났다. 어린 시절에는 한학을 했으나 17세 이후에는 한성외국어학교를 다니며 서양 문물을 접했다. 독립협회와 만민공동회에서 간부로 활동했으며, 뛰어난 언변으로 열정적인 강연을 했다. 적극적인 만민공동회 활동으로 감옥살이를 했으며, 1899년에 일본을 거쳐 배편으로 미국으로 갔다. 미국에서 노동을 하면서 3년간 머물렀고, 1902년에 돌아와 민영환 등과 개혁당을 조직했으나 황제를 타도하려는 음모를 꾸몄다는 죄목으로 한성부에 투옥되었다.

한성부에서 출옥한 후에는 한성전기회사 직원으로 근무했고, 궁내부 예식원 영어 통역관이 되었다. 동시에 〈대한매일신보〉 창간에 간여하여 일제를 비판하는 글들을 발표했다. 을사늑약이 체결되자 윤웅렬과 함께 국채보상운동을 전개했으며, 국채보상회 총무직을 수행했다. 그러나 일제는 국채보상운동을 방해하기 위해 양기탁을 국채보상금 횡령 혐의를 씌워 구속해버렸다. 다행히 〈대한매일신보〉 사장이었던 베델이 그의 무죄를 증명하는 증거들을 수집하여 증명한 덕분에 석방되었다.

석방된 이후 〈대한매일신보〉 주필로 활동했고 안창호가 주도하던 신민회에도 가입했으며, 신민회 간부회의가 있을 때면 자신의 집이나 산채, 별장을 제공했다. 신민회는 해외 독립군 기지 건설 계획을 추진했는데, 양기탁은 이를 위해 만주 지역을 답사하기도 했다. 그러다 1910년에 안명근의 데라우치 총독 암살 미수 사건이 터졌다. 이 사건은 안중근의 이토 히로부미 저격 이후 독립지사들을 검거하기 위해 일제가 조작한 사건이었는데, 이를 빌미로 일제는 105인 사건을 일으켰다. 이후 600여 명의 민족 지도자들이 검거되었고, 105인이 기소되었다. 양기탁 또한 핵심 인물로 지목되어 4년 동안 감옥살이를 해야 했다. 1915년 출옥한 양기탁은 중국으로 망명하여 독립운동을 전개했다. 만주에서 동지들을 규합하는데 주력했고, 그 과정에서 톈진으로 갔다가 일본 경찰에게 체포되었다. 체포된 후 그는 본국으로 압송되어 다시 2년의 유배 생활을 해야 했다.

유배에서 풀려난 이후 〈동아일보〉가 창간되자 고문으로 추대되었으며, 통천교라는 종교 조직을 만들어 활동했다. 통천교는 실제로는 독립운동 조직이었다. 이후 1921년에 미국 의원단이 한국에 왔을 때 미국 의원들에게 독립진정서를 제출했다가 다시 체포되었지만 모친상을 당하여 가출옥되었다. 이때 양기탁은 탈출을 시도하여 다시 만주로 갔다. 만주로 간 그는 편강렬 등과 함께 의성단이라는 무장투쟁 조직을 만들어 친일파의 암살과 일본 관공서 파괴 작업에 나섰다. 만주에는 의성단을 비롯하여 광정단, 대한군정서 등 무력 단체들이 있었는데, 1925년에 정의부로 통합되었다. 정의부에서는 의용군을 국내로 잠입시켜 일본 경찰주재소를 습격하거나 행정기관을 공격하기도 했다. 양기탁은 정의부의 핵심 중 한 사람이었다.

양기탁은 정의부를 지원하기 위해 고려혁명당을 창당하고 위원장을 맡기도 했다. 1930년에는 이상룡에 이어 상하이 임시정부 국무령에 추대되기도 했다. 그러나 양기탁은 국무령을 거절하고 후에 의정원 회의 법무담당 국무위원으로 활동했으며, 국무위원회 주석으로 선출되기도 했다. 민족유일당운동에도 참여하여 독립운동 세력의 통합에 힘을 보태기도 했다.

당시 독립운동 세력은 통합운동을 지속하다 1935년 7월에 한국독립당을 비롯하여 대한독립당, 의열단, 조선혁명당, 신한독립당 등 다섯 개 정당과 광복동지회 등의 독립 단체를 아우르는 통합 작업에 성공했다. 그렇게 해서 탄생한 것이 민족혁명당이다. 양기탁은 국무위원이었는데, 민족혁명당 당수에 추대되었지만 사양하고 평당원으로 참여했다. 그러나 민족혁명당이 우좌와 좌파의 갈등으로 분열을 보이자, 지청천과 함께 다시 조선혁명당을 창당하여 당수가 되었다.

그런 상황에서 중일전쟁이 발발하자, 독립운동 세력은 대일 전선을 강화하기 위해 한국독립당, 한국국민당, 조선혁명당 등을 통합하여 한국광복전선을 조직했는데, 양기탁은 이 일들을 하다가 쓰러졌다. 영양실조로 건강이 극도로 나빠지고 더 이상 활동할 수 없는 지경에 처했던 것이다. 그러나 일제의 감시 때문에 병원을 갈 수 없어 장쑤성으로 가서 길당암이라는 암자에서 요양했다. 하지만 건강을 회복하지 못하고 1938년 4월 19일에 생을 마감하고 말았다.

7. 임시정부의 진정한 수호자 석주 이동녕

대한민국 임시정부의 수립과 발전, 유지에 가장 큰 공을 세운 인물을 대라면 단연 석주 이동녕이다. 그는 임시정부의 문지기를 자임하는 백범 김구가 가장 믿고 의지했던 스승이었다. 그는 1869년에 충청남도 천안에서 태어났으며, 어린 시절 한학을 하여 스물네 살 때에 진사시에 합격했다.

1세대 독립운동가들이 그렇듯 그도 독립협회와 만민공동회에서 활동했으며, 조정을 비판하다가 붙잡혀 이승만, 이준과 함께 7개월간 감옥에 갇히기도 했다. 이후 그의 삶은 언론계와 기독교 단체인 YMCA, 상동교회를 중심으로 이뤄졌다. YMCA와 상동교회에서 만난 전덕기, 양기탁, 신채호, 이회영 등과 상동기독청년회를 조직하고 독립운동의 방향성을 설정했다.

그는 을사늑약반대운동에 나섰다가 2개월간 감옥 신세를 져야 했다. 이후 그는 단순히 비판적 차원의 독립운동으론 한계가 있다고 생각하고 1906년 북간도 용정으로 망명했다. 그곳에서 독립운동 세력을 키워 일제에 대한 전면적인 투쟁을 전개할 요량이었다. 그는 독립을 위해 가장 필요한 것은 힘을 키우는 것이며, 인재를 양성하는 것이 급선무라고 보았다. 그 일환으로 이상재 등과 함께 서전의숙을 열었으며, 신민회를 만들어 핵심 역할을 했다. 한일합병이 성립되자, 신민회 회원들의 서간도 망명이 본격화되었고, 이동녕은 이회영, 이상룡과 함께 한국인 자치기관인 경학사를 설립했다. 또한 독립군 양성을 위해 설립된 신흥학교의 초대 교장으로 활동했다.

그는 활동의 영역을 넓혀 러시아의 블라디보스토크로 가서 은밀히 한국군관학교 설립을 추진했지만, 러시아 정부에 발각되어 투옥되기도 했다. 러시아 지역에서 활동하던 이동휘, 이상설과 함께 독립을 위한 최초의 정부 조직인 대한광복회정부를 수립했다. 당시 이동녕은 기독교에서 대종교로 개종한 상태였고, 대종교 출신의 독립운동가들과 함께 활동했다.

1919년 2월 1일에 중국 지린성에서 김교헌, 조소앙, 조완구, 김좌진, 여준 등 민족 대표 39인의 독립선언서 선포가 있었는데, 거기에 이동녕도 참여했다. 독립선언서 선포 이후 그는 상하이로 가서 정부 조직 수립을 모색했고, 삼일운동이 일어나자 정부 조직 설립에 더욱 박차를 가했다. 그리고 그해 4월 13일, 마침내 대한민국 임시정부를 수립하기 위해 임시의정원이 조직되었고, 그는 의장으로 활동하며 임시정부 수립에 성공했다. 그는 상하이 임시정부 수립 후엔 국무총리에 취임했는데, 5개월 뒤 서울과 블라디보스토크, 상하이의 세 임시정부의 통합이 이뤄졌다. 이후 임시정부 헌법이 내각책임제에서 대통령중심제로 바뀌었고, 이 통합 임시정부에서 내무총장을 맡았다. 그러나 이동휘가 국무총리에서 사임하자, 국무총리 대리를 했다.

임시정부는 좌파와 우파의 대결, 각 파벌의 노선 차이로 인해 사분오열되었고, 그 때문에 임시정부는 크게 위축되어 유명무실한 존재로 전락했다. 이동녕은 위기 상황을 타개하기 위해 안창호, 이시영, 여운형과 시사책진회를 조직하여 독립운동 세력의 대동단결을 위해 노력했다. 그럼에도 대동단결은 요원했다. 임시정부는 살얼음판을 걷는 처지가 되었지만 이동녕은 임시정부를 포기하지 않고 지켜냈다. 이승만 대통령이 장기 궐석으로 탄핵되었을 때, 대통령 직권 대행을 했고, 의정원 의장에 다시 오르기도 했다. 또 대통령중심제에서 국무령제로 바뀌었을 때 국무령을 맡았고, 법무총장을 겸하기도 했다. 주석제로 변경되었을 땐 다시 주석을 맡기도 했으며, 좌파의 공세가 거세게 밀려올 땐 김구와 함께 한국독립당을 조직하여 이사장에 오르기도 했다. 그는 자신을 대신할 인물이 나타나면 항상 자리에서 물러났으며, 독립운동에 도움이 되는 일이라면 자리에 연연하지 않았다.

1929년 임시정부가 기의 와해될 지경에 처하자, 다시 세 번째로 의정원 의장이 되어 위기를 극복했고, 이듬해엔 다시 주석을 맡아 조직을 정비했다. 이봉창과 윤봉길의 의거가 있을 때에도 임시정부의 버팀목이 되어 주석 자리에 있었다. 그가 임시정부의 행정 수반이 된 것을 헤아려보면, 이승만을 대신하여 임시대통령을 한 것부터 5대, 7대, 11대, 12대, 15대, 16대, 17대에 이르기까지 도합 여덟 번이나 된다. 당시 임시정부 살림을 꾸려갈 사람이 너무 부족했기 때문에 대통령, 주석, 국무위원, 재무 담당까지 맡았으며, 임시의정원 의장까지 겸임해야 했다. 그렇게 그는 묵묵히 임시정부를 지켰다.

1937년 중일전쟁이 발발하고 임시정부가 항저우, 창사, 광저우 등을 전전하며 피란살이를 할 때도 그는 주석 자리를 지키며 임시정부의 맥을 이어갔다. 임시정부 요인들은 일본 군대와 경찰의 눈을 피하기 위한 도피 생활과 가난, 굶주림과 전쟁을 치러야 했다. 이동녕도 일흔의 노구를 이끌고 피란지를 전전해야 했다. 그는 1939년에도 주석에 다시 뽑혀 전시 내각을 꾸렸고, 그런 악조건 속에서 시안에 군사특파단을 파견했다. 하지만 그의 몸은 이미 노쇠했고 병마도 찾아왔다. 거기다 반복되는 도피 생활과 영양실조로 그의 노구는 더 이상 견딜 수 없었다. 쓰촨성 치장에서 다시 임시정부의 보따리를 풀고 피란 생활을 시작할 무렵, 결국 병마가 그를 쓰러뜨리고 말았다. 모든 병들이 합병증으로 닥쳤고, 급성폐렴이 되어 1940년 3월 13일 그의 목숨을 앗아갔다.

이동녕은 20여 년 동안 임시정부를 지켰고, 일할 사람이 없을 때 자신이 앞서서 일하고 일할 사람이 나타나면 항상 뒤에 물러서서 도와주는 사람이었다. 옳지 않은 일엔 단호했고, 독립을 위한 일이면 사익을 앞세우지 않았으며, 권력과 자리에 욕심이 없는 인물이었다. 임시정부에 참여했던 숱한 인물들이 임시정부 해체를 주장할 때에도 묵묵히 자리를 지키며 임시정부의 수호신으로 남았다. 덕분에 임시정부는 해외와 국내의 모든 독립운동가들의 최후의 보루로 남을 수 있었다. 그런 까닭에 백범 김구는 그를 항상 존경하고 따랐으며, 임시정부의 문지기를 자처하며 그와 함께 지내기를 주저하지 않았던 것이다.

6

1930년대의
세계 주요 사건

　1931년 인도는 대규모 항영 투쟁을 전개하여 감옥에 갇혀 있던 간디를 석방시키고, 영국과 원탁회의를 열어 독립 문제를 논의했다. 일본은 만주사변을 일으켜 중국에 영향력을 확대하고, 중국 대륙 전체를 장악할 계획을 세운다. 중국 민중은 치열한 항일운동을 전개하고, 의용군을 조직하여 일본에 대항했다.

　1932년 일본은 만주를 장악한 뒤 만주국 건국을 선언했으며 군국주의를 확대했다. 일본에서는 청년 장교들이 육군사관생도와 연합하여 수상 관저를 습격하고 이누카이 쓰요시 총리를 사살하는 사건을 일으켰다. 이누카이는 군부와 대립하며 중국에 군사 행동을 중지하려는 계획을 가지고 있었다. 그 때문에 급진 세력인 청년 장교들이 그를 암살한 것이다. 일본에서 군국주의가 급속히 팽창하고 있을 때, 민족주의 성향이 강한 나치가 독일의 제1당이 되었다. 한편 미국에서는 민주당의 프랭클린 루스벨트가 대통령에 당선되었다.

1933년 뉴스의 중심엔 독일이 있었다. 나치 당수 히틀러가 수상에 취임했고, 바이마르 헌법이 폐기되어 히틀러 독재 정권이 수립되었으며 독일은 국제연맹에서 탈퇴했다. 그러자 알베르트 아인슈타인, 토마스 만, 슈테판 츠바이크 등 유명 인사들이 독일을 떠나 망명길에 올랐다.

1934년 히틀러는 에른스트 룀, 쿠르트 폰 슐라이허, 그레고르 슈트라서 등의 정적들을 제거하고 총통이 되었다. 오스트리아에서는 나치 당원들이 반란을 일으켜 독재 성향을 보이고 있던 엥겔베르트 돌푸스 수상을 암살하는 사태가 벌어졌다.

1935년에 독일은 국제 정세의 중심에 있었다. 독일은 1차 대전의 패배로 맺은 베르사유조약의 군비제한 조항을 폐기했다. 동시에 징병령을 공포하여 군사력 확대를 꾀했다. 영국, 프랑스, 이탈리아 3국이 스트레자회의를 개최하여 독일의 재군비 선언을 강력 규탄했다. 그러나 독일은 주변의 비난에 아랑곳 않고 반유대주의를 표방하는 뉘른베르크법을 공포하기에 이른다.

1936년 독일은 군사력 강화에 주력했다. 로카르노조약을 폐기하고 라인란트로 진주했으며, 뉘른베르크에서 나치당 대회를 열고 재군비 계획을 발표한다. 또한 일본과 방공협정을 맺는다. 스페인에서는 프란시스코 프랑코가 보수 세력과 파시스트들을 이끌고 반란을 일으켜 프랑코 정권을 수립했으며, 독일과 이탈리아는 이를 승인한다.

1937년 독일은 내전을 겪고 있던 스페인의 프랑코 정권을 지원하기 위해 게르니카를 폭격하여 2000여 명의 사상자를 냈다. 그때 히틀러는 전쟁 계획을 수립했다. 일본은 베이징을 점령하며 중일전쟁을 일으켰다. 일본군은 난징을 점령하여 30만 명을 죽이는 난징대학살을 일으켰다. 중국은 제2차 국공합작을 선언하며 일본에 대항했다.

1938년 독일은 여전히 국제 정세의 중심에 있었다. 독일은 군대를 오스트리아로 진주시켜 오스트리아 합병을 선언했다. 이후 영국, 프랑스, 이탈리아 등과 뮌헨회담을 통해 체코의 주데텐 지방을 할양받았고, 군대를 주데텐으로 들여보내 그곳을 장악했다. 이러한 독일의 팽창을 두려워한 폴란드는 소련과 불가침협정을 맺었으며, 소련은 나치의 침략 저지를 위한 열국회의를 제안한다.

1939년에 독일은 마침내 폴란드를 침공함으로써 제2차 세계대전을 일으켰다. 영국과 프랑스는 독일에 선전포고를 했고, 소련군은 동부 폴란드로 진출하여 독일군에 대항했다. 독일과 소련은 독소불가침조약을 맺고 폴란드를 분할 점령했다. 스페인의 프랑코는 마드리드에 진입하여 스페인내란을 종결짓고 있었다. 일본은 국민징용령을 공포하여 전선을 확대하기 시작했다. 미국은 유럽전쟁에 대해 중립을 선언한다.

1940년에 이르자, 독일의 팽창정책은 더욱 가속화되었다. 노르웨이를 급습하는가 하면 덴마크를 무혈 점령했고, 네덜란드와 벨기에도 장악했다. 독일은 프랑스 파리에도 무혈 입성했고, 프랑스 장군 샤를 드골은 런던에서 대독 항전을 호소했다. 프랑스의 비시정권은 나치군에 협조하며 영국과의 국교 단절을 선언했다. 이탈리아도 영국과 프랑스에 선전포고를 했다. 일본은 대동아 신질서, 국방 국가 건설 방침을 결정한 상태였다.

제5장

1940년대
실록

(1941~1945년)

1

삼국동맹국의 패전과
제2차 세계대전의 종결

    1940년대에 접어들면서 전쟁의 양상은 확대일로에 있었다. 독일은 유럽 대부분의 지역을 장악한 뒤에 소련과 그 동맹국들에 공격을 개시했다. 일본은 서태평양 지역을 차지하기 위해 미국의 해군 기지인 하와이 진주만을 습격함으로써 태평양전쟁을 일으켰다. 유럽전쟁은 세계대전으로 확대되었고, 미국은 영국, 소련과 함께 독일, 이탈리아, 일본으로 구성된 삼국동맹군과 전면전에 돌입했다. 초기의 전쟁 상황은 삼국동맹군에게 유리하게 전개되었다. 300만의 군대로 소련을 공격한 독일군은 북진을 계속하여 모스크바를 공략했고, 일본 또한 진주만습격에 당황한 미군을 몰아붙이며 필리핀을 차지하는 전공을 올리고 있었다.

    그러나 연합군의 반격이 시작되면서 전세는 점차 역전되고 있었다. 연합군이 북아프리카에 상륙하여 독일군을 항복시키고, 미국이 미드웨이해전에서 승리하여 제해권을 회복했다. 소련은 레닌그라드전투에서 승리하여 독일군을 남쪽으로 내몰았다. 독일은 유럽의 유대인들을 대대적으로 살해한 아우슈비츠 학살을 자행하여 유럽인들의 공분을 샀다. 1944년 6월에 연합군은 노르망디상륙작전을 감행하여 파리에 입성했고, 한편에선 이탈리아 본토를 진격하여 로마를 장악했다. 프랑스는 드골을 수반으로 하여 임시정부를 수립한 뒤, 독일군에 대대적인 공격을 감행했다.

연합군의 맹공이 지속되는 가운데 이탈리아에서는 1945년 4월 28일에 무솔리니가 체포되어 처형되었으며, 패전 소식을 접한 히틀러가 베를린의 지하 벙커에서 자살했다. 1945년 5월 7일, 독일은 프랑스에서 연합군에게 무조건항복을 선언하기에 이르렀다. 일본의 상황도 악화되고 있었다. 1945년 4월에 미군이 오키나와를 점령했고, 일본 본토에 맹공을 퍼부었다. 그해 8월, 히로시마와 나가사키에 원자폭탄이 투하되자, 일본은 항복을 선언했다. 1939년 이래 지속되던 2차 세계대전은 연합군의 승리로 끝났다.

2

총독부의 마지막 발악과 일제의 패망

1. 세계대전에 뛰어든 일본, 항복을 선언하다

1940년대에 접어들면서 일제는 삼국동맹을 강화하고 미국 해군의 요충지인 하와이 진주만을 기습하여 태평양전쟁을 일으켰다. 일본은 제2차 세계대전의 핵심 국가로 부상했고, 일본 본토는 물론 한반도와 만주까지 전쟁의 소용돌이에 휩싸였다. 일본의 2차 대전 개입 당시 조선 총독은 미나미 지로였다. 그는 민족말살정책과 전쟁 물자 확보를 위한 강탈에 혈안이 되었는데, 이어 부임한 제8대 총독 고이소 구니아키 역시 미나미의 정책을 그대로 이어갔다. 고이소는 조선어 말살 정책을 실시했고, 징병세와 학도병 지원제를 신설하여 한국 청년들을 전장으로 내몰았다. 정신대를 만들어 여성들까지 전쟁에 동원하고, 젊은 여성들을 위안소로 보내 성 노예 생활을 하도록 강요했다.

시간이 흐를수록 전쟁은 일본에 점점 불리하게 전개되었고, 패전의 기운이 무르익자 일본의 발악은 한층 심화되었다. 민족색을 띠는 인물은 모두 잡아들였고, 신사참배를 거부하는 기독교인들을 감옥에 가뒀으며, 미곡강제공출제를 실시하여 식량 강탈을 강화했다. 또한 군수광공업 생산책임제를 실시하여 노동력을 가혹하게 착취했다.

1944년 고이소가 일본으로 돌아가고 마지막 총독인 아베 노부유키가 부임했다. 아베가 부임했을 땐 종전을 불과 1년 남겨둔 시점이었다. 일본은 모든 전선에서 불리한 상황에 놓여 있었고, 전쟁물자는 부족했다. 특히 석유와 철의 부족은 매우 심각했다. 아이들까지 동원하여 소나무의 송진까지 긁어모으고, 각 가정의 철제 도구와 살림살이까지 거둬들였다. 여학생들은 군수공장에 동원해서 군복 깁기와 세탁일을 시키고, 국민학생들은 솔가지와 솔뿌리, 목화뿌리를 채취하게 했다. 1945년 4월부터는 초등 교과 이외의 수업을 1년간 정지시키고, 학생들을 식량 증산, 군수 생산, 방공 방위에 총동원했다.

일제의 지독한 착취가 진행되는 가운데, 한국인은 가난과 노동력 착취에 신음하며 암흑의 세월을 보내야 했다. 청년들이 전장으로 내몰린 뒤, 장년들은 징용령에 따라 광산과 군수공장에서 노예처럼 일했다. 일본 탄광으로 끌려간 사람들이 많았는데, 전 일본 탄광 노동자 수의 33퍼센트를 한국인이 메울 정도였다. 징용된 인력이 72만 5000명인데, 이 중 22만 명이 탈출을 감행했을 정도로 노동환경은 열악했다. 일본군은 패전을 거듭하여 오키나와를 미군에게 내줬고, 일본열도는 미군의 폭격에 시달리고 있었다. 만주 지역에서는 소련군에 밀려 퇴각을 거듭했다. 마침내 히로시마와 나가사키에 원자폭탄이 투하되었고, 일왕 히로히토는 무조건항복을 선언하며 일제의 패망을 알렸다.

2. 전쟁 상황에서도 지속된 항일 투쟁

일제가 서태평양 지역의 이권을 차지하기 위해 태평양전쟁을 일으켰을 때, 대한민국 임시정부는 충칭에서 광복군 총사령부를 형성하고 전쟁에 참여하기 위해 매진하고 있었다. 광복군은 중국의 지원 아래 연합군의 일원이 되어 1941년 12월 9일에 일본과 독일에 선전포고를 했다. 1943년에는 영국군에 파견되어 인도에 투입되기도 했다. 1945년 4월, 광복군의 총 병력은 339명에 불과했지만 임시정부를 이끌던 김구는 독자적으로 광복군의 한반도 진주를 추진했다. 그러나 광복군 관할 지도권이 중국에 있었던 까닭에 국민당의 반대로 추진되지 못했다.

중국에서 광복군에 의한 항일운동이 조직적으로 진행되고 있을 당시, 일제의 탄압과 감시 때문에 독립운동을 전개하기 매우 힘든 상태였다. 대다수의 청년들은 징병되거나 학병으로 차출되었고, 장년들은 징용으로 끌려갔으며, 민족주의적 성향을 가진 지식인들은 대다수가 감옥에 갇혔다. 저항시인이자 독립운동가 이육사, 송몽규, 윤동주 등은 중국과 일본에서 감옥에 갇힌 채 죽어갔으며, 끝까지 신사참배를 거부하던 개신교 목사 주기철과 장로 박관준, 최봉석 등도 고문을 받다 감옥에서 죽었다.

평양, 함흥, 대구 등지에서 학병으로 차출된 청년들이 탈출하는 사건이 벌어졌으나 대부분은 실패했고, 일부만이 탈출에 성공하여 중국으로 도주하거나 광복군에 참여하는 정도였다. 하지만 이런 악조건에서도 항일운동은 지속되고 있었는데, 대표적인 사건이 부민관 폭탄 투척 의거다. 일본군이 모든 전선에서 궁지에 몰려 있던 1945년 7월 20일, 서울 태평로1가에 자리하고 있던 부민관에서 폭탄이 터졌다. 친일에 앞장서던 박춘금이 주도하여 아시아민족격분대회를 부민관에서 열었는데, 그곳을 아수라장으로 만들어버린 것이다. 이 대회의 목적은 더 많은 한국 청년들을 전장의 총알받이로 보내기 위한 것이었다.

거사를 주도한 단체는 대한애국청년당이었다. 20대 초반의 열혈 청년들로 조직된 이 단체는 조문기와 류만수, 강윤국, 우동학, 권준 등이 소속원들이었다. 부민관이 아수라장이 된 뒤, 일본 경찰은 범인들을 잡기 위해 혈안이 되었지만, 청년들은 부민관을 빠져나가 몸을 숨긴 뒤였다.

3. 건국준비위원회 발족과 해산, 그리고 분단

일본의 패전이 확실해지자, 조선 총독 아베 노부유키는 한국 내부의 일본인 안전 문제를 해결하기 위해 여러 방도를 강구한다. 아베는 한국의 사회 지도자들을 접촉하여 한국의 자주적 치안 유지와 일본인들의 안전한 귀환을 약속받으려 했다. 아베로부터 이 업무를 위임받은 자는 정무총감 엔도 류사쿠였는데, 엔도는 민족 지도자 중 한 사람인 여운형과 접촉하여 이 문제를 해결하고자 했다.

총독부의 제안을 받은 여운형은 1945년 8월 15일 오전 여덟시에 엔도를 만나 일본인의 안전한 귀환과 치안 유지를 약속하고 다섯 가지 조건을 내걸었다. 첫째는 정치·경제범의 석방, 둘째는 3개월간의 식량 보급, 셋째는 치안 유지와 건국 사업에 대한 간섭 배제, 넷째는 학생 훈련과 청년 조직에 대한 간섭 배제, 다섯째는 노동자와 농민을 건국 사업에 조직·동원하는 것에 대한 간섭 배제였다.

아베 총독이 여운형의 제안을 받아들이자, 여운형은 자신이 조직한 건국동맹을 주축으로 건국준비위원회를 발족하고, 8월 16일 오후 한시에 서울의 휘문중학교 운동장에서 엔도와의 회담 경과보고 연설회를 열었다. 건국준비위원회는 서울 풍문여중에 사무소를 두고 전국적인 치안 활동을 시작했다. 건국준비위원회는 8월 17일에 중앙 조직을 발표하고, 기초적인 정부 형태를 갖췄다. 이튿날 '3000만 동포에게 지령'을 발표하고 각 지역에 자치 조직을 신속하게 만들 것과 조직 완료 상황을 중앙에 보고하도록 조치했다. 강령을 발표하고 이 단체의 목표가 일제 타도와 민주수의 국가 건실에 있음을 만방에 천명했다.

하지만 건국준비위원회의 활동이 원만한 것은 아니었다. 여운형이 사회주의적 성향이 있다는 점을 문제 삼은 김성수, 송진우 등과 같은 우익 세력들은 불참했기 때문이다. 갈등이 일어나고 있는 상황에서 총독부는 돌연 행정권 이양 약속을 번복했다. 삼팔선을 기준으로 북쪽은 소련군이, 남쪽은 미군이 진주하여 다스릴 것이라는 사실을 전해 듣고 미군에게 행정권을 넘기는 것이 자신들에게 유리하다고 생각한 것이다. 총독부는 군대를 동원하여 경찰서와 방송국을 다시 차지했다. 지방 곳곳에는 건국치안대가 치안을 확립하고 있었다. 일본인들은 큰 피해를 보지 않고 자국으로 귀환할 수 있었다. 건국준비위원회의 일사불란한 치안 확립은 국제적으로도 호평을 얻었다. 하지만 미군과 소련군이 남북으로 진주하면서 한국인의 자주적인 행정권 확립은 요원해졌고, 한반도는 분단의 수렁으로 빠져들고 말았다.

3

1940년대의
총독들

1. 제8대 총독 고이소 구니아키(小磯國昭)

1942년 5월 28일에 민족말살정책을 주도하던 제7대 총독 미나미 지로가 일본으로 돌아가자 고이소 구니아키가 제8대 총독으로 부임했다. 고이소 역시 일본 군부 출신으로 관동군 참모장, 조선군 사령관 등을 지낸 뒤 예편한 인물이었다. 태평양전쟁이 시작된 지 반년이 못 된 상황에서 부임한 고이소는 미나미 못지않게 민족말살정책에 열을 올렸다. 학교에서 한국어 시간을 폐지하는가 하면, 학생들에게 한국어를 사용하지도 못하게 했다. 학도병 제도를 만들어 학생들을 전장으로 내모는가 하면, 정신대를 만들어 여성들을 강제징집한 후 군수공장과 전장으로 보내기도 했다.

고이소 총독의 지배는 2년 정도 지속되다가 1944년 7월에 끝이났다. 고이소가 일본 총리에 임명되어 떠났던 것이다. 당시 일본은 아시아 전역에서 전쟁을 치르고 있었고, 일본 군부는 전쟁을 수행하고 있는 군인을 총리로 옹립할 수 없는 처지였기에, 전시 상황을 전혀 몰랐던 고이소를 택해 총리 자리에 앉혔다. 고이소는 허수아비 총리였다. 일본 군부는 물론이고 민간인 정치인이나 일왕 히로히토까지도 그를 마땅치 않게 여겼다. 그를 총리로 기용한 것은 오로지 적임자가 없었기 때문이었다. 그는 상징적인 총리에 지나지 않았다.

허수아비 총리로 머물던 고이소는 1945년 4월 총리식에서 쫓겨나듯이 물러나야 했다. 일본은 전쟁 상황이 완전히 수세로 몰려 있었고, 오키나와에 미군이 진주한 상태였다. 그는 이를 타개하기 위해 자신이 직접 군대 운영 문제에 개입하겠다고 선언했는데, 역풍을 맞아 총리직에서 쫓겨났던 것이다. 일본의 패전 이후 그는 전범으로 지목되어 극동국제군사재판에 회부되었고, 종신금고형을 선고받아 복역하다가 1950년 70세를 일기로 사망했다.

2. 제9대 총독 아베 노부유키(阿部信行)

아베 노부유키는 고이소 총독이 일본으로 돌아가자 1944년 7월 24일에 제9대 조선 총독에 취임한 인물이다. 아베 역시 다른 총독과 마찬가지로 군인 출신이며, 육군사관학교와 육군대학을 졸업하고 육군 대장과 대만군 사령관을 거쳐 일본 제36대 총리를 한 인물이다. 1939년 8월부터 이듬해 1월까지 약 5개월간 총리 생활을 했으며, 총리 기간 중 제2차 세계대전에 휘말리지 않기 위해 중립 정책을 썼고, 장기간 지속되던 중일전쟁도 종전시키려고 했다. 그러나 육군이 그의 이런 정책에 반대하는 바람에 총리직에서 물러나야만 했다. 총리에서 물러난 뒤로는 익찬정우회의 회장을 하며 당수 노릇을 했다. 실권은 없었기에 큰 역할은 하지 못하던 중 고이소 조선 총독이 일본 총리에 내정되어 귀국하자, 그를 이어 제9대 조선 총독에 앉았다.

그가 조선 총독에 올랐을 때, 일본의 전황은 매우 좋지 않은 상태였다. 한국도 완전히 전시체제였기에 고이소 총독의 정책을 그대로 이어 민족말살정책을 유지했다. 한국인들을 전쟁에 동원하는 정책을 그대로 유지하고, 징병과 징용, 여성정신대 동원, 학도병 동원에 전념했으며, 국민의용대를 편성하여 전쟁에 비협조적인 한국인들을 무자비하게 탄압하고 검거했다.

그러나 취임 1년이 지났을 때 일본은 항복을 선언했고, 아베는 1945년 9월 9일에 할복자살을 시도했지만 실패하고 항복조인식장에 나와 조인 문서에 서명했다. 그해 9월 12일 조선 총독에서 해임되었고, 일본으로 송환되어 전범 혐의로 체포되었다. 그는 전쟁 당시 국내 관직을 맡지 않았기 때문에 무혐의로 풀려났다. 아베는 일본으로 돌아갈 때 부산에서 80톤짜리 배에 짐을 가득 싣고 가던 중 폭풍을 만나 물건을 버린 뒤에 겨우 부산으로 되돌아온 일화로도 유명하다. 한국을 떠나면서, 한국이 조선의 옛 영화를 되찾으려면 100년은 족히 걸릴 것이고, 그동안 서로 물고 헐뜯다가 망할 것이므로 자신은 다시 돌아올 것이라고 장담했다고 한다.

4

1940년대의
주요 사건

1. 일본의 진주만습격과 태평양전쟁

1941년 12월 7일 아침, 일본 해군은 하와이주 오아후섬에 위치한 진주만의 미 해군기지를 기습적으로 공격했다. 예상치 못한 선제공격을 당한 미군은 12척의 해군 함대를 잃었고, 188대의 비행기가 쓸모없게 되었으며, 2400여 명의 사상자를 내야 했다. 미군은 엄청난 피해를 입었지만, 일본군은 64명이 전사하는 데 그쳤다.

진주만습격 명령을 내린 자는 야마모토 이소로쿠 사령관이었고, 지휘를 맡은 자는 나구모 주이치 부사령관이었다. 야마모토가 진주만습격을 계획한 것은 중일전쟁으로 미국과의 긴장 관계가 극도로 악화되었기 때문이다. 일본이 중일전쟁을 가속화하자, 미국과 영국은 일본에 무기 제조에 필요한 고철 수출을 금지하고 석유 수

출도 금지했다. 미국 내 일본 재산을 동결하고, 일본 선박의 파나마운하 통과도 거부했다. 석유 수출 금지는 전쟁을 수행하던 일본으로서는 치명적인 일이 아닐 수 없었다. 상황이 이렇게 되자, 일본 정부로서는 미국과 영국의 요구를 받아들이고 중국에서 철수하거나 아니면 동아시아 지역을 차지하여 스스로 석유를 확보하는 방법 중 하나를 선택해야 했다. 일본 정부는 결국 후자를 선택하고, 선전포고 없이 미국에 선제공격을 감행한 것이다.

당시 미국 내부에서도 일본의 선제공격에 대한 우려가 없었던 것은 아니었다. 주일 대사였던 조지프 그루가 일본의 진주만공격 계획을 입수하기까지 했다. 하지만 미국 군부는 일본이 진주만을 습격할 능력이 없다고 판단했다. 만약 일본이 공격을 해온다면 필리핀의 미군 기지일 것이라고 추측했다. 공격 당일 레이더에 일본군 폭격기가 감지되었는데도 미군 비행기로 오인하기까지 했다. 미군의 이런 안이한 대응은 진주만의 미군 함선 12척의 침몰과 2400여 명의 사상자를 냈다.

일본의 진주만습격은 태평양전쟁으로 이어졌다. 습격을 받은 미국이 일본과 독일, 이탈리아 등 삼국동맹 국가에 선전포고를 하면서 제2차 세계대전으로 확대되었다. 태평양전쟁 초기 미군 해군은 일본군에게 크게 밀렸다. 필리핀에 주둔하고 있던 미군은 일본군의 일방적인 공격에 밀려 투항했고, 미군 사령관 더글러스 맥아더는 달아나듯이 필리핀을 떠났다. 일본 함대는 서태양평 일대를 점령했다. 그러나 1942년 6월 5일에 벌어진 미드웨이해전을 전환점으로 전세는 역전되기 시작했다. 일본 해군은 태평양의 전략적 요충지인 미드웨이섬에 대대적인 공격을 했는데, 일본군의 암호를 해독한 미군은 기다렸다는 듯이 역공을 가해 일본 전투기를 궤멸했다. 미국 해군에 비해 월등히 앞서 있던 일본 해군력이 약화되었고, 미국 해군은 일본 해군과 대등한 전력을 형성할 수 있었다.

해군력이 대등해지자, 자원이 풍부한 미국에 유리한 국면이 전개되었다. 속전속결로 미군을 무력화하고 서태평양 지역의 영유권을 확보하려 했던 일본은 전쟁이 장기화되면서 궁지로 몰렸다. 1944년에 미군에게 마셜제도를 뺏기고, 사이판을 내주면서 태평양의 제해권은 미국에게로 넘어가기 시작했다. 이후 마리아나제도가 미군에게 점령되었고, 1945년 2월 19일 미군 해병대는 도쿄 남쪽 1130킬로미터에 위치한 오가사와라제도에 상륙하여 한 달 만에 점령했다. 그 과정에서 이오지마섬을 지키던 일본군은 전멸했다. 일본군은 절대국방권으로 지정했던 지역을 모두 잃고 본토가 공격받는 지경에 처했다. 1945년 8월 6일 일본의 히로시마에 원자폭탄이 투하되었다. 3일 뒤인 8월 9일 나가사키에도 원자폭탄이 투하되었다. 결국 일본이 1945년 8월 15일 연합군에 무조건항복을 선언함으로써 비로소 태평양전쟁은 종결되었다.

2. 국민학교규정 공포와 한국어 말살 정책

2차 대전이 한창이던 1941년 3월 25일, 조선교육령이 개정되어 소학교를 국민학교로 호칭을 바꿨다. 엿새 뒤인 3월 31일에 국민학교규정이 공포되었는데, 가장 중요한 내용은 한국어 학습을 폐지한다는 것이었다. 원래 국민학교는 이전에는 소학교로 불리었는데, 일제강점기인 1911년에 보통학교로 이름이 바뀌었다. 그러다 1938년에 일본 아동이 다니던 초등교육기관의 명칭인 심상소학교로 통합되었는데, 이를 다시 국민학교로 부르기로 한 것이다. 국민학교는 독일 나치의 전체주의 교육을 상징했던 폴크스슐레(Volksschule)에서 유래한 것이었다.

국민학교의 탄생 이후 한국 아이들은 학교에서 한국어를 배우거나 쓸 수 없었다. 학교에서 한국어를 쓰면 심각한 징벌과 처벌이 있었다. 일제의 한국어 말살은 학교뿐 아니라 사회 전역에서 실시되었다. 〈어린이〉, 〈문장〉, 〈인문평론〉 등 한국어로 만들어진 잡지들이 폐간되고 〈동아일보〉, 〈조선일보〉도 폐간될 정도였다. 우리말로 발표할 수 있는 언론 지면은 총독부 기관지인 〈매일신보〉 하나였고, 모든 잡지는 일본어만을 사용할 수 있게 되었다.

3. 민족말살정책의 표본 조선어학회사건

일제의 한국어 말살 정책으로 한국 학생들은 학교 밖에서도 우리말 사용이 금지되었다. 1942년 여름에 함흥의 영생고등여학교 학생인 박영옥이 기차 안에서 우리말로 친구와 대화를 하다가 일본 순사에 의해 취조받는 사태가 발생했다. 취조를 하던 순사는 박영옥의 노트에서 '국어(일본어)를 사용하다 처벌받았다'라는 구절을 발견했다. 일본 경찰은 영생고등여학교 교원들을 대상으로 수사를 벌였고, 교원 정태진을 체포하여 연행했다.

일본 경찰은 정태진을 취조하던 중에 조선어학회에서 조선어 사전을 만들고 있다는 사실을 알아냈다. 이에 일본 경찰은 조선어학회를 독립운동 단체로 규정하고 이 단체의 회원들을 대대적으로 잡아들였다. 체포된 인물은 이윤재, 이극로, 이중화, 최현배, 김윤경, 정인승, 이희승, 장지영, 한징, 권승욱, 이석린 등 열한 명의 한글 학자들이었다. 이들은 10여 년의 노력 끝에 만든 『우리말 큰사전』, 400자 원고지 3만 2000여 장과 20만 매에 달하는 어휘 카드를 모두 압수당했다.

또 일본 경찰은 이병기, 이은상, 안재홍, 이우식 등 22명을 체포하여 조사했다. 이들이 모두 상하이 임시정부와 연락하고 있으며, 강연회를 통해 민족정신을 높이고 있다고 하여 내란죄로 몰아 엄청난 고문을 가했다. 최현배 등 16명을 기소하고 나머지는 기소유예 처리하여 석방했다. 기소된 16명 중에 이윤재와 한징이 옥중에서 사망했고, 장지영과 정열모는 공소 소멸로 석방되었으며, 12명은 재판에 회부되었다. 재판에 회부된 12명 중 이극로는 징역 6년, 최현배는 4년, 이희승은 2년 6개월, 정인승과 정태진은 2년, 김법린, 이중화, 이우식, 김양수, 김도연, 이인은 징역 2년에 집행유예 3년, 장현식은 무죄 선고되었다.

4. 징병제와 학도병 지원제

1931년 만주사변 이후 전쟁광이 되어 중국 대륙 침략에 열을 올리던 일제는 1937년의 중일전쟁과 1941년의 태평양전쟁을 거치면서 군사 인력이 부족해지자, 한국인들을 강제로 징집하기 시작했다. 1943년 8월 1일, 일제는 전격적으로 징병제를 실시했다. 이에 대해 총독부 기관지였던 〈매일신보〉는 이렇게 쓰고 있다.

오늘 8월 1일 감격의 조선 징병제는 드디어 실시되었다. 금일부터 7일까지 일주일간을 '징병제 실시 감사 결의 선양 운동주간'으로 하여 총력연맹 주최로 1일 조선신궁대 앞에서 성대히 거행하는 징병제 실시 보고와 필승 기원제를 위시하여 전국 방방곡곡에는 이 제도의 실시를 기념하고 반도 민중의 결의를 선양하는 행사가 다채롭게 전개된다.

일제의 징병제 실시는 1943년 3월의 징병제 실시 법령 공포에 따른 것이었다. 일제는 이미 지원병 제도를 실시했는데, 이때에 와서 전선이 불리하게 전개되자, 다시 징병제를 실시하여 한국 청년들을 강제로 입대시켰다. 강제징집되어 입대한 한국 청년은 20만 명이 넘었으며, 전쟁에서 전사한 청년도 2만 2000명이 넘었다. 그러나 일제는 여기서 그치지 않았다. 징병제로도 인력이 부족하다고 판단한 일제는 학도병 지원제를 실시했다. 4500여 명의 학생들이 전장의 총알받이로 떠나야 했다.

일제의 학도병 모집은 1943년 10월 20일에 공포된 '조선인학도 육군특별지원병제도'에 따른 것이었다. 자의적으로 지원하는 형태였지만, 강압에 의한 강제징집이나 다름없었다. 총독부는 갖은 수법으로 학교에 압력을 가했고, 이광수와 최남선 같은 친일 명망가들을 동원하여 학도병 지원의 당위성을 역설했다. 일본 유학생 가족들을 협박하여 아들이 학도병에 지원하도록 전보를 치게 했다. 그러자 전국적으로 학도병거부운동이 일어났다. 하지만 경찰과 총독부의 압박과 회유책에 의해 전국적으로 총 4385명이 학도병으로 입대했다. 적격자 7200여 명 중 60퍼센트 이상의 숫자였다. 학도병 중 일부는 탈출하여 충칭의 임시정부가 양성하고 있던 광복군에 들어가기도 했다.

5. 성 노예 생활을 강요당한 여인들

일제는 전쟁 상황이 궁지에 몰리자 1944년 8월 23일에 '여자정신대근로령'을 공포하여 12세 이상 40세 이하의 여성들을 강제 동원하기 시작했다. 청년 남성들을 강제징집하여 전쟁터로 보내고, 장년들은 탄광이나 오지로 징용을 보낸 것도 모자라 학도병을 모집하더니 여성들까지 전쟁 인력으로 사용했다. 일제는 언제라도 필요한 인력이 있으면 영장을 교부하여 정신대에 편입시키고 1년간 의무적으로 복무해야 한다고 규정했다.

정신대에 편입된 여성들은 주로 군수공장으로 끌려 감당하기 힘든 노역에 시달려야 했고, 일부는 위안소로 끌려가 성 노예 생활을 해야 했다. 정신대로 끌려간 여성들이 위안부 노릇까지 한 셈인데, 사실은 정신대와 위안부가 동일한 것은 아니었다.

일제가 위안부라는 이름으로 여성들을 성 노예로 부리기 시작한 것은 1931년 만주사변 때부터였다. 그때 이미 많은 여성들이 일본인들의 사기 행각에 넘어가 성 노예로 팔려나갔다. 당시 성 노예로 끌려간 여성들은 대다수가 빈곤한 가계의 딸들이었다. 당시 위안소라는 이름으로 운영되던 성 노예 시설은 대부분의 일본 군대에 설치되어 있었다. 끌려온 여자들은 대개 15~20세의 가난한 처녀들이었다. 이들은 일본인의 취업 사기에 걸려 팔려왔거나 폭행이나 협박을 이기지 못해 잡혀온 여인들이었다. 위안부로 불린 이들은 만주는 물론이고, 중국 본토와 타이완, 미얀마, 말레이시아, 남태평양 섬 등 일본군이 움직이는 곳마다 끌려가야 했다. 정신대로 끌려간 사람들 중에도 성 노예 생활을 해야 했던 사람들이 있었다. 이 때문에 정신대와 위안부를 동일시하는 경향이 생겼던 것이다.

위안소에 끌려간 여인들은 하루에 최소 열 명의 군인들을 상대해야 했고, 심지어는 60명을 상대할 때도 있었다고 한다. 여인들은 빨래나 청소, 풀베기, 음식 나르기 등의 잡일까지 감당해야 했다. 성병이나 풍토병, 부인병, 우울증, 신경통, 두통 등에 시달리는 이가 부지기수였고, 아무리 아파도 경미한 치료만 받고 다시 위안소에 투입되었다.

이 지옥 같은 생활은 일본의 항복으로도 끝나지 않았다. 히로히토 천황의 무조건항복 선언으로 종전이 되자, 일본군은 여인들의 흔적을 지우기 위해 참호나 동굴에 그들을 모아놓고 집단 학살하고 묻어버렸던 것이다. 그들을 모두 배에 실어 배를 기뢰에 부딪치게 하는 방식으로 수장하기도 했다. 그나마 운이 좋았다는 사람들만이 현지에 그냥 버려지거나 미군에게 인계되었다. 그러나 살아남았다고 해서 제대로 살 수 있었던 것이 아니다. 대다수는 정상적인 결혼 생활을 하지 못하거나 독신으로 살아야 했고, 정신적·육체적 병마를 안고 살았다. 고국에 돌아오지 못하고 우리말을 잊어버리고 살아가는 사람들도 있었다.

5

1940년대를 풍미한 인물들

1. 전방위적 항일 투사 만해 한용운

1944년 6월 29일, 평생을 나라의 독립을 위해 싸우던 66세의 늙은 승려가 성북동의 차가운 방에서 마지막 호흡을 멈췄다. 「님의 침묵」이라는 시로 잘 알려진 만해 한용운이었다. 1879년에 태어난 한용운은 가난한 하급 관리였던 아버지 밑에서 자라 열네 살에 결혼하고 아들을 두었으나 출가하여 승려가 되었다. 출가하기 전 동학농민군에 가담했으나 아버지가 농민군을 토벌하는 군인이었던 까닭에 심적 갈등이 심했다. 강원도 백담사, 오세암에서 불교를 공부하다가 출가했다.

출가 후에도 환속하여 지냈으나 1905년에 아버지 한응준이 의병들에 의해 살해되자, 다시 출가했다. 이후 만해라는 법호를 사용하면서 승려로 살았지만, 불교 외에도 여러 근대사상을 공부했다. 1909년에는 6개월간 일본을 시찰하며 견문을 넓히기도 했다. 불교 대중화 작업의 일환으로 『불교유신론』을 저술하여 승려들의 결혼을 자유화할 것을 주장했고, 통감부와 중추원에 승려의 결혼을 공식적으로 허락해달라는 청원서를 올리기도 했다.

한일합병 이후 만주 독립군관학교를 방문하여 독립군들을 격려했으며, 김동삼, 이회영, 박은식 등의 독립지사들과 만나 독립운동의 방향을 모색했다. 불교 내부의 친일 분자들을 규탄하고 조선불교종무원을 창설하여 조선불교회 회장을 역임했다. 삼일운동 때에는 33인의 한 사람으로 참여하여 3년 동안 서대문형무소에서 복역했고, 출옥 후에는 물산장려운동과 민립대학설립운동에 가담했다. 강연도 잘하여 그의 강연에 청중들이 열광한 나머지 다음 강연이 이어지지 못하는 경우도 있었다고 한다.

독립에 대한 열망이 강했던 그는 1927년에 독립운동 세력의 최대 결집체라고 할 수 있는 신간회에 가담했다. 불교계 대표자의 한 사람이었을 뿐 아니라 경성 서부 지역의 대표로서 중앙집행위원으로 활동했다. 또 문학에도 조예가 깊었다. 1926년에는 시집 『님의 침묵』을 출판하여 큰 반향을 불러일으켰고, 저항문학의 선두 주자로 자리매김했다. 1935년에는 장편소설 『흑풍』, 『후회』를 신문에 연재하기도 했다. 이 소설들은 민족정신을 고취하려는 의도로 쓰인 것들이었다.

반일 활동을 지속하던 그를 눈엣가시처럼 여기던 일본 경찰은 1937년에 불교 관련 항일 단체인 만당 설립 사건의 배후자로 한용운을 지목하고 서대문형무소에 가뒀다. 하지만 증거 부족으로 풀려났다. 그해 일본은 중일전쟁을 일으켰고, 온 나라가 전쟁 분위기에 휩싸였다. 이광수, 최남선, 박영희 등 유명인들은 변절하여 청년들을 전장으로 보내야 한다고 떠들어댔고, 한용운에게도 일제의 압박과 회유가 밀려왔다. 그러나 한용운은 일본군을 찬양하는 글을 일절 거부했고, 신사참배나 일장기 게양도 거부했다. 1940년부터 시작된 창씨개명에 반대운동을 전개했다. 그는 감시와 가난에 시달려야 했고, 냉방에서 생활해야 했다. 그런 가운데 병마가 그를 괴롭혔다. 중풍에 걸려 제대로 움직일 수 없는 처지가 되었고, 영양실조로 건강이 말이 아니었다. 그런 가운데서도 그는 총독부의 회유와 압박을 견뎌냈고, 병원 진료까지 거부하다 마침내 죽음을 맞이했다.

한용운이 남긴 일화 중에 유명한 것이 있다. 최남선이 변절하여 친일을 선언한 날 한용운은 최남선의 제사를 지냈다고 한다. 이후에 탑골공원에서 최남선이 인사를 건네자 "당신이 누구요?"라고 했다. 최남선이 "나는 육당이오. 나를 몰라보겠소?"라고 했더니 한용운이 이렇게 말했다. "뭐, 육당? 그 사람은 내가 장례 지낸 지 오랜 고인이오."

2. 나라 잃은 청년의 고뇌를 노래한 윤동주

1945년 2월 16일 오전 세시 36분, 후쿠오카형무소에서 스물아

흡살의 청년 시인이 죽었다. 형무소 측은 그의 고향 집으로 전보를 쳤다. 청년의 집은 간도의 용정이었다. 그의 부친 윤영석과 당숙 윤영춘이 후쿠오카로 가서 시신을 확인하자, 형무소 측은 그의 시신을 화장하여 가족들에게 인계했다.

한 줌 뼛가루가 되어 돌아온 청년, 『하늘과 바람과 별과 시』라는 유고 시집을 남겨 한국인이 가장 사랑하는 시인이 된 윤동주다. 그는 1942년에 일본으로 유학하여 도쿄 릿쿄대학 영문과에 입학한 후, 다시 교토 도시샤대학 문학부로 전학했는데, 당시 불령선인(불온한 한국 사람)으로 지목되어 일본 경찰의 감시 속에 있었다. 1943년 7월 14일, 일본 생활을 청산하고 귀향길에 오르려 했던 그를 일본 경찰이 사상범으로 체포했다. 교토지방재판소에서 2년 형을 언도받고 후쿠오카형무소에 수감되었다. 당시 재판을 맡았던 이시이 히라오 재판장은 유죄 사유를 이렇게 적고 있다. "윤동주는 어릴 때부터 민족학교 교육을 받고 사상적·문화적으로 깊이 빠져 있었으며, 대단한 민족의식을 갖고 내선(일본과 한국)의 차별 문제에 대해 깊은 원망의 뜻을 품고 있었고, 조선 독립의 야망을 실현시키기 위해 망동을 했다."

이 판결문의 내용대로 윤동주는 어린 시절 간도의 명동소학교를 다닐 때부터 민족의식이 강한 소년이었다. 그가 다닌 숭실중학교는 신사참배를 거부하다 폐교된 학교였으며, 중학교를 졸업하고 진학한 연희전문학교 역시 민족 사학이었다. 그는 이 시절부터 주옥같은 시들을 발표했고, 시에는 민족의 아픈 현실 속에서 방황하는 개인의 내면이 그려져 있다. 「서시」, 「별 헤는 밤」, 「자화상」이 대표작이다.

   그의 갑작스러운 죽음에 대해서는 생체 실험에 의한 것이라는 주장이 있다. 투옥된 상황에서 정체를 알 수 없는 주사를 정기적으로 맞았고, 그 때문에 사망에 이르렀다는 것이다. 함께 투옥된 그의 사촌 송몽규 역시 생체 실험의 희생자라고 알려져 있다.

6

1940년대의
세계 주요 사건

1941년의 주요 뉴스는 역시 전쟁 소식이다. 독일은 300만 군대를 동원하여 모스크바까지 진군했고, 일본은 하와이 진주만을 습격하여 태평양전쟁을 일으켰다. 미국은 독일과 이탈리아의 재미 재산을 동결하고 모든 침략국에 석유 수출 금지 정책을 단행했다. 루스벨트 대통령은 윈스턴 처칠 수상과 대서양헌장을 발표하여 평화를 위협하는 세력과의 대결을 선언했다.

1942년이 되자 독일과 일본, 이탈리아는 베를린에서 군사협정을 조인하고 동맹을 더욱 강화했다. 독일 나치는 1100만의 유대인 학살을 결정했고, 일본은 싱가포르와 말레이를 점령했다. 맥아더가 서태평양연합군 사령군에 올라 미드웨이해전을 승리로 이끌면서 일본의 해군력은 크게 위축되었다. 미국은 모스크바에서 영국, 소련과 함께 삼국회담을 열어 삼국동맹에 대항했다. 드와이트 아이젠하워는 북아프리카에 상륙작전을 개시하여 독일군의 영향력을 약화시켰다.

1943년에 이르러 전황은 연합군에 유리하게 전개되었다. 북아프리카의 독일군은 연합군에 항복했고, 연합군 사령관 아이젠하워는 시칠리아섬을 점령했으며, 독일 베를린에 대대적인 폭격을 가했다. 일본은 태평양 전선에서 미국에 밀려 과달카날섬에서 쫓겨나기도 했다. 이런 상황에서 미국, 영국, 소련 3국은 모스크바에서 외상회의를 열고 전쟁 이후에 대한 논의를 시작했다. 그러한 논의는 카이로회담과 테헤란회담으로 이어졌다.

1944년에도 세계대전은 계속되었다. 소련은 독일과의 레닌그라드전투에서 승리했고, 연합군은 노르망디 상륙작전을 감행하여 파리에 입성했으며, 미군과 영국군은 이탈리아 로마를 장악했다. 이때 독일은 아우슈비츠 대학살을 감행했다.

1945년에 이르자, 독일군의 전력은 크게 약화되었고, 이탈리아에서는 무솔리니가 처형되었으며, 히틀러는 베를린 지하 벙커에서 자살했다. 독일은 급기야 무조건항복을 선언했다. 일본은 오키나와를 빼앗긴 후 고전을 면치 못하다가 히로시마와 나가사키에 원자폭탄이 투하되자 항복했다. 연합군은 얄타회담과 포츠담회담을 열어 전후 상황에 대한 해결책을 모색했다.

한 권으로 읽는
일제강점실록

초판 1쇄 발행 2017년 8월 17일
초판 11쇄 발행 2024년 4월 1일

지은이 박영규
발행인 이봉주 **단행본사업본부장** 신동해
편집장 김경림 **마케팅** 최혜진 이은미
홍보 반여진 허지호 정지연 송임선 **제작** 정석훈

브랜드 웅진지식하우스
주소 경기도 파주시 회동길 20
문의전화 031-956-7366(편집) 02-3670-1123(마케팅)
홈페이지 www.wjbooks.co.kr
인스타그램 www.instagram.com/woongjin_readers
페이스북 https://www.facebook.com/woongjinreaders
블로그 blog.naver.com/wj_booking

발행처 ㈜웅진씽크빅
출판신고 1980년 3월 29일 제406-2007-000046호

© 박영규, 2017

ISBN 978-89-01-21728-4 (04900)
ISBN 978-89-01-04749-2 (세트)